Goldmann Ratgeber

Barbara Rütting

Mein Kochbuch

Naturgesunde Köstlichkeiten aus aller Welt

Wilhelm Goldmann Verlag

1. Auflage September 1980 · 1.–12. Tsd.
2. Auflage Mai 1981 · 13.–32. Tsd.
3. Auflage März 1982 · 33.–52. Tsd.

Made in Germany
Genehmigte Taschenbuchausgabe

Umschlaggestaltung: Atelier Adolf & Angelika Bachmann, München
Umschlagfotos: Christian Teubner, Füssen/Ernst Grasser, München
Druck: Presse-Druck Augsburg
Verlagsnummer: 10838
Lektorat: Cornelia Schmidt-Braul · Herstellung: Gisela Ernst
ISBN 3-442-10838-1

Für meinen Stadljakl

Inhalt

Von der Film-Geierwally zur Stadljakl-Bäuerin – oder wie das Landleben mich verändert hat.

Vor 20 Jahren, als ich für die Bauerntochter »Geierwally« mein Filmdirndl anzog, hätte ich mir nicht träumen lassen, daß ich einmal als »die Stadljaklbäuerin« auf eigenem Hof leben würde.

Die Geierwally hauste in einer Hütte aus Sperrholz und Pappe; der Stallmist war künstlich, und die »Landluft« roch nach Atelier. Die Stadljakin wohnt in einem alten Holzhaus; der Misthaufen ist echt und das Dirndl auch.

Schauspielerin mit Leib und Seele, hatte ich mich damals fast damit abgefunden, daß ich für mein aufregendes Leben, um das ich oft beneidet wurde, einen hohen Preis zahlen mußte. Nach anstrengenden Dreharbeiten konnte ich nur mit Tabletten einschlafen, aufwachen nur mit starkem Kaffee; der Kreislauf war matt und verlangte nach einem Cognac; rigorose Schlankheitsdiäten störten Verdauung und Gemüt.

Die Begegnung mit der Natur, den Tieren, den Bauern, und alles was ich von ihnen lernte, haben mein Leben von Grund auf verändert. Und das Wunderbare ist, all die hier gesammelten Erfahrungen lassen sich sozusagen im Handgepäck in mein anstrengendes Berufsleben mitnehmen. Da ist vor allem die naturgemäße Ernährungsform; das neu gewonnene Wissen um den Körper und seinen ganz eigenen Rhythmus und die Heilkraft von Wasser und Pflanze; auch manches Kräutlein für die Schönheit ist dabei.

Mein liebster Lehrmeister ist der alte Gustl. Kein Märchenkönig könnte seine Krone vornehmer tragen als Gustl seinen löchrigen Strohhut. Er brachte mir das Johanniskraut für den guten Schlaf, Rosmarin für den Kreislauf und den Borretschsaft fürs Gemüt und gegen die Melancholie.

Gustl erinnert sich noch, wie die Leute hier früher lebten. Auf gesundem Boden zog der Bauer Kartoffeln, Gemüse und Getreide. Das Brot war grob und aus dem vollen

Korn gebacken. Die Bäuerin brachte Gemüse und Obst auf den Tisch, im Winter milchsauer eingelegt und gedörrt, und alles, was sie aus der Milch herstellen konnte. An Fleisch, Fisch und Eiern wurde gespart. Fleisch war teuer, Fisch selten, und die Hühner legten auch nicht jeden Tag ein Ei. Daraus ergab sich zwangsläufig die Vorherrschaft von pflanzlichen Erzeugnissen (Vegetabilien) und Milchprodukten. Und das ist unseren Vorfahren bestens bekommen.

Ich bin ein neugieriger Mensch, und es reizte mich, diese sogenannte »Arme-Leute-Küche« einmal auszuprobieren. Die Überraschung war groß. Denn die Gerichte schmeckten nicht nur hervorragend, sie schufen auch ein bisher nie gekanntes Wohlbefinden und gute Laune. Und manches Wehwehchen blieb dank Gustls Ratschlägen und meiner neuen Kochkunst auf der Strecke: Verstopfung, Abgeschlagenheit und Kopfschmerzen – wie ich heute weiß, alles Folgeerscheinungen der »normalen« Küche, die reich an Fleisch und leeren Kohlenhydraten, aber arm an Vital- und Ballaststoffen ist.

Den Lustgewinn, den zum Beispiel ein gut funktionierender Darm bereitet, wird jeder zu schätzen wissen, der an ähnlichen Symptomen leidet – und das ist jede zweite Frau, wie der Konsum an Abführmitteln beweist.

Wäre ich Gustl und der »Arme-Leute-Küche« früher begegnet, ich besäße noch meinen Blinddarm und

meine Mandeln und hätte einige Plomben weniger in den Zähnen.

Für mich war das ein ausreichender Grund, meine Ernährung umzustellen. Sie werden in meinem Kochbuch keine Fleisch- und Fischgerichte finden, sondern Rezepte auf der Grundlage von Milchprodukten und Vegetabilien. Da jedes Kind einen Namen braucht, nennen wir die Ernährungsform laktovegetabil – nicht zu verwechseln mit der vegetarischen Küche, die jedes tierische Produkt ausschließt. Sollten Sie aber gern wissenschaftlich untermauert haben wollen, was ich hier aus eigener Erfahrung berichte: Der schwedische Ernährungsforscher Are Waerland hat ein Buch geschrieben »Warum ich weder Fleisch, Fisch noch Ei esse.« Waerland, von Kind an kränklich, fand heraus, daß seine Leiden von der sogenannten zivilisierten Kost herrührten, und daß sie verschwanden, als er seine Ernährungsweise konsequent änderte. Er wurde gesund und blieb es auch bis ins hohe Alter.

Nach Waerland ist das Fleisch genau wie der handelsübliche Kristallzukker und das Brot, das nicht aus dem vollen Korn gebacken ist, ein einseitiges Nahrungsmittel, das wichtiger Vitamine und Minerale entbehrt. Bei reichlichem Fleischgenuß werden Vitamine und Minerale im Körper dezimiert.

Ferner liefert das Fleisch zwar hochwertiges Eiweiß, aber im Übermaß, so daß ein Eiweißüberschuß entsteht. Durch die giftigen Zerfallprodukte des Eiweißes, vor allem durch die Gicht und Rheumatismus verursachende Harnsäure, kommt es bei reichlichem Fleischgenuß zu Stoffwechselstörungen. Mit vollwertigem Eiweiß in besserer Form und ohne schädliche Zusätze versorgt uns die Kartoffel, die rohe Zwiebel, Milch, Quark, Käse und das grüne Blatt, wie der Salat, der Grünkohl, der Schnittlauch usw.

Schließlich enthält das Fleisch alle Schlacken und Stoffwechselprodukte des getöteten Tieres, die immer giftig sind und wie Gifte im menschlichen Körper wirken. Bei reichlichem Verzehr von Fleisch, Fisch und Eiern finden im Darmkanal des Menschen Fäulnisprozesse statt, die die Hauptverantwortung für die so allgemein vorkommende Verstopfung tragen.

Nicht nur Waerland behauptet: der Tod sitzt im Darm.

Wahrscheinlich würden viele Menschen kein Fleisch mehr anrühren, wären sie gezwungen, die Tiere, die sie essen wollen, auch selbst zu schlachten. Ich habe, seit ich auf dem Lande lebe, eine immer stärkere Abneigung gegen Fleisch entwickelt. Ich wäre einfach nicht mehr fähig, unser Zwerghuhnpärchen Herrn und Frau Nebbich in den Suppentopf oder auf den Spieß zu stecken. Die Rehe, die morgens früh unter unseren Apfelbäumen zutraulich die herabgefallenen Äpfel schmausen, kann ich mir nicht mehr in Rahmsauce mit Preißelbeeren vorstellen; ganz zu schweigen von Gustls Schafen. Den Franzi in grünen Bohnen? Unmöglich.

Und doch habe auch ich einmal gedacht, wie wahrscheinlich jetzt Sie: kein Fleisch, kein Fisch, keine Eier, was soll man denn da überhaupt noch kochen?

Sie werden es nicht für möglich halten, wie viele delikate Menüs man auch ohne Fleisch und Fisch zusammenstellen kann. Allerdings finden Sie bei mir, entgegen den strengen Diätvorschriften Waerlands, schon ab und zu ein Ei, und noch öfter ein Gläschen Wein. Ich trinke auch mal einen Schnaps, wenn mir der Hut hochgeht.

Lesen Sie mal meine Menüvorschläge auf Seite 201. Sie können Ihren Gaumen nicht nur mit ländli-

chen einheimischen Genüssen erfreuen – auch mit einer Vielzahl internationaler Schlemmereien, die ich auf meinen Reisen gekostet und notiert habe. Und hier wie dort lautet die Devise: Es soll köstlich schmecken – und auch gesund sein. Doch bevor ich Sie nun einlade, mit mir zu kochen, bitte ich Sie noch zu einem kleinen Ausflug in die Lebensmittelkunde. Es wird Sie bestimmt interessieren, und hie und da verblüffen!

Der Unterschied zwischen Nahrungs- und Lebensmitteln und ihre Bedeutung für unser Wohlergehen.

Der Ernährungswissenschaftler Professor Kollath hat den berühmten Satz geprägt: Es gibt Nahrungsmittel und Lebensmittel. Diese Differenzierung überrascht zunächst; doch bei näherer Betrachtung leuchtet sie ein. Denn nicht alles, was uns nährt, ist auch lebendig. Nehmen Sie zum Beispiel das Getreidekorn. Das volle Korn besteht aus dem Mehlkern, der Kleie und der Schale mit dem Keim. Gerade in der Randschicht des Korns finden sich die wertvollen Vitamine, besonders das B-Vitamin Aneurin, auch Nervenvitamin genannt, ferner Mineralstoffe wie Kalium, Phosphor, Eisen, Schwefel. Beraubt man nun das Korn dieser Vitalstoffe durch Ausmahlen und Bleichen, bleibt von seiner lebendigen Einheit nur noch das leere Kohlenhydrat übrig. Diese leeren Kohlenhydrate sind es, die dick machen, weil der Körper sie nicht völlig verbrennen kann und sie deshalb als Fett auf den bekannten Stellen deponiert. Das Kohlenhydrat in seiner Ganzheit dagegen wird vom Körper restlos in Glykogen umgewandelt, lagert sich also nicht als Fett ab.

Welch wunderbare Lebenskraft im vollen Korn steckt, beweisen die Grabfunde in den Pyramiden. Man entdeckte dort Körner, die ihre Keimfähigkeit über Jahrtausende bewahrt hatten.

Ein anderes Beispiel für das Degradieren eines Lebens – zu einem bloßen Nahrungsmittel, bietet der Zucker. Gegen das Zuckerrohr und gegen die Zuckerrübe in ihrer Ganzheit wäre nichts einzuwenden, denn sie liefern selbst die Vitamine und Minerale mit, die der Körper zu ihrer Verarbeitung benötigt. Anders ist es beim handelsüblichen Kristallzucker; fein und weiß, enthält dieser reine Zucker weder Vitamine noch Minerale. Der Körper muß also in diesem Fall körpereigene Vitamine und Minerale mobilisieren. Und das tut er, indem er sie dem Knochengerüst »entreißt«. Denn unser Knochengerüst hat nicht nur eine Stützfunktion, es ist zugleich auch Vitamin- und Mineraldepot. Man kann sich vorstellen, welchen Raubbau es bedeutet, wenn dieses Reservedepot ständig ausgeplündert wird. Daher besteht ein inniger Zusammenhang zwischen dem Genuß von raffiniertem Zucker und Knochenschäden.

Womit sollen wir denn nun süßen? Am besten ist Honig. Wo der Honiggeschmack stört, verwende ich Fruchtzucker. Der ist zwar etwas teurer, dafür ist seine Süßkraft aber stärker.

Ein ähnliches Schicksal wie dem Getreidekorn und der Zuckerrübe lassen wir dem Reis widerfahren. Während der Hauptteil der asiatischen Bevölkerung den Reis in seiner Naturform verzehrt und damit eine ausreichende Ernährungsgrundlage hat, genießen wir ihn poliert und ohne seine Randschicht als fast wertlosen Kohlenhydratspender.

Man könnte dauernd den Kopf schütteln, wenn man sich klarmacht, was der Mensch, ein intelligentes Wesen, tut, um alles Lebendige und Natürliche – und damit auch sich selbst – zu vernichten. Ohne Bedenken verleibt er sich sogar Gifte in Form von Konservierungsmitteln und Farbstoffen ein. Selbstverständlich ist das Konservierungsmittel unumgänglich. Obwohl jede Konservierungsform einen Verlust an lebenswichtigen Stoffen bedeutet, sind die alten Verfahren immer noch die besten:

Trocknen, Einsalzen, Einzuckern (Fruchtzucker, naturbelassener Zucker), und das Milchsäuregärungsverfahren (beim Sauerkraut). Von den modernen sind das Hitzeverfahren, wie Pasteurisieren und Sterilisieren, und das Einfrieren akzeptabel. Der Verzehr von chemisch konservierten Eßwaren dagegen ist auf die Dauer gesundheitsschädlich. Noch fragwürdiger ist der chemische Farbstoff, der diesen im allgemeinen zugesetzt ist. Er dient ausschließlich der optischen Verschönerung der Ware und ist deshalb durchaus überflüssig. Offiziell gelten die chemischen Farbstoffe zwar noch als harmlos. Daß sie es nicht immer sind, wurde zumindest in einem Fall klar. Der Nobelpreisträger Butenandt wies nach, daß der Farbstoff Buttergelb, der lange Zeit zum Färben der Butter verwendet wurde, krebsfördernd wirkte. Daraufhin wurde das Buttergelb verboten. Es ist aber wahrscheinlich, daß andere Farbstoffe, deren Schädlichkeit nur noch nicht bewiesen ist, sich immer noch im Handel befinden.

Eine verantwortungslose Nahrungsmittelindustrie tut das ihre, die unwissende Hausfrau besorgt den Rest. Was die eine zu zerstören nicht geschafft hat, vollendet die andere, indem sie, was noch am Leben ist, zu Tode kocht, bis auch hier nur noch ein »Nahrungsmittel« übrigbleibt.

Als wichtiger Bestandteil unserer »Lebensmittel« seien jetzt die Fette erwähnt. In ihrer ureigensten Form bieten sie sich uns in Nüssen, Oliven und den Samen der Ölfrüchte (Sonnenblumenkerne, Kürbiskerne etc.) an. Natürlich können wir unseren Fettbedarf schlecht allein mit Nüssen und Kürbiskernen decken, aber die aus diesen Früchten und Samen gepreßten Öle sind tatsächlich wieder am zuträglichsten. Und zwar sollten sie möglichst kaltgepreßt sein. Bei den »normalen« handelsüblichen Ölen wird nämlich durch Hitzeeinwirkung ein Teil wichtiger Vitalstoffe zerstört, die aber für ein reibungsloses Funktionieren des Stoffwechsels erforderlich sind. Alle Pflanzenöle enthalten die sogenannten essentiellen Fettsäuren, die der Organismus unbedingt benötigt, die er aber nicht selbst aufbauen kann. Essentielle Fettsäuren kommen auch im Distelöl vor, in Sojaöl und Maiskeimöl, in Pflanzenmargarinen und Diätspeisefetten, bedingt auch in der Butter, als einzigem Vertreter der tierischen Fette. Die tierischen Schlachtfette dagegen (Schmalz und Talg) weisen nur gesättigte Fettsäuren auf. Sie sind nicht nur schwer verdaulich, sondern erhöhen auch noch den Cholesterinspiegel.
Im Prinzip läßt sich die moderne Ernährungslehre also auf einen einfachen Nenner bringen: Unser Speisezettel sollte nur naturbelassene »Lebensmittel« kennen. Und dazu gehören natürlich auch die Kräuter, die leider in vielen Küchen stiefmütterlich behandelt werden. Wenn Sie die kleine Kräuterkunde am Schluß des Buches gelesen und diese herrlichen Kräuter ausprobiert haben, sind auch Sie – ich garantiere es – ein Kräuterfan.
Ich möchte Sie noch auf drei Dinge aufmerksam machen, die in meinen Rezepten immer wieder vorkommen und die Sie vielleicht nicht kennen. Da ist zunächst der Obstessig mit seinem hohen Kaliumgehalt, Frugola, ein würziger Gemüseextrakt, den ich überall da verwende, wo sonst Fleischbrühe genommen wird. Und schließlich ein Kräutersalz, das der geniale Ernährungswissenschaftler Eduard A. Brecht kreiert hat. Es ist ein besonders ausgewogenes Salz mit hohem Gehalt an Kalium, Calzium und Magnesium.
Diese drei Zutaten – und noch andere in meinen Rezepten erwähnten – erhalten Sie in Reformhäusern sowie in den Reformabteilungen der Kaufhäuser.
Alle Rezepte sind, wenn nicht anders angegeben, für 4 Personen berechnet.
Gehen wir jetzt gemeinsam in die Küche, essen wir uns Gesundheit und gute Laune an! Sie werden weniger Zeit am Herd verbringen und dabei noch Geld sparen und Ihren Gaumen auf eine neue Art betören. Denn Essen muß Spaß machen!

Mit dem Frühstück fängt der Tag erst an.

Brillat-Savarin, der Autor des Buches »Physiologie des Geschmacks« (herausgegeben im Jahre 1825) schildert ein Frühstück, zu dem er »zwei kleine, aber immer noch frische und muntere Greise«, eingeladen hatte. Der eine zählte 78, der andere 74 Lenze. Um zehn Uhr morgens verzehrten die Herrschaften – »frisch rasirt, gut frisirt und wohlgepudert« – jeder 2 Dutzend Austern, am Spieße gebratene Nieren, eine Gänseleberpastete mit Trüffeln und endlich die Hauptspeise, eine Eier-Fondue, die der Gastgeber eigenhändig auf dem Tische zubereitete. Dazu trank jeder eine Flasche Sauterne. Nach dem Fondue folgten Früchte und Konfitüren, eine Tasse »ächten« Mokkas, und endlich zwei Sorten Liqueurs, »ein scharfer zum Magenputzen und ein milder zum Schmeidigen«.

Die Herren müssen über eine ganz ausgezeichnete Leber verfügt haben, sonst hätten sie bei derartig üppigen Frühstücken nicht so ein stattliches Alter erreicht. Worauf man aber schwören kann: sie aßen langsam. Und wenn Brillat-Savarin triumphiert: die Feinschmecker leben länger als die anderen, so ist das sicher auf deren langsame, genüßliche Eßweise zurückzuführen.

Ich habe mir angewöhnt, auch aus unserem Frühstück ein kleines Fest zu machen. Muß ich um sechs Uhr im Atelier sein, stehe ich eben um halb fünf Uhr auf. Dank Trockenbürsten und Yogaübungen bin ich auch um fünf Uhr schon blankäugig, gutgelaunt und voller Energie. Zur Gemütlichkeit trägt ein langer grüner Frotteemantel bei – grün beruhigt. Dazu leiste ich mir im Winter rote wollene Kniestrümpfe und ein Paar von diesen schwedischen roten Pantinen. So lustig angezogen, kann man einfach kein Morgenmuffel sein! Daß die gepflegte Frau am Frühstückstisch mit Lippenstift und Wangenrot erscheinen soll, wie ich in einer Frauenzeitschrift las, finde ich grotesk. Mein Mann würde sich schieflachen, käme ich so an. Das Lippenrot verspeist man ohnehin mit dem Frühstücksbrot, außerdem stört es beim Küssen. Es gibt ein fabelhaftes Karottenöl; davon ein paar Tropfen ins Gesicht – und man sieht so rosig-braun aus, wie dieser entzückende Apfel, die Goldparmäne.

Die meisten Frühstückstische zeugen von einer Phantasielosigkeit, daß man in Tränen ausbrechen

könnte. Pappige Semmeln mit einem Klacks künstlich gefärbter Marmelade drauf oder ein paar Scheiben fetter Wurst, werden, womöglich sogar im Stehen, hastig mit einer Tasse Kaffee hinuntergespült. Ein Trauerspiel! Wer so armselig frühstückt, muß ja gereizt sein. Ein gutes Frühstück dagegen schafft ein so wohliges Bauchklima, daß unsere gute Laune für Stunden gesichert ist. Am Morgen ist der Körper noch mit dem großen Ausscheidungsprozeß beschäftigt, den er des Nachts begonnen hat. Man sollte ihn dabei nicht stören, indem man ihn mit neuen Giften überschwemmt, sondern ihm bei seiner Arbeit helfen. Das Weißbrot lassen wir weg. Wir essen Vollkornbrot. Es schmeckt herzhafter, und unsere Verdauung dankt uns dafür, unsere Zähne, unsere Knochen – und – unsere Figur!
Butter oder Margarine, was ist gesünder; darüber streiten sich die Geister. Wir wissen, die Pflanzenmargarinen versorgen uns mit den essentiellen Fettsäuren und den Vitaminen; die Butter enthält zwar Cholesterin – aber ebenfalls viele Vitamine, das Vitamin A (Augenvitamin) Vitamin D (Knochenvitamin) Vitamin E (Wachstumsvitamin). Warum nicht abwechseln?
Den raffinierten Kristallzucker habe ich aus meiner Küche verbannt. Ich süße mit Honig oder mit Fruchtzucker. Honig stärkt gleichzeitig das Herz! Aber Vorsicht – er ist ein schlimmer Zahnschmelzräuber, genau wie die Trockenfrüchte. Nach dem Frühstück immer gleich

die Zähne putzen. Auch die Marmelade sollte mit Fruchtzucker hergestellt sein und ohne künstliche Farb- und Konservierungsstoffe.
Was das Ei betrifft, da muß ich Ihnen unbedingt Are Waerland zitieren: »... daß ein Gramm eines mehrere Tage alten Eies – und wann ist ein Ei nicht einige Tage alt? – alle Rekorde schlägt mit 150 bis 220 Millionen Fäulnisbazillen pro Gramm«. Sie haben richtig gelesen: einhundertfünfzig bis zweihundertzwanzig Millionen Fäulnisbazillen pro Gramm Ei. Erst danach folgen der Fisch mit 120 Millionen und das Fleisch mit $1^1/_2$ Millionen pro Gramm (1 Gramm Beefsteak) bis 95 Millionen (1 Gramm Schweineleber).

Machen wir uns aber nicht verrückt. Wenn Sie gern ein Frühstücksei essen, und es bekommt Ihnen, essen Sie es. Mehr als ein Ei pro Tag dürfte aber sicher nicht empfehlenswert sein. (Ich denke an die Harte-Eier-Kur zum Abnehmen, die oft katastrophale Folgen hat).
Ein großartiger Eiweißlieferant ist der Quark. Ob Sie ihn mit Sanddornsaft süßen oder mit Honig, ihn herzhaft mit Kümmel, Schnittlauch und Zwiebeln anmachen – die Leber freut sich auf alle Fälle.
Das Getreide – das ganze Korn! – enthält ebenfalls sehr viel hochwertiges Eiweiß. Wir können die herrlichsten Müslis aus ihm zubereiten. Vollkorn muß immer frisch gemahlen verwendet werden; denn kaum kommt das gemahlene Korn mit dem Sauerstoff in Berührung, wird ein Teil seiner Vitamine zerstört. Kleine Mengen kann man in einer Kaffeemühle mahlen oder im Elektro-Mixer, für größere Mengen benötigt man eine Getreidemühle. Die Bezugsquellen von Getreidemühlen finden Sie auf Seite 223.

Was trinken wir zum Frühstück?

Manche Ernährungswissenschaftler fordern: während des Essens gar nichts trinken, das verdünnt den Magensaft, kein Tier trinkt während des Essens. Stimmt nicht! Unsere Pferde malmen genüßlich ihren Hafer und saufen ganz schön zwischendurch, allerdings frisches Quellwasser. Ich habe, um meinen matten Blutdruck auf Touren zu bringen, jahrelang Kaffee getrunken. Kurze Zeit nach beendetem Frühstück fühlte ich mich regelmäßig kaputt und nervös und bekam Kopfschmerzen. Schließlich fand ich heraus: der Kaffee war schuld. Er bewirkt zwar eine kurzfristige Erweiterung der Gefäße, der aber bald eine Verengung der Gefäße nachfolgt. Kaffee ist ein Säurebildner. Das mit seinem Genuß häufig verbundene Sodbrennen und Völlegefühl beweisen es. Das Koffein des Kaffees erhöht ferner das Infarktrisiko, wie ein amerikanisches Forscherteam herausgefunden hat. Obwohl eine Tasse schwarzer Tee genauso viel Koffein (Tein) enthält wie eine Tasse Kaffee, besitzt der Tee nicht die infarktfördernde Wirkung des Kaffees. Man vermutet, daß die im Tee enthaltene Gerbsäure das Eintreten des Koffeins (Teins) in die Blutbahn verzögert.
Schwarzer Tee stopft übrigens nur, wenn man ihn länger als 3 Minuten ziehen läßt. Mit Honig gesüßt und etwas Milch dazu, trinke ich ihn morgens seit Jahren. Seitdem ist mein Blutdruck ausgeglichener, ich bin weniger zapplig und schlafe besser. Abends allerdings ist schwarzer Tee tabu, da gibt es Kräutertee. Der schmeckt genauso gut und ist eine Augenweide: blaue Kornblumen, gelbe Ringelblumen, die bräunliche Wacholderbeere, Fenchel und Anis – eine unendliche Vielfalt von Kräutern wartet darauf, uns Gutes

zu tun. Und es duftet wie das frisch eingefahrene Heu bei uns auf dem Heuboden.
Sie erhalten die verschiedenen Tees fertig abgepackt im Reformhaus oder in den Reformabteilungen der Warenhäuser. Sie können aber auch jedes Kräutlein für sich in der Apotheke oder Drogerie kaufen und sich selbst Ihren Tee mischen.

Kräutertee

Brombeer-, Himbeer- und Erdbeerblätter, Haselnußblätter, Korn- und Ringelblumen, Pfefferminze, Fenchel, Koriander, Hagebuttenkerne, Thymian, Waldmeister.
Man nimmt 1 Teelöffel pro Tasse, brüht mit kochendem Wasser auf, läßt den Tee zugedeckt, aber unter mehrmaligem Umrühren stehen, seiht dann ab und trinkt ihn mit Honig gesüßt oder mit Zitrone.
Sie können auch nur Brombeerblätter nehmen (dieser Tee kommt geschmacklich dem chinesischen am nächsten. Er stärkt die Verdauungsorgane und wirkt blutreinigend). Oder Sie mischen Brombeer-, Himbeer-, Erdbeer- und Blätter von schwarzen Johannisbeeren.
Alle Kräutertees haben eine hervorragende Wirkung auf Stoffwechsel und Ausscheidung, und sie strapazieren die Nerven nicht.

Und nun zu den Frühstücksrezepten. Ihre Familie wird sich auf die köstlichen Speisen stürzen.

Haferflockenmüsli einfach

Pro Person 3 EL Vollkornhaferflocken, 1 EL Honig, 1/4 l Milch.
Haferflocken in einen Teller geben, Honig darüberträufeln, Milch darübergießen.

Porridge

Pro Person 3 EL Vollkornhaferflocken, 1 Prise Meersalz, 1/4 l Milch oder 1/8 l süße Sahne, 5 EL Wasser, 1 EL Honig.
Vollkornhaferflocken in dem kalten Wasser ansetzen, kurz aufkochen lassen, mit Salz abschmecken. Nachquellen lassen, so daß ein dicker Brei entsteht. Bei Tisch Honig hineingeben, mit der kalten Milch oder Sahne übergießen.

Obstmüsli

Pro Person 1 Banane, 1 Apfel, 1 Birne, 2 Feigen, 1 EL Nüsse oder Mandeln, 1 EL Rosinen.
Das Obst waschen. Apfel, Birne und Feigen in Würfel schneiden, Banane in Scheiben. Nüsse oder Mandeln grob hacken. Alles mischen.
Alle Müslis sofort essen, der Sauerstoff zerstört die Vitamine!

Feine Gewürze zu Müslis: Anis, Fenchel, Vanille, Zimt, Ingwer, Kakao. Alle Obstsorten, Beeren und Nußarten sowie Trockenfrüchte, eignen sich zum Obstmüsli. Man kann das Ganze im Mixer pürieren (ich hab's allerdings lieber ganz), Schlagsahne darübergeben oder Quark oder Joghurt oder Vollkornflocken. Versuchen Sie einmal statt der Nüsse ein fertiges Nußmus – gibt es aus Haselnüssen, Erdnüssen, Cashewnüssen und Mandeln. Diese Muse sind auch ein herrlicher Brotaufstrich, zum Beispiel auf Waerland-Zwiebäcken mit Honig!

Anis und Fenchel pflegen Ihre Bronchien! (Entweder gemahlen verwenden oder mit den Trockenfrüchten zusammen einweichen).

Es lohnt sich zu überlegen, ob man morgens lieber in eine »tote« Semmel beißt oder in ein »lebendiges« Vollkornbrot. Vollkornbrot hält viel länger satt. Hunger spüren Sie nämlich, wenn Ihr Blutzuckerspiegel sinkt – haben Sie Vollkornbrot gegessen, fällt der Blutzuckerspiegel langsamer ab. – Und: Die im Vollkorn(brot) enthaltenen Ballaststoffe haben die Eigenschaft, im Darm zu quellen. Dadurch regen sie ihn zu stärkerer Bewegung an – Ihre Verdauung kommt in Schwung und Ihre Linie profitiert.

Hirsebrei mit Pflaumenmus

125 g ungemahlene Hirse,
3/4 l Milch, 1/4 l Wasser,
Salz, pro Person
2 EL Pflaumenmus,
evtl. etwas Sahne
oder Butter.

Die gewaschene Hirse in die kalte, mit Wasser gemischte Milch streuen. Unter Rühren aufkochen, salzen und ca. 15 Minuten leise köcheln lassen. Eventuell mit etwas Sahne verrühren oder einen Klacks Butter in die Mitte geben. Das Pflaumenmus erhitzen und darübergießen.
Wenn ich Hirsebrei koche, sagt mein Mann: Hm, das duftet wie im Märchen! Der hohe Kieselsäuregehalt der Hirse festigt Haut, Haare, Zähne, Knochen, Nägel!

Stellen Sie Kürbiskerne auf den Frühstückstisch, Sonnenblumenkerne, Hasel- und Walnüsse und Äpfel!

Gerösteter Sesam mit Honig

Pro Person 1 EL Sesam,
1 TL Honig.

Den Sesam (ich nehme ihn ungemahlen) in trockener heißer Pfanne kurz rösten. Auf dem Teller mit dem Honig vermischen. Wenn was übrigbleibt, kleine Kugeln formen, trocknen lassen.
Herrliches Konfekt!

Bircher-Müsli

Pro Person 10 g (1 gestr. EL) Haferflocken, 3 EL Wasser, 150 g Äpfel, 25 g (1 gestr. EL) gezuckerte Kondensmilch oder 1 gestr. EL Honig oder 1 EL Sahne oder 2 EL Joghurt, Zitronensaft, 1 gestr. EL Nüsse.

Die Flocken in dem Wasser kurze Zeit einweichen. Äpfel fein reiben und mit dem Zitronensaft beträufeln, damit sie hell bleiben. Mit der Milch und den Flocken mischen, dann die Nüsse dazugeben.

Statt der Haferflocken probieren Sie auch mal Weizen-, Gersten-, Roggen-, Soja-, Mais-, Reis- oder Hirseflocken.

Äpfel für Müslis immer mit dem Kernhaus und der Schale reiben. Das Kernhaus ist jodreich. Übrigens: der Apfel soll auch den Cholesterinspiegel senken und er enthält viele Vitamine.

Die Engländer haben ein Sprichwort: an apple a day keeps the doctor away! Ein Apfel am Tag, und Sie brauchen keinen Arzt. Apropos Cholesterin, ein oft gebrauchter Fachausdruck, von dem man nie recht weiß, was er bedeutet: Cholesterin heißt wörtlich »Gallenfettstoff«. Es ist wichtig für die Gallenflüssigkeit und wird vom Körper selbst hergestellt. Zuviel Cholesterin von außen zugeführt ist dagegen von Übel.

Dosis facit venenem! (Die Dosis entscheidet, ob eine Sache giftig ist).

Kollath-Frühstück

nach Professor Kollath

Pro Person 2–3 EL frisch geschrotete Weizenkörner,
4–5 EL Wasser,
150 g Obst je nach Jahreszeit oder 150 g getrocknete Früchte,
1 EL frische Nüsse,
Milch, Sauermilch, Joghurt oder Sahne, 1–2 EL Zitronensaft.

Die Weizenkörner am Abend zuvor mahlen und sofort in dem Wasser einweichen. Zu diesem Schrotbrei am Morgen das Obst (geriebene Äpfel, Beeren etc. oder die separat eingeweichten Trockenfrüchte), die Nüsse, die Milch und den Zitronensaft hinzufügen.

Sie können praktisch alle Obstsorten für die Getreidefrischbreie und Müslis verwenden, möglichst natürlich ungespritztes Obst: Orangen, Bananen, Erdbeeren, Himbeeren, Stachel- und Johannisbeeren, Datteln und Rosinen, Feigen, Backobst (über Nacht einweichen), Pflaumen, Birnen, Aprikosen, Kirschen, Sanddornbeeren, Heidelbeeren.

Trockenfrüchte ungeschwefelt kaufen, da Schwefel sich nie ganz entfernen läßt, auch nicht beim Waschen. Und immer über Nacht einweichen. Wenn Sie Leinsamen hinzufügen – ein gutes Mittel gegen Verstopfung – weichen Sie den auch über Nacht ein.

Morgenstund hat Gold im Mund, sagt ein Sprichwort. Doch wenn Sie mit einer Kohlenmonoxydvergiftung aufwachen, hilft Ihnen diese Weisheit auch nicht weiter.

Es war auf unserer Asienreise. Wir kamen aus dem tropischen Neuguinea ins winterliche Japan. Statt in Tokio in ein Hotel mit europäisch-amerikanischem Standard zu gehen, suchten wir uns ein verträumtes original japanisches Hotel in der Nähe der Ginza. Denn wie in allen Ländern, durch die wir reisten, wollten wir auch hier essen, trinken und schlafen wie die Einheimischen.

Gegen Abend bezogen wir unser Hotel, wir entledigten uns unserer Schuhe und erhielten dafür geflochtene Sandalen und seidene Kimonos. Von einer Bedienerin wurden wir dann in den Ritus des japanischen Bades eingewiesen. Das war so heiß, daß ich mich einem Herzkollaps nahe fühlte.

In der Zwischenzeit hatte man nach japanischer Sitte unsere Betten direkt auf dem Boden gerichtet. Ein Kohlebecken mit einem Aschenkegel über der glühenden Holzkohle erwärmte das Zimmer nur spärlich. An Tropentemperaturen gewöhnt, fingen wir an, jämmerlich zu frieren. So stellten wir das Becken an das Kopfende der Matratzen und stocherten die Glut auf, in der Hoffnung, es würde dadurch wärmer. Und immer noch zähneklappernd schliefen wir endlich ein.

Aber dann das Aufwachen! Mein Kopf schien mir die Ausmaße eines Zeppelins zu besitzen. Das Zimmer drehte sich im Kreis mitsamt dem verflixten Kohlebecken, das die Katastrophe verursachte hatte. Durch unsere dumme Stocherei hatten wir Kohlenmonoxyd freigemacht und eine kapitale Vergiftung erwischt. Dieser Zustand war nur mit einem Vollrausch zu vergleichen.

Das Frühstück wurde serviert. In unseren Kimonos auf dem Boden sitzend, konnten wir uns nur mühsam aufrecht halten. Es kamen: eine kalte Kohlsuppe, ein für unsere Verhältnisse fast roher kalter Fisch, eine Schale Reis mit Sojasauce, beides ebenfalls kalt, und grüner Tee, der war Gott sei Dank warm.

Um alles noch schlimmer zu machen, kam ich auf die Idee, den kalten Fisch auf dem Rost des Kohlebeckens wenigstens ein bißchen zu erwärmen. Gar wurde er dadurch aber auch nicht. Nur sein Fett tropfte in die Glut, und in unserem Stübchen roch es für den Rest unseres Tokio-Aufenthaltes wie in einer Fischbraterei.

Ein Bild der Trostlosigkeit, hockten wir mit unseren Ballonköpfen in unseren echt japanischen Kimonos auf den echt japanischen Matten, hielten das echt japanische Frühstück aber eine ganze Woche lang eisern durch. Ich war es, die dann zaghaft fragte: ob man nicht mal in ein europäisches Restaurant . . .?

Lutz atmete auch auf. Wir beschlossen, unsere bereits streikenden Mägen im feudalen Hilton mit einem Haferschleimsüppchen wieder aufzumöbeln. Could we have some porridge, please? fragte ich den Ober. Da sagte der im Ruhrpott-Dialekt: Sie sind doch die Barbara Rütting! Ihnen habe ich mal – 1961 war es, in Fulda, gebratene Leber mit Zwiebeln serviert!

Kruska

nach Waerland

Für 2 Personen je 1 EL frisch gemahlener Weizen, Roggen, Hafer und frisch gemahlene Gerste,
je 1 EL Hirse und Weizenkleie,
1 EL Rosinen.

Alles zusammen 5 Minuten in 3 bis 5 Dezilitern Wasser kochen. Diesen Brei warm halten, damit er quellen kann (in Thermosbehälter, Kochkiste etc.). Das dauert ca. 2 Stunden. Nimmt man die Kruska heraus, muß sie noch dampfen. Dazu trinkt man Milch und ißt ein Obstkompott oder auch Trockenobst wie Feigen und Datteln, die man über Nacht eingeweicht hat.

Eine Kochkiste kann man sich selbst herstellen, indem man einen Pappkarton mit Zeitungen auslegt. Da hinein kommt der Topf mit der Kruska, obendrauf wieder Zeitungen und ein Kissen.

Das Störende bei diesem Gericht ist die lange Quellzeit. Meiner Meinung nach eignet es sich deshalb besser als Mittag- oder Abendgericht. Für die »Schnellen« hat Waerland die Waerlandzwiebäcke erfunden. Die braucht man nur mit Milch zu übergießen, heißer oder kalter, fügt Früchte hinzu – fertig. Die Wirkung jeder Kruska auf die Verdauung ist enorm, besonders wenn man – zwischen den Mahlzeiten! – viel Mineralwasser oder Kräutertee trinkt.

Der griechische Arzt Hippokrates hat sich – 400 Jahre vor Christi Geburt – bereits mit dem Problem Verdauung beschäftigt und der Nachwelt den Begriff des hippokratischen Rhythmus hinterlassen: »Ohne wenigstens drei oder noch besser vier reichliche, leichte, breiartige Darmentleerungen täglich zu haben, kann kein Mensch völlig gesund sein. Und diese Darmentleerungen sollten außerdem noch ganz geruchlos sein.«

Man sollte meinen, Hippokrates hätte die Kruska gekannt. Aber dieses angenehme Gericht hat Waerland den irischen Bauern abgeschaut. Jedenfalls: den hippokratischen Rhythmus – die Kruska macht's möglich!

Wer zuletzt lacht, lacht am besten . . .

Wenn ich bei Beginn einer Theatertournee morgens im Frühstücksraum mein Müsli mixte, bissen meine Kollegen in ihre Marmeladensemmeln und grinsten mitleidig. Dann kam plötzlich heute der und morgen jener und sagte: Mir tut's

hier weh und mich drückt's da; ich fühl mich so schlapp; du bist immer so energiegeladen, man wird richtig neidisch! Was ist denn da drin in diesem Teufelsmüsli?
Ich mußte jeden Morgen größere Portionen Müsli mixen, und konnte mit Genugtuung Berichte verzeichnen wie: Verdauung ist besser geworden; Magenschleimhaut tut nicht mehr weh; ich fühle mich überhaupt wie neugeboren usw. usw.

Hier haben Sie

Barbaras Wunder-Müsli

Pro Person 1 EL Vollkorn-Haferflocken, 1 EL Weizenkeime,
1 EL Weizenkleie,
1 EL Hirseflocken,
1 EL am Abend vorher eingeweichte Feigen, zerkleinert,
1 EL Molath, 1 EL Honig,
1 EL Nüsse, 1 Prise Meersalz,
1 EL Sesam, 1/4 l kalte Milch, möglichst Vorzugsmilch aus dem Reformhaus.

Die Zutaten mischen. Wenn ich zu Hause bin, röste ich den Sesam in trockener Pfanne kurz an. Alles mit der kalten Milch übergießen.
Dieses Müsli morgens gegessen – und Ihr Tag ist eine wahre Wonne. Der Gewinn an Vitalität ist enorm. Der Hafer schafft stramme – und dennoch runde! – Konturen; die Weizenkeime stärken die Nerven; die Kleie fegt den Darm sauber; die Hirseflocken kräftigen Bindegewebe, Zähne, Nägel, Haar; die Feigen kurbeln nochmal die Verdauung an und versüßen die ganze Angelegenheit; Molath bedeutet einen zusätzlichen Schutz für Leber und Nerven – sehr wichtig für alle, die wie Schauspieler einem starken Streß ausgesetzt sind. Frucht- und Traubenzucker des Honigs werden unmittelbar in die Blutbahn aufgenommen und spenden sofortige Energie, darüber hinaus stärkt der Honig Magen und Herz. Das Meersalz liefert Jod für die Schilddrüse und einen guten Stoffwechsel, und das zarte Öl des Sesams pflegt die Schleimhäute. Dazu kommt noch die Milch mit ihrem Reichtum an Aminosäuren.
Wollen Sie dieses Wunder-Müsli nicht auch mal versuchen?

Meine Fitneß-Drinks – nicht nur zum Frühstück zu trinken:

Kraft-Mix

1 Tasse Milch, 1 Eigelb,
1 Prise Meersalz, 1 EL Molath (Nerven-Diätetikum aus dem Reformhaus), 1 Banane, Spur Naturvanille, 1 TL Honig,
1 TL Zuckerrohrmelasse.

Alle Zutaten mixen und über den Tag verteilt in 2 Portionen trinken. Wenn ich sehr zu arbeiten habe, und trotzdem mein Gewicht reduzieren will, bereite ich um die Hälfte mehr dieses Tranks zu, und trinke ihn in 3 Portionen über den Tag verteilt. Sonst natürlich nichts essen. Nur Mineralwasser ist erlaubt. Gibt eiserne Nerven!

Honig-Apfelessig-Drink

1 TL Honig, 1 Glas lauwarmes Mineralwasser, 1 EL Apfelessig.
Alles mixen und in kleinen Schlukken langsam austrinken.
Die Säure des Apfelessigs vertrage ich auf nüchternen Magen nicht gut, also trinke ich diesen Drink nach einer Mahlzeit. Er wirkt sehr belebend, das Kalium des Apfelessigs entwässert. Und wie bei vielen guten Dingen stellt sich heraus, daß sie eigentlich uralt sind.

In einem »Noth- und Hülfs-Büchlein« aus dem Jahre 1814 wird die Frau Thomsen hoch gepriesen. Die Thomsen hatte, unter anderen Vorzügen, »immer guten Obstessig und etwas Honig im Vorrath. Wenn es nun viel zu thun gab, daß die Leute über Kräfte arbeiten mußten: so nöthigte sie dieselben, viel Wasser zu trinken, in welches auf das Maaß ein Spitzglas guter Weinessig oder Obstessig mit einem Löffel voll Honig gemischt war. Dieses Getränk gibt eine angenehme Kühlung und erhält die Kräfte. Hatte sie Buttermilch: so gab sie solche ihrem Manne und den Kindern, die am stärksten arbeiten mußten. Sie warnte aber ihre Leute oft, daß sie ja nicht auf die Hitze trinken möchten, weder Wasser noch kaltes Bier. Der einfältigste Knecht, sagte sie oft, verwehrt es ja den Pferden, daß sie nicht saufen, wenn sie erhitzt sind: weil er weiß, daß es ihnen tödtlich seyn kann, da die Pferde doch eine viel stärkere Natur haben, als der Mensch. Und euer Leben muß euch doch noch lieber seyn, als euer Pferd!«
Soweit die Frau Thomsen im Jahre 1814.

Weitere Vorschläge für Fitneß-Drink-Kombinationen:

(die Säfte sind natürlich immer frisch zu pressen).

Tomaten- und Orangensaft, Zitronensaft, eine Spur Sahne, etwas Kräutersalz und Pfeffer, eventuell ein paar Tropfen Worcestershiresauce.
Grapefruit- und weißer Traubensaft.
Apfel- oder Traubensaft mit Leinsamenschrot verrührt.
Möhrensaft mit etwas Sahne oder Sonnenblumenöl und Honig.
Tomatensaft, ein paar Tropfen Zitronensaft, Sahne oder Öl und frisch gehackte Kräuter, Kräutersalz.

Gurkensaft, Kräutersalz und Pfeffer, Sahne und gehackter Dill.
Tomatensaft, Möhrensaft, Orangensaft und Joghurt.
Tomatensaft, Apfelsaft, Joghurt, Kräutersalz, Pfeffer, Paprika, Zitronensaft, gehackter Dill.
Tomatensaft und Selleriesaft, Kräutersalz und Pfeffer, Sahne oder Öl.
Tomatensaft und Petersilienwurzelsaft, Kräutersalz und Pfeffer, Sahne oder Öl.
Möhren- und Apfelsaft, Honig, Sahne.
Apfelsaft und Saft von schwarzen Johannisbeeren, Honig.
Spinatsaft, ebensoviel Milch oder Joghurt, Zitronensaft und Honig.
Möhrensaft, Buttermilch, Zitronensaft, Sahne, Kräutersalz und ein Hauch Muskat.
Diese Gemüse- oder Obstcocktails werden wie ein Aperitif gereicht und sehen besonders entzückend aus, wenn man den Rand des Cocktailglases in Zitronensaft und dann in Fruchtzucker taucht, und kurz in den Kühlschrank stellt, bevor man den Drink einfüllt.

Andere Gewürze, die die »salzigen« Cocktails mögen: Worcestershiresauce oder Tabascosauce, Zimt, zerstoßenen Anis, gemahlenen Ingwer.

Und last not least etwas, was nie schaden kann: ein Zaubertrank, ein indianischer, der die Liebenden auf ewig aneinanderschmiedet (wenn sie ihn regelmäßig trinken).

Indianischer Liebestrank

3 Vanilleschoten, 1 l Milch,
4 EL Kakao, 1/8 l Wasser,
4 EL Honig, 1 Messerspitze Cayennepfeffer (oder 2 TL Tabascosauce), 1 Prise Kräutersalz,
weißer Rum nach Geschmack.
Die Vanilleschoten in der Milch 10 Minuten köcheln lassen. Schoten herausnehmen. Vanillemark herauskratzen und mit dem Kakao in dem Wasser verrühren. In die heiße Milch gießen, Honig, Cayennepfeffer (oder Tabascosauce) und Kräutersalz zugeben, zum Schluß den Rum.
Heiß oder kalt trinken.

Kraftgetränk

Auf Vorrat zu mischen, Kinder lieben es besonders:
100 g Kakao, 200 g Fruchtzucker,
2 EL Sojamehl.
Alle Zutaten gut mischen, im Schraubglas dunkel aufbewahren. Bei Bedarf 1–2 TL mit heißer Milch übergießen.

Da haben wir den Salat – mal heimisch, mal international!

Mittag- und Abendessen leite ich möglichst mit einem rohen Blatt- oder Gemüsesalat ein. So kann er am besten seine heilenden, vitalisierenden Eigenschaften entfalten. Seine Ballaststoffe fördern die Verdauung, die beigefügten Kräuter und Gewürze regen die Nerven an und lassen Magensaft und Galle fließen. Das kaltgeschlagene Pflanzenöl tut ein übriges, den Cholesterinspiegel zu regulieren und Schlacken auszuscheiden. Dadurch ist eine bessere Durchblutung aller Organe gewährleistet und der gesamte Organismus wird gestärkt. Fast jedes Gemüse läßt sich als Rohkost zubereiten (außer Auberginen, grünen Bohnen, Artischocken, Spargel, Kartoffeln und Zucchini). Gemüse und Salat sollten Sie nie im Wasser liegen lassen. Das wasserlösliche Vitamin C gießen Sie sonst fort. Blumenkohl muß allerdings kurz in Salzwasser gelegt werden, damit Raupen etc. herausfallen. Ich gebe Biosmon ins Wasser, ein aus Urgestein gewonnenes Mineralsalzgemisch, das übrigens auch einen etwas welk gewordenen Salat wieder aufpäppelt. Salatblätter schwenke ich trocken, sonst nehmen sie das Öl nicht an. Blätter zerpflücke ich erst kurz vor dem Anrichten. Ebenso zerkleinere ich Knollen und Wurzeln, die ich gründlich bürste und möglichst nicht schäle, erst kurz vor dem Verbrauch. Sie sättigen sich sonst mit dem Luftsauerstoff und verlieren einen Teil ihrer guten Wirkung.

Das im Gemüse und in Salatblättern enthaltene hochwertige Eiweiß wird durch Zugabe von Milchprodukten wie süße oder saure Sahne, Quark und Joghurt stark aufgewertet. Ist mein Idealgewicht in Gefahr, nehme ich natürlich Joghurt statt Sahne. Und nie zuviel Essig! Eine gute Regel ist 2/3 Öl, 1/3 Essig oder Zitronensaft. Dazu Brechts Kräutersalz, viele gehackte Kräuter, ein Hauch oder mehr Knoblauch, gehackte Zwiebeln, mal ein Stäubchen Paprika, Curry, Ingwer oder Muskat, ein paar Oliven oder Kapern.

Ich habe Ihnen hier meine schönsten Salatrezepte aufgeschrieben. Vom exotischen arabischen Salat mit Kresse und Rosinen bis zum deftigen heimischen Krautsalat.

Arabischer Salat

8 Champignons, 1 Möhre,
1 Scheibe frische Ananas,
1 Schälchen Kresse,
1/2 Tasse Kürbiskerne,
1/4 Tasse Rosinen.
Für die Sauce:
3 TL Sesamöl (oder anderes Öl),
1 TL Obstessig, Kräutersalz,
Pfeffer, Spur Cayennepfeffer,
1/2 TL geriebene Ingwerwurzel,
1 TL Honig.

Champignons und Möhre in Scheiben schneiden, Ananas würfeln. Mit der Kresse, den Kürbiskernen und den Rosinen mischen. Aus den übrigen Zutaten eine Sauce bereiten und über den Salat gießen.

Für den Film »Ich war ihm hörig« – nach einer wahren Begebenheit! – sollten die Außenaufnahmen am Nil stattfinden, in dem ich mich als hörige Frau laut Drehbuch zu ertränken hatte. Wir freuten uns alle sehr auf die Reise. Da ging der Produktion das Geld aus, und man verlegte die Wüste kurzerhand in ein Münchner Filmatelier. Den Nil ließ man überhaupt weg. Ein einziges, immer wieder durch das Bild getriebenes Kamel ersetzte die Karawane. Und die schwarzen Kinder sprachen alle bayrisch.
Später bin ich dann doch noch an den Nil gefahren, und habe viele herrliche Rezepte mitgebracht, wie die Gemüsesuppe Haraira oder den arabischen Salat mit Kresse und Rosinen. Kleine Haschischkuchen dagegen oder ein Dessert, bei dem unbedingt ein Tropfen Blut aus dem linken Zeigefinger der Hausfrau als Gewürz vorgeschrieben ist, habe ich in meinen Küchenfahrplan nicht aufgenommen.

Arabischer Salat mit Ziegenkäse

1 Salatkopf, 1 Birne, 1 Avocado,
1 Tasse Ziegenkäse, 1 Handvoll
Rosinen, 1 Tasse Joghurt,
2 TL Sojaöl (oder anderes Öl),
1 TL Obstessig, Kräutersalz,
1 TL Honig.

Den gewaschenen Salat in die Salatschüssel pflücken. Birne, Avocado und Käse kleinschneiden. Mit den Rosinen zum Salat geben. Aus den restlichen Zutaten eine Sauce bereiten und über den Salat gießen. Mischen.

Avocadosalat mexikanisch

2 Avocados, 3 Eigelb,
4 EL Zitronensaft, Kräutersalz,
Pfeffer, gehackte Kräuter:
Kerbel, Petersilie, Schnittlauch.

Avocados schälen, in 2 Längshälften teilen, Kern entfernen. Das Fruchtfleisch in Scheiben schneiden. Mit der Sauce aus Eigelb, Zitronensaft, Kräutersalz, Pfeffer und den gehackten Kräutern übergießen.

Bleichselleriesalat

½ kg Bleichsellerie, 6 EL Öl, 2 EL Obstessig, Kräutersalz, Pfeffer, ½ TL Senf.
Bleichsellerie waschen, die Stiele und die zarten Blattspitzen in Stücke schneiden. In einer Sauce aus Öl, Essig, Kräutersalz, Pfeffer und Senf anrichten.

Blumenkohlsalat

1 kleiner Blumenkohl, 2 Möhren, 4–6 EL Öl, 1–2 EL Zitronensaft, Kräutersalz, 1 Prise Fruchtzucker, 1 TL Senf, Schnittlauch, Salatblätter.
Blumenkohl waschen, in Röscher teilen. Möhren waschen, bürsten und grob hobeln. Mit den Blumenkohlröschen mischen.
Eine Sauce bereiten aus Öl, Zitronensaft, Kräutersalz, Zucker, Senf und gehacktem Schnittlauch. Über das Gemüse gießen. In gewaschenen Salatblättern servieren.

Ist mir die Salatsauce einmal zu scharf geraten, mildere ich sie durch einen Schuß Sahne. 1 TL Senf macht Gurkensalat leichter verdaulich. Kopfsalat enthält die Vitamine der B-Gruppe, Vitamin C und das Carotin, das Schönheitsvitamin für unsere Augen und unsere Haut! Und lustig macht Salat auch, ich hab's probiert: Einmal hatte ich zuviele Salatköpfe im Garten. Sie schossen ins Kraut. Ich tat 7 Köpfe in den Entsafter, gab 1 Prise Kräutersalz an den Saft, einen Teelöffel Sonnenblumenöl und etwas Sahne (Carotin braucht Fett, um vom Körper in Vitamin A umgewandelt zu werden) und trank diesen Schönheitscocktail langsam aus. Ich habe stundenlang lauthals vor mich hingesungen, zum Entsetzen unserer Hunde. Und noch etwas: kaltgeschlagenes, naturbelassenes Öl macht nicht dick! Sie können damit abnehmen, weil es den Stoffwechsel ankurbelt.

Bohnensalat von weißen Bohnen

250 g weiße Bohnen, 1 l Wasser, 2 Zwiebeln, 1 Lorbeerblatt, ½ EL Frugola, Bohnenkraut, 4–6 EL Pflanzenöl, 1–2 EL Obstessig, Pfeffer, Senf, Kräutersalz, 1 Knoblauchzehe, Petersilie.
Die Bohnen waschen, über Nacht in dem Wasser einweichen. 1 kleingeschnittene Zwiebel, Lorbeerblatt, Frugola, Bohnenkraut zugeben und im Einweichwasser dünsten (nicht zu weich, die Bohnen müssen knakkig schmecken, also ca. 1 Stunde). Abkühlen lassen. Mit Öl, Essig, Pfeffer, Senf und Kräutersalz, der zweiten kleingehackten Zwiebel und durchgedrücktem Knoblauch abschmecken. Ziehen lassen. Mit Petersilie bestreut kalt servieren.

Die Kombination Zwiebel und Knoblauch kann blähen. Bei Empfindlichkeit nur eines von beiden verwenden.

Champignonsalat mit Tomaten und Paprika

500 g Champignons, 1 Zitrone,
100 g Tomaten, 2 Paprikaschoten,
2–3 EL Öl, Kräutersalz,
Pfeffer, Paprika,
1 TL Senf, Cayennepfeffer,
Muskat, 1 Knoblauchzehe.

Champignons waschen, putzen, in Scheiben schneiden. Mit Zitronensaft beträufeln. Die Tomaten in Achtel, die Paprikaschoten in Scheiben schneiden. Alles mischen. Darüber eine Sauce gießen aus Öl, Kräutersalz, Pfeffer, Paprika, Senf, Cayennepfeffer, Muskat und Knoblauch nach Geschmack.

Chicorée-Rote-Rüben-Salat

375 g Chicorée, 100 g Feldsalat,
2 EL eingelegte rote Rüben,
4–6 EL Öl, 1–2 EL Obstessig,
Kräutersalz, Pfeffer,
1/8 l saure Sahne,
2 TL frisch geriebener Meerrettich.

Chicorée waschen, putzen, in Scheiben schneiden. Mit dem gewaschenen Feldsalat und den roten Rüben auf einer Platte anrichten.

Eine Sauce bereiten aus Öl, Essig, Kräutersalz, Pfeffer, Sahne und Meerrettich. Über den Salat gießen.

Chicoréesalat mit Bananen

500 g Chicorée, 2 Bananen,
2–3 EL Öl, Zitronensaft,
Kräutersalz, 1/2 TL Honig,
gehackte Mandeln.

Chicorée waschen, putzen, in Scheiben schneiden. Die Bananen in Scheiben schneiden, daruntermischen.

Eine Sauce aus Öl, Zitronensaft, Kräutersalz und Honig bereiten. Darübergießen. Mit gehackten Mandeln bestreuen.

Fenchelsalat mit Paprika, Tomaten und Orangen

3 Fenchelknollen, 1 Paprikaschote,
4 Tomaten, 1 Orange, 12 Oliven,
2 EL Öl, 1 EL Zitronensaft,
Kräutersalz, Pfeffer, Paprika,
1 Prise Fruchtzucker,
1/8 l saure Sahne.

Fenchelknollen putzen und in Scheiben schneiden. Paprika entkernen, auch in Scheiben schneiden, Tomaten in Achtel, Orange in Scheiben, alles miteinander mischen, Oliven dazugeben.

Eine Sauce aus Öl, Zitronensaft, Kräutersalz, Pfeffer, Paprika, Zucker und Sahne drübergießen.

Das ist ein geradezu lukullischer Salat. Aber bei dem Wort lukullisch streikt mir die Schreibmaschinentaste. Denn was Herr Lukull seinen Gästen damals servierte, wäre für unseren Geschmack alles andere als lukullisch. Er »tractirte« sie nämlich mit barbarischen Speisen: zum Beispiel einem Gericht, das aus 500 Straußenhirnen zubereitet war, einem anderen, zu dem 5000 Vögel, die alle sprechen konnten, ihre Zungen hatten hergeben müssen.
In manchen Gegenden gilt es heute noch als Delikatesse, das warme Hirn aus der frisch abgeschlagenen Hirnschale eines jungen Affen auszulöffeln. Und Karpfen kastriert man, damit ihr Fleisch noch zarter und fester wird. Gänseleber wird nur dadurch so »fein«, weil man den Gänsen den Schlund mit Fressen so voll stopft, daß ihre Lebern zu kranken Fettlebern degenerieren. Und das ißt der Mensch dann als Delikatesse.

Fenchelscheiben mit Roquefort

3 Fenchelknollen, Saft einer halben Zitrone, Kräutersalz,
50 g Roquefort (oder Gorgonzola), 100 g Quark, 1 EL Butter,
1 Zwiebel, 1 Knoblauchzehe,
Pfeffer, 1 Tomate,
1 EL gehackte Petersilie.

Fenchelknollen waschen, putzen und in dicke Scheiben schneiden. Mit Zitronensaft beträufeln. Etwas Kräutersalz darüberstreuen. Auf einer Platte anrichten. Roquefort, Quark und Butter schaumig rühren. Feingeschnittene Zwiebel, durch die Presse gedrückten Knoblauch, Kräutersalz und Pfeffer dazugeben. Die Mischung auf die Scheiben streichen.
Die Tomate überbrühen, häuten und in Würfel schneiden. Auf die Fenchelscheiben verteilen. Mit gehackter Petersilie bestreuen.

Gemüsesalat roh

1/2 Sellerie, 3 Möhren, 1 Zwiebel,
1/2 Blumenkohl, 2 EL Öl,
Zitronensaft, 1/8 l saure oder
süße Sahne, Kräutersalz,
Pfeffer, evtl. Knoblauch.
Gemüse putzen. Blumenkohl in Röschen teilen. Übriges Gemüse würfeln. Mit einer Sauce aus Öl, Zitronensaft, Sahne und den Gewürzen abschmecken. Gut durchziehen lassen!

Gefüllter grüner Salat

4 Salatköpfe, 2 Tomaten,
4 Scheiben Ananas, 2 Apfelsinen,
Kräutersalz, 1 Prise Fruchtzucker,
Zitronensaft, 1/4 l süße Sahne.
Die Salatköpfe waschen, das Herz herausschneiden. Tomaten, Ananas

und Apfelsinen würfeln. Tomatenwürfel mit Kräutersalz und Zucker bestreuen. Zitronensaft darüberträufeln. Ananas mit Zitronensaft beträufeln. Die Salatköpfe abwechselnd mit Tomaten, Ananas- und Apfelsinenwürfeln füllen, die süße Sahne darübergießen.

Französische Regel: den Salat 99 × wenden!

Gurken-Champignons-Salat

1 Salatgurke, 250 g frische Champignons, 2–3 EL Öl, Zitronensaft, 1 TL Senf, 1/8 l saure Sahne, Kräutersalz, Pfeffer, 1 Prise Fruchtzucker, Dill, 1 hartgekochtes Ei, Petersilie.

Die Gurke waschen, ungeschält in Scheiben schneiden. Champignons putzen, waschen und in Scheiben schneiden. Mit den Gurkenscheiben mischen.

Sauce aus Öl, Zitronensaft, Senf, Sahne, Salz, Pfeffer, Zucker und gehacktem Dill darübergießen. Mit Eihälften und gehackter Petersilie garnieren.

Übrigens, ungeschält ist die Gurke besser verdaulich.

Ich lasse von Gurken immer ein kleines Stückchen übrig und reibe mir damit das Gesicht und den Hals ein. Ein phantastisches Tonikum, das die Haut klar und zart macht!

Gurkensalat israelisch

1 Salatgurke, 4 Orangen, 1 Zwiebel, 2 EL Öl, Saft einer Zitrone, Kräutersalz, Pfeffer, 1 EL Honig, 1/8 l süße Sahne.

Gurke ungeschält in Scheiben schneiden, Orangen schälen, auch in Scheiben und Zwiebel in Ringe schneiden.

Alles mischen und in eine Sauce aus Öl, Zitronensaft, Salz, Pfeffer, Honig und der Sahne geben.

Silvesterpremiere in Tel Aviv. Wir spielen die Komödie »40 Karat«. Festliche Stimmung im Parkett, sogar der Kulturattaché und hohe Diplomaten geben uns die Ehre. Das Vorspiel findet etwas improvisiert vor dem Vorhang statt, kaum mehr als einen Meter entfernt von der ersten Reihe. Eine zärtliche Liebesszene zwischen einer Pariser Geschäftsfrau und einem Studenten – untermalt von sinnlicher, griechischer Musik. Das Liebespaar: mein Mann Lutz und ich als Guillaume und Lisa.

Lisa (leise, an Guillaume gelehnt): Was riecht da so gut?

Guillaume (leise, Lisa zart streichelnd): Lilien. Der Strand ist voll davon. Nach Sonnenuntergang duften sie besonders stark – nachts ist es manchmal kaum auszuhalten – es ist wie ein Rausch . . .

In dem Moment geht das Licht aus und die Musik (Tonband) erstirbt jaulend. Rabenschwarze Nacht. Pause. Dann flüstere ich: was machen wir? Lutz leise zurück: weiter. Und ich sage in das Rabenschwarz hinein: Diese Ruhe, dieser Friede! Wenn ich daran denke, daß ich nach Paris zurück muß – usw. usw.
So spielen wir im Dunkeln, bis endlich die Schlußsätze fallen. Laut Regie sollen Lisa und Guillaume jetzt engumschlungen abgehen. Wenn wenigstens der Vorhang aufginge! Er geht aber nicht auf. Wir versuchen die Vorhangöffnung zu finden. Das Publikum klatscht. Wo ist die Öffnung vom Vorhang, flüstere ich. – Ich kann sie auch nicht finden, sagt Lutz. – Wo bist du? – Ich bin hier! – Kriechen wir unten durch! Just in diesem Augenblick geht das Licht im Parkett an. Und das amüsierte Publikum sieht nur noch unsere Hinterteile, wie wir auf allen Vieren von der Rampe weg unter dem Vorhang durchkrabbeln.

Indischer Salat

*4 Möhren, 4 Selleriestangen,
1/2 Rotkohl oder italienischer Radicchio, 4 Äpfel, 4 Radieschen,
1–2 EL Mandeln oder Nüsse,
4–6 EL Öl, 1–2 EL Zitronensaft,
Rosinen, Zitronat, Kräutersalz,
1 TL Honig.*

Gemüse, Äpfel und Radieschen kleinschneiden, Mandeln oder Nüsse rösten. Mischen.
Sauce aus den übrigen Zutaten zubereiten. Über den Salat gießen. Gleich servieren. Der Salat muß knackig sein!

Kürbissalat

*500 g Kürbis, Kräutersalz, Pfeffer,
1/8 l saure Sahne, Kümmel,
gehackter Dill.*
Kürbis schälen, durchschneiden, Kerne herausnehmen. Kürbis in dünne Scheiben schneiden (Schnitzelwerk der Maschine). Mit den restlichen Zutaten abschmecken.

Linsensalat

*250 g Linsen, 1 1/4 l Wasser,
1 Zwiebel, 2 EL Olivenöl,
Knoblauch, 1 Lorbeerblatt,
Kräutersalz, Pfeffer.
Für die Sauce:
1 Zwiebel, 4 EL Olivenöl,
1–2 EL Obstessig oder Zitronensaft,
1 TL Senf, evtl. Kräutersalz und Pfeffer, 4 EL gehackte Petersilie.
Zum Garnieren: 2 Tomaten,
ca. 10 schwarze Oliven.*
Linsen waschen und über Nacht in dem Wasser einweichen. Die feingehackte Zwiebel in dem Öl dünsten. Knoblauch, Lorbeerblatt, Salz und Pfeffer dazugeben. Alles mit den Linsen mischen. Linsen weichkochen (ca. 1 Stunde).

Aus den angegebenen Zutaten eine Sauce bereiten und über die fertigen Linsen gießen. Gut durchziehen lassen. Mit Tomatenvierteln und schwarzen Oliven garnieren.

Maissalat

4–6 Maiskolben (oder Dosenmais), Salzwasser, 2 EL Öl, Zitronensaft oder Obstessig, Kräutersalz, Pfeffer.
Junge Maiskolben in Salzwasser weichkochen (ca. 10 Minuten). Körner lösen, in der aus den restlichen Zutaten bereiteten Sauce anmachen.

Möhrensalat

500 g Möhren, 2 Äpfel, 1/2 EL Zitronensaft, 65 g Rosinen, 2 EL Öl, 1/2 EL Honig, Kräutersalz, 1/8 l saure Sahne, grobgehackte Haselnüsse.
Möhren bürsten, gut waschen und grob reiben (Maschine). Äpfel mit Schale und Kernhaus ebenfalls grob reiben, Zitronensaft darübergießen. Die gewaschenen abgetropften Rosinen dazugeben.
Sauce aus Öl, Honig, Kräutersalz und saurer Sahne darübergießen. Mit gehackten Nüssen bestreuen.

Die Möhre ist der große Lieferant von Carotin, dem Schönheitsvitamin für unsere Haut. Carotin kann nur mit Hilfe von Fett im Körper in Vitamin A umgewandelt werden. Deshalb Möhren (auch rohen Saft) immer mit etwas Öl oder Sahne genießen. Mangel an Vitamin A hat nicht nur ein Nachlassen der Sehkraft, sondern auch der Schleimhautfunktionen zur Folge; das Ergrauen der Haare soll damit zusammenhängen und – ein zu frühes Abklingen des Geschlechtstriebes. Nicht zu vergessen: B_1- und B_2-Vitamine und Vitamin C schenkt die Möhre uns natürlich ebenfalls – und gut für unsere Leber ist sie auch!

Paprikasalat

1 Salatkopf, 5 Paprikaschoten, 1 Zwiebel, 2–3 hartgekochte Eier, 3–4 EL Öl, 1 EL Obstessig, 1 EL Kapern, gehackter Knoblauch, Kräutersalz, Pfeffer.
Salatblätter waschen. Den Boden einer Schüssel damit auslegen. Paprikaschoten waschen, entkernen und in Streifen, die Zwiebel in Ringe schneiden. Auf die Salatblätter füllen. Die hartgekochten geachtelten Eier draufsetzen.
Eine Sauce aus den restlichen Zutaten über den Salat gießen.

Petersilienwurzelsalat

2 Handvoll Petersilienwurzeln, 1 EL Zitronensaft, 1/8 l süße oder saure Sahne, 2 EL Öl, Kräutersalz, Pfeffer.

Die Wurzeln gut bürsten und fein reiben (Maschine). Mit Zitronensaft beträufeln, mit Sahne, Öl, Kräutersalz und Pfeffer anmachen. Variation: Die Wurzeln in wenig Öl und mit Kräutersalz abgeschmecktem Wasser kurz dünsten, abkühlen lassen, dann wie oben zubereiten. Ein Aphrodisiakum!

Pfifferlingsalat

500 g Pfifferlinge,
1 Zwiebel, 2–3 EL Öl,
Kräutersalz, Pfeffer,
1/8 l saure Sahne,
Prise Fruchtzucker,
Petersilie.

Pfifferlinge putzen und waschen. Zwiebel hacken, in Öl dünsten, Pfifferlinge dazugeben. Salzen und pfeffern. Kurz dünsten. Mit saurer Sahne und Zucker abschmecken. Abkühlen lassen. Mit Petersilie bestreut servieren.

Mutter war, gelinde gesagt, großzügig. Sie machte sich trotz der sechs Kinder nicht verrückt. Wenn sie es mal nicht schaffte, ihren aufgegangenen Rocksaum anzunähen, so blieb er halt ein paar Tage so. Durch solche Trivialitäten ließ sie sich nicht davon abbringen, auf dem Klavier ihre Schubertlieder zu spielen oder mit uns zu singen. Und sonntags durften wir alle so lange im Bett bleiben, wie wir wollten, bis zum Mittagessen, worum uns andere Kinder glühend beneideten. Die waren alle viel lieber »bei Lehrers« als bei sich zu Hause.

Die Gemütlichkeit fand ein Ende, wenn Tante Frida aus Berlin zu Besuch kam. Sie war ein altgewordenes Fräulein, sehr streng und – wohl deswegen – sehr einsam. Wenn einer von uns schrie: »Tante Frida im Anrollen!«, sprangen wir alle aus den Betten, schon um Mutter Tante Fridas spitze Bemerkungen zu ersparen: »Also ich weiß nicht, Hanna, wie du deine Kinder erziehst –«.

Nachdem uns Mutter gebeten hatte, Tante Frida nicht immer zu fragen: »Tante Frida, hast du uns was mitgebracht?« machten wir das diplomatischer: »Tante Frida, dürfen wir mal in deinen Koffer gucken?«

Tante Frida war Kneipp-Anhängerin. Wenn sie sich erfrischen wollte, machte sie ein Armbad. Und das habe ich von ihr übernommen: die Arme bis über die Ellenbogen in kaltes Wasser tauchen, je kälter, desto besser. Die Arme im Wasser lassen, so lange es angenehm ist, etwa eine Minute. Die Haut fängt dann an zu prickeln. Arme nicht abtrocknen, sondern wie die Flügel einer Windmühle schleudern, bis sie trocken sind. Das ist nebenbei noch eine gute Übung, den Busen straff zu halten. Und erfrischt mehr als eine Tasse Kaffee.

Reissalat

(Resteverwertung)

100 g frische Champignons (oder Dose), 2 Tomaten, 1 Apfel, 65 g Käse, 1 Handvoll schwarze Oliven, 300 g gekochter Reis, 2 EL Öl, 1 EL Obstessig, Kräutersalz, Pfeffer, 1 Prise Fruchtzucker, evtl. Tabascosauce, gehackte Kräuter.

Champignons, Tomaten, Apfel und Käse in Scheiben oder Würfel schneiden. Mit den Oliven unter den Reis mischen. Aus den restlichen Zutaten eine Sauce bereiten, darübergießen und vorsichtig mischen. Salat zugedeckt gut durchziehen lassen.

Rote-Rüben-Rohkost

2 rote Rüben (250 g), 2 Äpfel, 1 EL Öl, Kräutersalz, 1 Prise Fruchtzucker oder 1 TL Honig, 1/8 l saure Sahne oder Joghurt, Zitronensaft.

Die roten Rüben putzen und unter fließendem Wasser gut bürsten. Mit der Schale hobeln (Maschine). Äpfel waschen und ebenfalls mit Schale und Kernhaus hobeln. Mit den übrigen Zutaten abschmecken. Evtl. gehackte Nüsse darüberstreuen.

Variation: Eine kleingeschnittene Zwiebel hinzufügen, ein Stückchen gehobelten Sellerie und 1 TL frisch geriebenen Meerrettich.

Sauerkrautsalat mit Möhren

250 g Sauerkraut, 2–3 Möhren, 1 Apfel, 1 saure Gurke, 1 Zwiebel, 1 Stück Meerrettich, 1 Orange, 2 EL Öl, 2 EL Zitronensaft, Kräutersalz.

Sauerkraut zerpflücken. Möhren und Apfel waschen und hobeln. Gurke in Würfel schneiden, Zwiebel hacken, Meerrettich reiben, Orange in Stücke schneiden. Alles mischen, mit Öl, Zitronensaft und Kräutersalz abschmecken.

Sauerkrautsalat mit Sahne

500 g Sauerkraut, 1 Apfel, 1 Scheibe Ananas, 1 EL Zitronensaft, 1 Zwiebel, 1 EL Kapern, 4 Wacholderbeeren, 2 EL Öl, Saft einer Zitrone, Kräutersalz, 1/8 l saure Sahne, Petersilie.

Sauerkraut zerpflücken. Apfel mit Schale und Kernhaus hineinreiben. Ananas in Stücken dazugeben. Mit Zitronensaft beträufeln. Gehackte Zwiebeln, Kapern und die gestoßenen Wacholderbeeren dazugeben. Eine Sauce bereiten aus Öl, Zitronensaft, Kräutersalz und Sahne. Darübergießen und gut mischen. Mit gehackter Petersilie bestreut servieren.

Selleriesalat roh

1 Sellerieknolle, Zitronensaft, $^1/_8$ l süße Sahne, 1 EL Öl, 2 Äpfel, Kräutersalz, $^1/_2$ TL Honig, Nüsse zum Bestreuen.

Sellerieknolle waschen, schälen und grob reiben. Mit Zitronensaft beträufeln. Die saure Sahne und das Öl dazugeben und die gewaschenen, mit Schale und Kernhaus geriebenen Äpfel. Mit Kräutersalz und Honig abschmecken. Mit grob gehackten Nüssen bestreuen.

Sellerie-Rote-Rüben-Salat

1 Sellerieknolle, 1 Apfel, 2 EL Zitronensaft, Kräutersalz, $^1/_2$ TL Honig, $^1/_8$ l süße Sahne, 1 rote Rübe, 1 EL geriebener Meerrettich, 2 EL Öl.

Sellerieknolle waschen und putzen, mit dem gewaschenen Apfel (mit Schale und Kernhaus) grob raspeln. Zitronensaft darüberträufeln. Mit Kräutersalz, Honig und der Hälfte der Sahne abschmecken. Ziehen lassen.

Die rote Rübe putzen, unter fließendem Wasser bürsten und mit der Schale grob raspeln, mit geriebenem Meerrettich und Zitronensaft mischen, mit Kräutersalz abschmecken. Öl dazugeben und die zweite Hälfte der Sahne. Mit dem übrigen Salat mischen.

Sellerieherzensalat

Ca. 8 Sellerieherzen (Bleichsellerie), $^1/_2$–1 l Frugolabrühe, $^1/_4$ l Sauce Vinaigrette (s. Rezept Seite 80), $^1/_2$ TL Edelsüßpaprika, etwas Cayennepfeffer, Kräutersalz, $^1/_8$ l süße Sahne, 4 hartgekochte Eier, 4 EL gehackte Petersilie.

Sellerieherzen putzen, in Hälften schneiden und in der Frugolabrühe ca. 15 Minuten dünsten. (Brühe für Suppe oder Sauce weiterverwenden). Sellerieherzen herausnehmen und abkühlen lassen. Mit der Hälfte der Sauce Vinaigrette übergießen. Eine Stunde marinieren.

Restliche Sauce Vinaigrette mit Paprika, Cayennepfeffer, evtl. Kräutersalz und der Sahne mischen. Die Sellerieherzen mit dieser Sauce übergießen. Mit den gehackten Eiern und der gehackten Petersilie garnieren.

Spargelsalat

500 g Spargel, 1 Tasse Champignons, Zitronensaft, 2 EL Öl, 1 EL Obstessig, 1 TL Senf, Kräutersalz, Pfeffer, 2 hartgekochte Eier, Petersilie.

Geschälten Spargel kochen (20 Minuten). Dann in 2–3 cm lange Stücke schneiden und mit den geputzten, in Stücke geschnittenen Champignons mischen. Mit Zitronensaft beträufeln. Öl, Essig, Senf, Salz und Pfeffer dazugeben. Eier in Scheiben schneiden und daruntermischen. Mit Petersilie bestreuen.

Spargel besteht zu 93% aus Wasser, aber die restlichen 7% haben es in sich: sie sind eine Fundgrube an Mineralsalzen. Spargel fördert die Verdauung und wirkt entwässernd – Vorsicht bei Nierenkrankheiten. Da Spargel wenig Kohlenhydrate enthält, ist er für Zuckerkranke ein ideales Gemüse.

Tomaten-Paprika-Oliven-Salat

100 g Tomaten, 100 g Paprika,
100 g rote Pfefferschoten,
1 Zwiebel,
200 g schwarze Oliven,
2 EL Öl, 1 EL Obstessig,
Kräutersalz, Pfeffer.

Gemüse in Streifen oder Stücke schneiden, Zwiebeln würfeln, alles mit den Oliven mischen. Aus den restlichen Zutaten eine Sauce bereiten, drübergießen und mischen.

Tomatensalat texanisch

4–6 Tomaten, 2 Bananen,
2 EL Öl, 1 EL Obstessig,
Kräutersalz, Pfeffer,
gehackte Petersilie,
gehackter Schnittlauch,
gehackter Knoblauch.

Tomaten und Bananen in Scheiben schneiden. Aus den restlichen Zutaten eine Sauce bereiten. Abschmecken, über die Salatzutaten gießen und mischen.

Waldorfsalat

2 Äpfel, Zitronensaft, 1/2 Sellerieknolle, 1 Handvoll Walnüsse,
2 EL Weintrauben, 1/2 Orange,
Kräutersalz, 1/8 l Schlagsahne,
1 Prise Fruchtzucker.

Äpfel in Würfel schneiden, mit Zitronensaft beträufeln. Sellerie schälen, fein reiben und dazugeben. Die grobgehackten Nüsse, die Weintrauben und die in Stücke geschnittene Orange zufügen. Mit Kräutersalz abschmecken und die mit der Prise Fruchtzucker geschlagene Sahne darunterziehen.
Dieser Salat verdankt seinen Namen dem New Yorker Waldorf-Astoria-Hotel.

Brüsseler Weintraubensalat

500 g blaue Weintrauben,
250 g Ananas, 100 g Edamer,
Zitronensaft, Chicoréespitzen,
Mandeln.

Weintrauben halbieren. Ananas und Edamer Käse in Würfel schneiden, mit Zitronensaft beträufeln. Mit Chicoréespitzen und abgezogenen Mandeln garnieren.

Beim Anblick einer Ananas, diesem köstlichen Fremdling, überläuft es mich heute noch kalt, wenn ich an ein Erlebnis in Neuguinea denke.

Mein Mann und ich schlenderten einen ganzen Nachmittag lang auf dem Cockey-market, dem Eingeborenenmarkt in Port Moresby, herum. Die Eingeborenen verkauften auf ihren malerischen Booten Wallabies, eine kleine Känguruhart, Schnitzwerk und viele uns unbekannte tropische Wurzeln und Früchte. Offensichtlich schätzten sie das Geld noch nicht sehr hoch, denn es gab einen Einheitspreis: 10 Cent. Dafür erstanden wir eine Ananas, die wir abwechselnd stundenlang im Arm trugen.
Im Hotel angekommen, legten wir sie auf den Tisch, um sie anzuschneiden, und wir trauten unseren Augen nicht: heraus aus dem grünen Strunk kroch ein Skorpion!

Weißkohlsalat lieblich

500 g Weißkohl, 1 EL Öl, 1/2 EL Zitronensaft, Kräutersalz, 1 TL Honig, 1/8 l saure oder süße Sahne, Haselnüsse zum Bestreuen.
Weißkohl feinschneiden. Aus den übrigen Zutaten eine Sauce bereiten und unter den Kohl mischen. Die Haselnüsse darüberstreuen.

Weißkohlsalat pikant

500 g Weißkohl, 4–6 EL Öl, 1–2 EL Obstessig, Kräutersalz, Pfeffer, 1 EL Kümmel, Knoblauch.
Weißkohl feinschneiden. Öl und Essig darübergießen, mit den Händen weichkneten. Mit Kräutersalz, Pfeffer, Kümmel und durch die Presse gedrücktem Knoblauch abschmecken.

Keine Grenzen sind der Phantasie gesetzt, wenn es um Salatkombinationen geht.
Ich schaue mich auf dem Gemüsemarkt um: Was lacht mich da so besonders einladend an? Die leuchtende Paprikaschote, die violette Aubergine, der dekadente Bleichsellerie, der deftige schwarze Rettich? Ich nehme mit, was heute frisch ist und preiswert, und zu Hause entwerfe ich dann die tollsten Salat-Kreationen. Oder ich sehe in den fast leeren Kühlschrank, wenn ich mal wieder gar nicht zum Einkaufen gekommen bin. Eine rote Rübe finde ich da vielleicht, ein paar Kartoffeln, eine Zwiebel – und mache einen feinen Salat draus, wie die Französin, der man nachsagt: Auch aus »Nichts« kann sie immer noch einen Salat machen – und einen Hut.
So kombiniere ich:
grünen Salat und Kresse.
Endivien, Chicorée, junge Spinatblätter und Kresse.
Bleichsellerie, grünen Paprika und Fenchel.
Tomaten und Kresse.
Tomaten, Kresse, Gurke, Bleichsellerie und so weiter und so weiter.

Eine gute Suppe streichelt den Magen.

Ich liebe Suppen und esse sie auch zu allen möglichen und unmöglichen Tageszeiten.
Gustls Mili-Suppn morgens, wenn es kalt ist; eine eisgekühlte Spargelsuppe mittags, wenn draußen die Sommerhitze brütet; eine heiße Holundersuppe an einem kalten Winterabend, wenn Erkältung droht; einen scharfen Borschtsch ab Mitternacht, wenn der Abend lang war. Ich habe mir schon einmal, als ich nicht schlafen konnte, eine Kartoffelsuppe aus der Speisekammer geholt und kalt wie sie war aufgelöffelt.
Ich habe nie den Suppenkasper begreifen können, der immer seine Suppe stehen ließ und schließlich daran starb. Seine Mutter muß sehr schlecht gekocht haben!
Natürlich bereite ich meine Suppen nicht mit Fleischbrühe, sondern mit einer Gemüsebrühe zu. Die koche ich entweder selbst (geht ganz schnell) oder kaufe sie fertig im Reformhaus. Ich versichere Ihnen, Sie werden die Fleischbrühe nicht vermissen.

Brechts Küchenmeister-Grundbrühe

1 l Wasser, 2 Zwiebeln, Gemüse jeder Art nach Jahreszeit (auch Blätter und Strünke),
1 oder mehrere Zehen Knoblauch,
1 Lorbeerblatt, 1 Nelke,
ein paar Pfefferkörner,
ein paar Pimentkörner.
Außerdem:
Kräutersalz, geriebene Muskatnuß.
Alle Zutaten aufkochen. Auf kleiner Flamme 20 Minuten ziehen lassen, abseihen.
Brühe mit Kräutersalz und Muskat abschmecken.
Diese Brühe kann die Grundlage für eine Sauce sein. Oder Sie verfeinern sie folgendermaßen zu einer Suppe: Sie ziehen ein frisches Ei darunter (1 Ei pro 1/2 l Brühe oder 1 EL Sojamehl), fügen 1 TL Butter hinzu und 1 EL Pflanzenöl, nach Geschmack feingehackte Kräuter.
Jede übriggebliebene Gemüsebrühe läßt sich auf diese Art zu einer köstlichen Suppe für den nächsten Tag zubereiten!

Die allerschnellste Art, eine Gemüsebrühe herzustellen: in 1 l Wasser 1 EL gekörnte Würze »Frugola« aus dem Reformhaus auflösen (leichter Maggigeschmack).

Suppe von dicken Bohnen

500 g dicke Bohnen, 2 l Wasser,
1 l Frugolabrühe, 1 Zwiebel,
Bohnenkraut, Kräutersalz,
Pfeffer, Knoblauch,
1/8 l süße oder saure Sahne,
1 EL Butter oder Sonnenblumenöl,
gehackte Petersilie.

Bohnen über Nacht in dem Wasser einweichen. Frugolabrühe zugeben, gehackte Zwiebel und Bohnenkraut. In einer Stunde gar kochen. Mit Kräutersalz, Pfeffer und durch die Presse gedrücktem Knoblauch abschmecken, die Sahne und die Butter oder das Öl dazugeben, vorsichtig erhitzen und mit Petersilie bestreuen.

Variation: Anstelle der dicken Bohnen 1 kg grüne Bohnen und eine Handvoll weiße Bohnen nehmen. Dafür die weißen Bohnen über Nacht einweichen und eine 3/4 Stunde vorkochen. Dann die geschnittenen grünen Bohnen dazugeben.

Borschtsch

500 g rote Rüben,
250 g Suppengrün,
3 EL Sonnenblumenöl,
1 l Frugolabrühe,
1 Prise Fruchtzucker, 2 Zwiebeln,
250 g Weißkohl, 250 g Kartoffeln,
1 Lorbeerblatt, 6 Pfefferkörner,
2 Nelken, Kümmel,
200 g Tomaten, Kräutersalz,
Knoblauch, 2 EL Obstessig,
1/4 l saure Sahne.

Die geputzten, gewaschenen, gut gebürsteten, ungeschälten roten Rüben und das Suppengrün in Streifen oder Würfel schneiden. Sonnenblumenöl, Frugolabrühe und Zucker hinzufügen, ca. 20 Minuten köcheln lassen.

Dann die gehackten Zwiebeln, den feingeschnittenen Kohl, die geschälten, gewürfelten Kartoffeln und Gewürze zugeben. Weitere 30 Minuten dünsten. Die letzten 10 Minuten die abgezogenen, gewürfelten Tomaten dazugeben. Mit Kräutersalz, Knoblauch, Obstessig und Pfeffer abschmecken. Vor dem Anrichten die saure Sahne unterrühren.

Variation: Borschtsch mit Petersilie und Dill bestreuen.

Borschtsch kann man zu jeder Jahreszeit essen. Im Winter heiß, im Sommer mit einem Würfel Eis gekühlt.

Brennesselsuppe

1 kg frische Brennesselspitzen und junge Blätter, 1 l Frugolabrühe,
1 Stück Butter, evtl. Kräutersalz.

Die Brennesseltriebe in der Brühe auskochen, abseihen oder kleinhakken und mitessen. Ein Stück Butter dazugeben, evtl. mit Kräutersalz würzen.

Eine phantastische Entschlakkungssuppe!

Brennessel-Sauerampfer-Suppe

1 Zwiebel, Suppengrün,
2 EL Sonnenblumenöl,
500 g junge Brennesselblätter,
500 g Sauerampfer, 1 Lorbeerblatt,
1 l Frugolabrühe, Kräutersalz,
Pfeffer, frisch geriebene Muskatnuß, evtl. Knoblauch,
1/8 l saure Sahne.

Die gehackte Zwiebel und das kleingeschnittene Suppengrün in dem Öl dünsten. Die gewaschenen Brennessel- und Sauerampferblätter zufügen und das Lorbeerblatt. Kurz dünsten, bis die Blätter zusammenfallen. Mit Frugolabrühe auffüllen, mit Kräutersalz, Pfeffer, Muskat und Knoblauch abschmekken. Die saure Sahne unterziehen.

Variationen: 1 TL Senf dazugeben und eine in kleine Stücke geschnittene frische Gurke. Mit viel gehacktem Dill und Schnittlauch bestreuen.

Oder frisch geriebenen Meerrettich, Petersilie und (oder) Majoran, Zitronenmelisse, Rosmarin dazugeben.

Oder 1 Eigelb darunterrühren und einen Stich Butter.

Oder die Blätter ganz einfach mit kochendem Wasser überbrühen, abseihen, die Blätter feinhacken und das Wasser wieder zugießen.

Indische Currysuppe mit Mandeln

3 EL Weizenvollkornmehl oder -schrot, 1 1/2 l Milch, 1 EL Frugola, 1 Zwiebel, 1 grüne Pfefferschote, 2 EL Sonnenblumenöl,
Kräutersalz, Knoblauch,
Pfeffer, Curry,
200 g süße Mandeln,
1/8 l süße Sahne,
1 Prise Fruchtzucker.

In der trockenen, heißen Pfanne das Mehl oder Schrot kurz rösten, abkühlen lassen. Die Milch unter Rühren dazugießen, verrühren, Frugola dazugeben, einige Minuten köcheln lassen.

Die kleingeschnittene Zwiebel und die kleingeschnittene Pfefferschote in dem Öl golden dünsten, an die Suppe geben. Mit Kräutersalz, Pfeffer, Knoblauch und reichlich Curry abschmecken.

Die gehackten süßen Mandeln in trockener Pfanne rösten. Die Sahne mit einer Prise Zucker steifschlagen und unter die Suppe ziehen. Die Mandelsplitter darüberstreuen.

Erbsensuppe

500 g grüne Erbsen, 2 l Wasser,
Kräutersalz, Pfeffer, 2–3 Möhren,
1/2 Sellerie, 4–5 Kartoffeln,
2 Lorbeerblätter,
2–3 Stengel Lauch,
einige Pfefferkörner, Majoran,
Thymian, Edelsüß- oder scharfer Paprika, Basilikum,
Muskatnuß, Cayennepfeffer,
Knoblauch, Petersilie.

Die gewaschenen Erbsen über Nacht einweichen. In dem Einweichwasser aufsetzen und mehrmals abschäumen. Ca. 45–60 Minuten kochen lassen. Salzen, pfeffern und die in Stücke geschnittenen Gemüse zugeben und die Gewürze und Kräuter. Fertig garen (ca. 20 Min.). Noch einmal abschmecken. Mit gehackter Petersilie bestreuen. Eventuell ganz am Schluß 1 Eßlöffel Butter oder Öl unterziehen.
Kombinationsmöglichkeiten:
grüne und gelbe Erbsen (je 250 g),
weiße Bohnen (500 g),
weiße, braune, schwarze und grüne Bohnen (je ca. 150 g),
weiße, braune und schwarze Bohnen (je ca 80 g), die letzten 20 Minuten 250 g grüne Bohnen mitkochen.
Verfeinerungsmöglichkeiten: Alle Hülsenfrüchte lassen sich pürieren und mit 1/4 l saurer Sahne verfeinern. Linsen kann man mit Rotwein kochen und mit Obstessig abschmecken und etwas Senf.

Französische Gemüsesuppe »Bonne femme«

3 EL Sonnenblumenöl,
4 Zwiebeln, 1/2 Salatgurke,
250 g junge Erbsen, 1 Salatkopf,
4–6 Stengel Schnittlauch oder
Sauerampfer, 1 l Frugolabrühe,
2 Eigelb, 1/8 l süße Sahne,
Kräutersalz, Pfeffer,
4–6 Scheiben getoastetes
Weizenbrot.

Öl im Topf erhitzen. Kleingeschnittenes Gemüse und Kräuter dazugeben, 5 Minuten dünsten. Mit Frugolabrühe auffüllen, 20–30 Minuten köcheln. Eigelb und Sahne schaumig schlagen.
Topf vom Feuer nehmen, Ei-Sahne-Masse unter Rühren in die Suppe gießen. Mit Kräutersalz und Pfeffer abschmecken. Gehackten Schnittlauch darüberstreuen. Mit dem Brot servieren.

Haraira – Marokkanische Gemüsesuppe

1 Tasse grüne Erbsen,
1 Tasse Linsen, 1 1/4 l Wasser,
4 EL Butter, 2 rote Zwiebeln,
6 Tomaten, 1 Sellerieherz
oder 1 kleines Stück Sellerie,
1/2 TL (evtl. weniger) Cayennepfeffer, 1/2 TL gemahlener Ingwer,
1/2 TL gemahlener Kümmel,
1/2 TL Korianderkörner,
1 Prise Safran, 1 EL Frugola,
1 Tasse Weizenschrot, Kräutersalz,
Pfeffer, Saft einer Zitrone,
Petersilie.

Die gewaschenen Erbsen und Linsen über Nacht in dem Wasser einweichen.
Am nächsten Tag mit dem Einweichwasser zum Kochen bringen. Die Butter, die in dicke Scheiben geschnittenen Zwiebeln, die abge-

zogenen und in Scheiben geschnittenen Tomaten, das in Stücke geschnittene Sellerieherz, die Gewürze und Frugola zugeben. 1/2 Stunde köcheln lassen.
Den Weizenschrot darüberstäuben, fertiggaren (ca. 20 Minuten). Mit Kräutersalz und Pfeffer abschmekken. Den Zitronensaft beifügen. Mit Petersilie bestreuen.
Mit der Haraira beendet man in Marokko den Fastenmonat Ramadan. Ich finde einen halben Teelöffel Cayennepfeffer für unsere Zunge des Guten zuviel, ich nehme nur eine Spur davon.

Doktorsuppe
nach Brecht

Je 1 Handvoll grüne Bohnen,
Lauch, Sellerie oder Selleriestengel,
Schalotten, Brennesseln,
ca. 1 l Wasser, 500 g Kartoffeln,
2 EL Sonnenblumenöl,
Kräutersalz.

Die Gemüse in dem Wasser auskochen und herausnehmen. In die heiße Brühe die gut gebürsteten, ungeschälten Kartoffeln hineinreiben. Noch einmal heiß werden lassen. Das Öl dazugeben. Mit Kräutersalz abschmecken.
Diese Suppe ist eine Wohltat für Magen und Darm! Die Kartoffel ist stark basenüberschüssig, also *die* Diät bei Übersäuerung. (Rheuma!)

In dem amerikanischen Film »Zeit zu leben, Zeit zu sterben« nach dem Roman von Remarque spielte ich eine russische Gefangene. Alles sollte so lebensecht sein wie möglich. So mußte ich meine Rolle russisch sprechen. Ein wesentlicher Bestandteil des Parts war eine Fluchkaskade, die ich dem deutschen Erschießungskommando entgegenzuschleudern hatte. In meiner Münchner Wohnung traute ich mich nicht, die volle Lautstärke zu üben. So ging ich in den Wald, meistens bei Regen, weil dann kaum Spaziergänger zu erwarten waren. Doch als ich einmal laut russisch schreiend durch den regennassen Forst stiefelte, sah ich ein altes Pilzsammlerpärchen, wie es sich schutzsuchend unter einer Tanne aneinanderklammerte und bei meinem Anblick bekreuzigte.
Ich wußte vor Verlegenheit nicht, was ich machen sollte, und rettete mich in fröhliches Pfeifen.
Um meine russische Aussprache zu korrigieren, wurde mir die schöne Tanja zugeteilt. Von ihr habe ich viele meiner russischen Rezepte, wie die

Russische Kohlsuppe »Schtschi«

500 g frischer Weißkohl,
250 g Sauerkraut, 1 Zwiebel,
1 Handvoll Pilze, 1 Lorbeerblatt,
4 Gewürzkörner, 1 TL Kümmel,
1 1/2 l Frugolabrühe, einige kleine
Kartoffeln, Kräutersalz, Pfeffer,
Knoblauch, 1/4 l saure Sahne.

Den feingeschnittenen Weißkohl, das Sauerkraut, die gehackte Zwiebel, die kleingeschnittenen Pilze, Lorbeerblatt und Gewürze in der Frugolabrühe ca. eine Stunde kochen. Die geschälten, gewürfelten Kartoffeln in der letzten halben Stunde mitkochen. Mit Kräutersalz, Pfeffer und Knoblauch abschmekken. Zum Schluß die saure Sahne darunterrühren.

Krautsuppe ungarisch

4 Zwiebeln, 2 EL Öl,
750 g Weißkohl, Paprika,
1 l Frugolabrühe, 3 Kartoffeln,
Kräutersalz, Pfeffer.

Die feingeschnittenen Zwiebeln in dem Öl dünsten. Den in fingerbreite Stücke geschnittenen Kohl, Paprika und die in Würfel geschnittenen Kartoffeln hinzufügen. Brühe dazugießen. Nicht zu weich dünsten. Mit Salz und Pfeffer abschmecken. Ich gebe noch – gleich zu Anfang – 1 EL Kümmel dazu (macht den Kohl bekömmlicher!) und ziehe am Schluß 1/4 l saure Sahne darunter. In Ungarn heißt dieses Süppchen »Arme-Leute-Suppe«! Billig ist es auch – aber köstlich!

Kürbissuppe

1 kg Kürbis, 3 EL Sonnenblumenöl oder Butter, 1 l Frugolabrühe, Kräutersalz, Pfeffer, Muskatnuß, Zitronensaft, 1/8 l saure oder süße Sahne, geröstete Semmelwürfel.

Kürbis schälen und in Würfel schneiden. In Öl oder Butter weich dünsten (10 Min.). Mit Frugolabrühe auffüllen. Im Mixer pürieren oder ganz lassen. Mit den Gewürzen und Zitronensaft abschmecken. Mit gerösteten Semmelwürfeln servieren.

Kürbiskerne sammeln, trocknen, rösten und essen. Gut für die Prostata!

Lauch-Kürbis-Suppe

500 g Kürbis, 250 g Kartoffeln,
1 Zwiebel, 4 EL Sonnenblumenöl,
250 g grüne Bohnen,
2 Lauchstengel,
1/2 l Frugolabrühe, 1/2 l Milch,
Kräutersalz, Pfeffer, Cayennepfeffer, 250 g gekochter Naturreis,
1/8 l süße Sahne, 2 EL gehackter Schnittlauch oder Petersilie.

Den Kürbis und die Kartoffeln schälen und in grobe Würfel schneiden. Die Zwiebel hacken und in dem Öl golden dünsten.
Kürbis- und Kartoffelwürfel, die in Stücke geschnittenen grünen Bohnen, den in feine Ringe geschnittenen Lauch, die Brühe und die Milch dazugeben. In ca. 30 Minuten gar dünsten. Im Mixer pürieren (wenn man will, ich lasse das Gemüse lieber ganz). Mit Kräutersalz, Pfeffer und einer Spur Cayennepfeffer abschmecken.

Vor dem Anrichten den gekochten Reis und die Sahne dazugeben. Wieder heiß werden lassen. Petersilie und (oder) Schnittlauch darüberstreuen.

Minestrone

2 Zwiebeln, 2 EL Sonnenblumenöl, 1/2 Sellerieknolle, 1 Stange Lauch, 3 Möhren, 1/2 Blumenkohl, 1 Handvoll grüne Bohnen, 1 l Frugolabrühe, 2–3 Kartoffeln, Kräutersalz, Pfeffer, Knoblauch, Tomatenmark, 100 g Parmesankäse.

Die kleingeschnittenen Zwiebeln in dem Öl andünsten. Kleingewürfeltes Gemüse dazugeben, kurz weiterdünsten. Frugolabrühe auffüllen und die geschälten, feingewürfelten Kartoffeln zufügen. Nicht zu weich kochen (ca. 20 Min.). Mit den restlichen Zutaten abschmecken. Mit Parmesankäse bestreuen.

Pilz-Schrot-Suppe

3 EL Weizenvollkornschrot, 1 l Milch, 300 g frische Pilze oder 50 g getrocknete Pilze, Frugola, Kräutersalz, Knoblauch, 1–2 EL süße Sahne, 1 Stich Butter, Saft einer halben Zitrone, Petersilie.

Weizenschrot in heißer Pfanne kurz rösten. Abkühlen lassen. Dann die Milch unter Rühren dazugießen, aufkochen. Die in Scheiben geschnittenen Pilze (getrocknete vorher 2 Stunden einweichen) und Frugola dazugeben. Aufkochen und ein paar Minuten ziehen lassen.
Mit Kräutersalz und durch die Presse gedrücktem Knoblauch abschmecken. Sahne unterziehen. Butter zugeben und Zitronensaft. Mit gehackter Petersilie bestreuen. Die Pilz-Schrot-Suppe können Sie heiß oder kalt essen.

Pfifferlingssuppe

1 Zwiebel, 2 EL Öl, 500 g Pfifferlinge oder andere Pilze, etwas Salbei, Majoran, Basilikum, 1 l Frugolabrühe, Kräutersalz, Pfeffer, 1 Knoblauchzehe, 1/8 l süße Sahne, 2 Eigelb, gehackte Petersilie.

Die feingehackte Zwiebel in dem Öl gelb dünsten. Pfifferlinge dazugeben, auch Salbei, Majoran und Basilikum. Weiterdünsten, dann die Brühe auffüllen. Leise köcheln lassen (ca. 10 Min.).
Mit Kräutersalz, Pfeffer und durch die Presse gedrücktem Knoblauch abschmecken, die mit Sahne verquirlten Eigelb darunterziehen. Mit gehackter Petersilie bestreuen.

Je nach Linie können Sie bei allen Suppenrezepten mit Sahne und Fett jonglieren.

Reissuppe

nach Brecht

2 l Gemüsebrühe,
ca. 125 g Vollreis, Kräutersalz,
1 Eigelb, 2 TL geriebener Käse.

In die Gemüsebrühe den gewaschenen Reis geben, leise gar köcheln lassen (45 Minuten). Mit Kräutersalz abschmecken, mit einem Eigelb legieren. Wer mag, gibt noch geriebenen Käse in die heiße Suppe.
Das ist ein Süppchen für einen verkorksten Magen. Ist Ihr Magen in Ordnung, können Sie etwas herzhafter würzen: mit gehackter Petersilie, feingehacktem Knoblauch, 1 TL Curry. Zum Schluß ein paar EL kaltgeschlagenes Pflanzenöl dazugeben. Regeneriert die Blutgefäße!

Achtung: Vollreis braucht längere Garzeit, ca. 45 Min.

Rote-Rüben-Suppe

nach Brecht

4 große rote Rüben,
1 l Frugolabrühe, 2 Zwiebeln,
2 EL Öl, Muskatblüte,
Pfeffer, Kräutersalz,
gemahlener Koriander,
Saft einer roten Rübe,
Saft einer Zitrone.

Die roten Rüben putzen, waschen und bürsten, mit der Schale in der Frugolabrühe garen. Die Zwiebeln in dem Öl gelb dünsten. Die Rübenbrühe dazugießen und mit den Gewürzen abschmecken. Den Saft einer rohen roten Rübe und Zitronensaft dazugeben, noch einmal heiß werden lassen.
Sie können die fertig gegarten Rüben würfeln und in die Suppe geben oder einen Salat daraus machen.
Ich ziehe bei dieser Suppe ganz vorsichtig zum Schluß Schlagsahne drunter!

Salatsuppe

(Wenn Sie plötzlich zuviel Salat im Garten haben!)

4–6 Salatköpfe, 250 g Spinatblätter, 3 Zwiebeln, 2 EL Sonnenblumenöl, 1/2 l Frugolabrühe,
Kräutersalz, Pfeffer, 1 Eigelb,
3 EL süße Sahne,
3 EL Schnittlauch oder Petersilie,
geröstetes Weizenbrot.

Salat- und Spinatblätter waschen und trocknen. Zwiebeln in dünne Scheiben schneiden. Öl erhitzen, Zwiebeln darin dünsten (ca. 5 Min.). Die in Streifen geschnittenen Blätter und Frugolabrühe zugeben, aufkochen lassen. Mit Kräutersalz und Pfeffer abschmecken. Eigelb und Sahne verrühren. Topf vom Feuer nehmen, Ei-Sahne-Gemisch hineinrühren. Mit Schnittlauch und Petersilie bestreuen. Mit dem Weizenbrot servieren.

Sauerkrautsuppe

250 g weiße Bohnen,
250 g Kartoffeln,
500 g Sauerkraut,
6 Pfefferkörner, Kräutersalz,
Frugola, 1 Lorbeerblatt,
1 Knoblauchzehe,
6 EL saure Sahne,
1 EL Butter oder 2 EL Öl.

Die Bohnen über Nacht einweichen. Die Kartoffeln schälen, in Würfel schneiden. Bohnen, Kartoffeln und das Sauerkraut im Einweichwasser (gerade bedeckt) mit Gewürzen weich kochen. Durch die Presse gedrückten Knoblauch dazugeben, abschmecken.

Vor dem Servieren die saure Sahne und einen Stich Butter oder 2 TL Öl unterrühren.

Schwarzwurzelsuppe

1 kg Schwarzwurzeln,
1 EL Obstessig, 1 l Frugolabrühe,
1 EL Butter, Kräutersalz, Muskat,
2 Eigelb oder 2 ganze Eier,
1/8 l süße Sahne,
gehackte Petersilie.

Schwarzwurzeln unter fließendem Wasser bürsten und mit dem Schäler schälen. Sofort in reichlich Wasser legen, dem ein Löffel Obstessig zugegeben wurde. Sie werden sonst braun. Wurzeln in gleichmäßige Stücke schneiden oder wie Spargel ganz lassen. In Frugolabrühe und der Butter weich dünsten (15–20 Min.). Mit Kräutersalz, Pfeffer und geriebener Muskatnuß abschmecken. Die Eier oder Eigelb mit ein wenig von der Brühe verquirlen und in die Suppe gießen. Sahne dazugeben, heiß werden lassen. Mit gehackter Petersilie bestreuen.

Selleriesuppe

1 großer Sellerie, 1 l Frugolabrühe,
1 Prise Fruchtzucker, Kräutersalz,
Pfeffer, 2 Eigelb, 1/8 l süße Sahne,
Sellerieblätter.

Sellerie schälen, in Scheiben und dann in Würfel schneiden. In der Frugolabrühe gar dünsten (ca. 20 Min.). Mit Zucker, Kräutersalz und Pfeffer abschmecken. Die mit der Sahne verquirlten Eigelb darunterziehen. Mit feingehackten Sellerieblättern bestreuen.

Wenn ich die Selleriesuppe im Mixer püriere, habe ich eine Selleriecremesuppe. Die Sahne-Eigelbmischung wird dann natürlich nach dem Pürieren hinzugefügt.

Feine Spargelsuppe

500 g frischer Spargel,
1 l Frugolabrühe, Kräutersalz,
Pfeffer, Muskatnuß,
2 Eigelb oder 2 ganze Eier.

Spargel waschen und schälen. Schalen in der Frugolabrühe auskochen.

Den Spargel in ca. 3 cm lange Stücke schneiden, in der Spargelbrühe garen (ca. 20 Min.). Mit den Gewürzen abschmecken.
Die Eigelb oder die Eier mit etwas von der Brühe verrühren und in die Suppe geben. Nochmals heiß werden lassen, aber nicht mehr kochen.
Variation: 2–3 EL saure Sahne drunterziehen und mit gehacktem Schnittlauch bestreuen.

Rohe Tomatensuppe

8 Tomaten, 3 Tassen Milch, Kräutersalz, Pfeffer.
Tomaten überbrühen, die Haut abziehen, Tomaten würfeln, in einen Topf geben, die Milch dazu und die Gewürze. Heiß werden lassen. Nicht kochen!
Variation: Suppe mit Parmesankäse bestreuen.

Können Sie sich vorstellen, innerhalb von drei Stunden dreimal Suppe zu essen? Und das noch morgens zwischen 9 und 12 Uhr. Ein Schauspieler muß das manchmal und verdient sich damit sogar noch sein Brot. Denn bei Filmaufnahmen werden jeweils alle Szenen hintereinander gedreht, die in der gleichen Dekoration spielen, ganz egal wie weit sie zeitlich im Film auseinander liegen. Und so kann es geschehen, daß man an einem Tag nichts weiter tut als essen. Mir passiert im Film »Mein Onkel Theodor«.

Ort: Eßzimmer der gerade reich gewordenen Familie Wurster.

Personen: Vater Wurster: Gert Fröbe
Mutter Wurster: ich und die 6 Wurster-Kinder, zwischen 1¾ und 17 Jahren. 5 rothaarig wie der Vater, eines dunkel wie ich.

8.30 Uhr: 1. Szene (wir hatten alle kurz vorher im Hotel gefrühstückt)
Frühstück: Kaffee, Eier, Brote mit Marmelade. Ich bin schlau und knabbere nur an einem trockenen Knäckebrot – Mutter Wurster achtet auf ihre Linie! Einer meiner Söhne, dem es anfangs noch Spaß macht, verspeist vier Toastbrote.

9.00 Uhr: 2. Szene: dampfende Nudelsuppe wird serviert. Da eine Szene immer mehrmals geprobt und gedreht wird, bringen wir es jeder auf mehrere Teller.

10.00 Uhr: 3. Szene: jetzt gibt's dampfende Tomatensuppe. Einige meiner Söhne meutern bereits.

Die Szene wird ebenfalls mehrmals geprobt und gedreht. Jeder kommt wieder auf einige Teller.

10.30 Uhr: 4. Szene: nun dampfende Gemüsesuppe. Alle Kinder protestieren, sie können nicht mehr. Das Baby Stefan brüllt und haut mit dem Löffel in seinen Teller. Der Regisseur mitleidlos: Achtung, Aufnahme! Wir löffeln verbissen. Bis die Szene »im Kasten« ist, haben wir wieder mehrere Teller verputzt.

Das Vormittagspensum ist geschafft. Wir atmen auf. Zu früh! Denn jetzt geht's zum Mittagessen, das die Produktion dem gesamten Team täglich spendiert. Als der Ober die Leberknödelsuppe vor uns hinstellt, kriegen wir nur aus Höflichkeit keinen Schreikrampf.

Tomatensuppe griechisch

8 Tomaten, 3 Nelken, 1 Lorbeerblatt, 3 Pfefferkörner, 2 Zwiebeln, 2 EL Weizenschrot, 3/4 l Milch, 1 Zweig Thymian, Kräutersalz, Pfeffer, Frugola, 1 Prise Fruchtzucker, 1/4 l süße Sahne, gehackte Petersilie.

Tomaten brühen, abziehen. Nelken, Lorbeerblatt und Pfefferkörner in die geputzten Zwiebeln stekken. Weizenschrot in einer heißen Pfanne kurz rösten und abkühlen lassen.

Dann die Milch dazugießen. Die Zwiebeln, Thymian, Salz, Pfeffer und Frugola hinzufügen, ca. 15 Minuten dünsten. Die Tomaten dazugeben, weich dünsten. Zwiebeln, Lorbeerblatt und Thymian herausnehmen. Die steifgeschlagene, gesüßte Sahne leicht unter die Suppe ziehen. Mit der gehackten Petersilie bestreuen.

Russische Zwiebelsuppe

6–8 Zwiebeln, 6 EL Sonnenblumenöl, ca. 1 l Frugolabrühe,
Kräutersalz, Pfeffer,
1/4 l süße Sahne,
1 Prise Fruchtzucker,
Saft einer halben Zitrone,
1 EL Petersilie,
1 EL Schnittlauch, 1 EL Dill,
evtl. geröstete Brotwürfel.

Die kleingeschnittenen Zwiebeln in dem Öl golden dünsten. Die Frugolabrühe dazugeben, ca. 20 Minuten köcheln lassen. Entweder durch ein Sieb streichen oder ganz lassen. Mit Salz und Pfeffer abschmecken.

Die Sahne mit dem Zucker schlagen. Den Zitronensaft und die feingehackten Kräuter unter die Sahne ziehen und die Suppe damit legieren. Nach Geschmack geröstete Brotwürfel darüberstreuen.

Griechische Zwiebelsuppe

6–8 Zwiebeln, 6 EL Sonnenblumenöl, 1 l oder mehr Frugolabrühe, Kräutersalz, Pfeffer, geriebener Parmesankäse.
Die kleingeschnittenen Zwiebeln in dem Öl golden dünsten. Die Brühe dazugeben und gar dünsten. Salzen und pfeffern. Am Tisch mit reichlich Parmesankäse bestreuen.

Griechische Zitronensuppe

100 g Vollreis, 1–1 1/2 l Frugolabrühe, 3 Eier, Saft einer Zitrone, Kräutersalz, Pfeffer.
Den gewaschenen Reis in der Frugolabrühe in ca. 45 Minuten garen (2 Tassen Brühe zurückbehalten). Inzwischen die Eier schaumig rühren. Den Zitronensaft vorsichtig darunterrühren, zum Schluß die 2 Tassen heiße Brühe. Das Ganze an den fertigen Reis geben. Salzen und pfeffern. Noch einmal erhitzen und 5 Minuten ziehen lassen. Nicht mehr kochen!

Eierblumensuppe

1 Zwiebel, 1 EL Öl, 1 l Gemüsebrühe (Frugola), Kräutersalz, frisch gemahlener Pfeffer, evtl. Spur Cayennepfeffer, 1 Prise Fruchtzucker, 3 Eier.
Die feingehackte Zwiebel in dem Öl golden dünsten. Gemüsebrühe zugeben, aufkochen und 15 Minuten köcheln lassen. Entweder durchseihen oder gleich mit Kräutersalz und Pfeffer, eventuell einer Spur Cayennepfeffer und dem Zucker abschmecken. Die Eier verquirlen und durch ein Sieb in die kochendheiße Suppe einlaufen lassen. Nicht mehr kochen.
Variation: Geriebenen Käse auf die Suppe streuen oder mit 2 Eßlöffeln Sojasauce abschmecken.
Letztere Version habe ich in Hongkong gegessen. Auf dem Markt wurden uns übrigens abgezogene Hunde zum Kauf angeboten. Man konnte auch einen halben nehmen, wenn ein ganzer Hund zuviel für den Mittagstisch der Familie war.

An einem warmen Sommertag kann eine leichte Gemüsesuppe, gekühlt serviert, das Hauptgericht einer sehr erfrischenden Mahlzeit sein, die nicht belastet und schnell zubereitet ist.
Wenn ich Theaterprobe habe – im allgemeinen von 10 bis 14 Uhr – bin ich gegen 14.30 Uhr zu Hause. Dann steht um 15 Uhr dennoch das Mittagessen auf dem Tisch. Denn da wir beide emanzipiert sind, hilft mein Mann mit: deckt den Tisch, bürstet die Möhren oder hackt die Petersilie.
So sieht zum Beispiel ein Sommermenü für strapazierte Schauspieler,

die am Spätnachmittag wieder zur Probe müssen, bei uns aus:
Rohes Gemüse »Les crudités« mit pikantem Dip, italienische Minestrone mit geriebenem Parmesan und Feigen in Wein.
Wir kochen schnell, essen aber *immer* langsam und in Ruhe und bringen meistens noch ein Mittagsschläfchen zustande, bevor wir wieder zur Probe gehen; und wenn es nur 10 Minuten währt. Auch – oder gerade! – ein 10-Minuten-Schlaf erfrischt.
Drehe ich einen Film, sieht's natürlich anders aus. Da stehe ich auch um 6 Uhr auf, komme aber nicht zum Kochen. Früher aß ich in der 45minütigen Mittagspause in der Kantine und fühlte mich jedesmal hinterher totmüde vom Schweinebraten oder Hack. Heute verzehre ich etwas Mitgebrachtes, zum Beispiel ein Hirseflockenmüsli mit Obst, oder eine Gemüsesuppe, die ich am Abend vorher gekocht habe. (Kurz aufwärmen ist übrigens besser als lange warm halten.)

Andalusische Gemüsesuppe

400 g Tomaten, 400 g Gurken, 2 Zwiebeln, 1 l Gemüsebrühe, 2 EL Zitronensaft, 2 EL Dill, Kräutersalz, Pfeffer, Basilikum, Knoblauch.

Die Tomaten häuten, in kleine Würfel schneiden, ebenso die ungeschälten Gurken. Die Zwiebeln schälen und kleinschneiden. Alles in die kalte Gemüsebrühe geben. Mit den restlichen Zutaten pikant abschmecken. Durchziehen lassen und kalt servieren.

Sommerliche Tomatensuppe

1 kg Tomaten, 1/2 EL Fruchtzukker, 2 TL Kräutersalz, Pfeffer, Saft und Schale einer halben Zitrone, 1/2 TL Zwiebelsaft oder 1 Knoblauchzehe, 8 EL süße Sahne, 1/4 Salatgurke, Petersilie.
Die gewaschenen Tomaten im Mixer pürieren. Durchs Sieb streichen. Es sollte 1/2 l Püree ergeben. Kühl stellen.
Vor dem Servieren Zucker, Salz, Pfeffer, Zitronensaft und -schale und Zwiebelsaft oder Knoblauch hinzufügen. Cremig rühren. Die geschlagene Sahne unterrühren und die in Scheiben geschnittene Gurke dazugeben. Mit gehackter Petersilie bestreuen. Kühl servieren.

Kartoffelsuppe Vichysoisse

Das Weiße von 3 Lauchstangen, 2 EL Butter, 4 Kartoffeln, 1 l Gemüsebrühe, Salz, Pfeffer, 1/4 l süße Sahne, Schnittlauch, Butter, geröstete Weizenbrotwürfel.

Lauch feinschneiden. In Butter ca. 5 Minuten dünsten. Kartoffeln schälen, würfeln, dazugeben. Mit Brühe auffüllen. Kochen, bis die Kartoffeln weich sind.
Suppe im Mixer pürieren. Salzen, pfeffern, die süße Sahne darunterziehen. Mit Schnittlauch bestreuen und den in Butter gerösteten Weizenbrotwürfeln. Kalt servieren.
Variation: Zum Schluß ca. 100 g gewaschenen, feingeschnittenen Sauerampfer an die Suppe geben, roh oder kurz in Butter gedünstet. Sauerampfer enthält viel Eisen und Vitamin C, aber auch Oxalsäure. Vorsicht bei Nierenschwäche!

Kartoffelsuppe 1944. Meseritz, heute Polen. Meine Schulklasse war zum Einsatz abkommandiert, die Jungen zum Panzergräben ausheben, wir Mädchen zum Küchendienst.
Alle 15 oder 16 Jahre alt. Novemberwetter, Regen, die Welt in Schlamm versunken, die Front nahe, Geschützdonner Tag und Nacht.
Wir Mädchen schälten in einer zugigen Scheune mit klammen Fingern Zentner von Kartoffeln, während die Jungen die schwere nasse Erde aufrissen, um das Vaterland vor den herannahenden russischen Panzern zu schützen.
Später stand ich bis über die Knöchel im Matsch an unserer Gulaschkanone, die ihrem Namen keine Ehre machte, und teilte unsere trübe Kartoffelsuppe aus. Die Jungen warteten wie aufgereihte Vogelscheuchen stumm in ihren viel zu großen Soldatenmänteln, ihr Kochgeschirr in der Hand, auf ihren Schlag Suppe. Keiner sprach. Alle waren so müde. Nur in der Ferne das Grollen der Geschütze. Und dieser Regen! Meine Wolljacke hing an mir wie ein nasser Sack.
Da kam einer von den Jungen, zog seinen Mantel aus und legte ihn mir um die Schultern.

Gazpacho

6 Tomaten, 1 Paprikaschote, 1/2 Salatgurke, 1 Zwiebel, Kräutersalz, Pfeffer, Knoblauch, Tabascosauce, 6 EL Sonnenblumenöl, 3 EL Obstessig, 1/2 l Joghurt oder saure Milch, Schnittlauch, Petersilie.

Tomaten, Paprika, Gurke und Zwiebel in Scheiben schneiden. Mit Kräutersalz, Pfeffer, Knoblauch und Tabasco abschmecken. Öl und Obstessig dazugeben, 1 Stunde kalt stellen.
Vor dem Servieren Joghurt oder saure Milch dazugeben. Mit feingehacktem Schnittlauch und Petersilie bestreuen. Mit Knoblauch-Croutons servieren.

Sommerliche Spargelsuppe eisgekühlt

1/2 Zwiebel, 4 EL Sonnenblumenöl, 500 g frischer Spargel, 1 l Frugolabrühe, Kräutersalz, Pfeffer, 1/4 l Frugolabrühe, 1/4 l süße Sahne, 1 TL gehackte Petersilie, Schale einer halben Zitrone.

Die Zwiebel im Öl gelb dünsten. Spargel in Stücke schneiden (Köpfe zurückbehalten). Spargelstücke und Frugolabrühe zu den Zwiebeln geben. Weich kochen (20 Min.). Im Mixer pürieren oder durch ein Sieb streichen. Mit Salz und Pfeffer abschmecken und kalt stellen. Die Spargelköpfe in 1/4 l Frugolabrühe gar dünsten, abkühlen lassen.

Vor dem Servieren: Sahne schlagen und unter die Suppe ziehen. Mit den Spargelköpfen garnieren und mit gehackter Petersilie und der geriebenen Zitronenschale bestreuen.

Spinatsuppe

1 kg frischer Spinat, 1 Zwiebel, 4 EL Sonnenblumenöl, 1/4 l Frugolabrühe, Kräutersalz, Pfeffer, geriebene Muskatnuß, 1/4 l süße Sahne.

Spinat mehrmals gründlich waschen. Zwiebel feinschneiden, in dem Öl dünsten. Den Spinat und die Brühe dazugeben. Spinat zusammenfallen lassen. Im Mixer pürieren, mit Salz und Pfeffer und Muskatnuß abschmecken. Abkühlen lassen. Die steifgeschlagene Sahne darunterziehen. Kalt servieren.

Balkanesische Joghurtsuppe

1 Salatgurke, Knoblauchzehen (je mehr, desto besser!), 4 Becher Joghurt oder saure Milch oder Kefir, Obstessig nach Geschmack, 2 EL Öl, Kräutersalz, Pfeffer, je eine Handvoll gehackter Dill, gehackte Petersilie und gehackte Kresse.

Die ungeschälte Gurke grob reiben. Knoblauch hacken oder durch die Presse drücken, mit dem Joghurt und den übrigen Zutaten, außer den Kräutern, im Mixer pürieren. Kalt stellen. Vorm Servieren die Kräuter darunterrühren.

In manchen Balkanländern gibt man gemahlene Nüsse in die Suppe. Mir schmeckte sie am besten in Jugoslawien mit hineingeschnittenen Weintrauben. Ein phantastisches Sommeressen!

Ein heißer Sommertag, der Duft von sonnentrocknen Kiefernnadeln und Schokoladensuppe – das bringt mich zurück in meine Wietstocker Kindheit . . . Vater und wir 6 Kinder saßen in der Geißblattlaube. Mutter schöpfte aus der großen Suppenterrine. Sie lachte, sie hatte eine rosa Bluse an,

und die weißen duftigen Schneeklößchen wippten auf der dunkelbraunen Schokoladensuppe.
Mutter rutschte schon mal die Hand aus, zum Beispiel als mein Bruder Reinhard alle Tierfotos aus Vaters »Brehms Tierleben« riß, oder als er mit anderen Kindern unter der Autobahnbrücke beim Rauchen ertappt wurde. Vater dagegen erzog uns bereits antiautoritär, wie man heute sagen würde. Aber einmal bekam auch ich, die Artige, sein Liebling, von ihm eine Ohrfeige.
Schuld war nur der Schulrat. Der hieß Radtke, war rund und rotgesichtig und glatzköpfig und eigentlich nett. Trotzdem war Vater nervös, als Herr Schulrat Radtke seinen Besuch in unserer Zwergschule ankündigte. Beim Rasieren hatte sich Vater schon geschnitten; nun versuchte er, sich seine Krawatte zu binden. Das gelang wohl auch nicht so recht. Mutter sauste umher und deckte für den Schulrat den Kaffeetisch in unserer Geißblattlaube: mit ihrer eingemachten Leberwurst, selbstgebackenem Brot, unserem Lindenhonig, den Vater geschleudert hatte. Mir hatte man ein rotkariertes Kleidchen angezogen, unter dem der Unterrock hervorschaute – wie ich mir jedenfalls einbildete. Vater meinte, er schaut nicht raus; ich aber maulte vor mich hin und zog und zog an dem Unterrock, bis er zuletzt wirklich rausschaute.
Und da geschah es. Es war nicht so ganz eine Ohrfeige, mehr eine Backpfeife. Jedenfalls war meine Lippe aufgeplatzt, ich blutete, schrie natürlich wie am Spieß, und mein Mund war im Nu so angeschwollen, daß Vater verzweifelt – sicher auch um seinen Ruf als Pädagoge besorgt – entschied: »Das Kind ist nicht vorzuzeigen.«
Flugs wurde ich in den Wald geschickt. Nicht eher hatte ich zurückzukommen, als Vater, auf unserem Dach stehend, eine kleine Glocke bimmeln lassen würde, die er sich extra beim Nachbarn ausborgen mußte. Damit pflegte Frau Lehmann nämlich immer ihre Knechte und Mägde vom Feld nach Hause zu rufen, wenn das Essen fertig war.
Mein schöner zärtlicher Vater. Der später weinend aus dem Zimmer ging, als ich meinen ersten Liebesbrief bekam . . .

Schokoladensuppe

50 g Kakao (oder mehr, nach Geschmack), 150 g Kochschokolade, 1/4 l Wasser, 1 3/4 l Milch, 1 EL Kartoffelmehl, 1 EL kalte Milch, Fruchtzucker nach Geschmack, 1 Prise Salz, 1/4 l süße Sahne, Vanillezucker.

Den Kakao in ein paar Eßlöffeln von dem Wasser verrühren. Mit der Kochschokolade in dem Wasser aufkochen. Diese Schokoladenmischung unter Rühren in die kochende Milch gießen.

Das Kartoffelmehl mit einem Eßlöffel kalter Milch verrühren, zugeben und aufkochen lassen. Nach Geschmack Fruchtzucker zugeben und das Salz.
Die Sahne mit dem Vanillezucker steif schlagen. Die Schokoladensuppe heiß oder kalt servieren. Bällchen von der Sahnemasse abstechen, auf die Suppe setzen.
Variation (wenn man Eiweiß übrig hat): Eiweiß mit dem Vanillezucker steif schlagen, Bällchen abstechen und auf die Suppe setzen.

Gustls Mili-Suppn

Fein, wenn man an einem frostigen Wintertag in Schwung kommen will oder durchgefroren nach Hause kommt oder wenn mal rein gar nichts im Haus ist – auch kein Geld (soll sogar bei feinen Leuten vorkommen!).

4 dicke Scheiben Roggenvollkornbrot, 1 l Milch, 1 TL Salz,
Honig nach Geschmack,
4 Stamperl (oder mehr) Obstler.

Das Brot brockt sich jeder in seinen Teller, gießt die heiße Milch darüber und würzt mit Salz und Honig nach Geschmack – zum Schluß wird der (oder die) Obstler hineingekippt.
Gustls Mili-Suppn erweckt die Lebensgeister, wie darnieder sie auch immer liegen!

Vorspeisen, die auch Zwischengericht oder Imbiß sein können.

Die Engländer, deren Kochkunst sich sonst ja nicht gerade durch kulinarisches Raffinement auszeichnet, haben ein hübsches Wort für die kleinen Vorspeisen, die gemacht sind, damit uns das Wasser im Munde zusammenläuft, während wir auf das Hauptgericht warten: appetizer – Appetitmacher. Viele kann man, besonders im Sommer, kalt essen und deshalb schon vorher zubereiten, fast alle sind im Handumdrehen fertig.

Wenn ich an einem schönen Sommertag gar keine Lust habe, lange in der Küche zu stehen, stelle ich einfach eine Platte mit allen möglichen geputzten und gewaschenen Gemüsen auf den Tisch und nenne das wie die Franzosen »les Crudités«. Lassen Sie Ihrer Phantasie freien Lauf, alles eignet sich: Tomaten, Blumenkohl, Champignons, Kohlrabi, Möhren, Fenchel, Bleichsellerie, Avocados, Gurken, Paprika, Radieschen, junge Zwiebeln. Dazu für jeden eine Portion Aioli (s. Seite 81) – oder einfach kaltgepreßtes Öl, Zitronensaft oder Obstessig, Kräutersalz, die Pfeffermühle und eine Knolle Knoblauch. Und natürlich viele frische Kräuter. Dann kann jeder sich seine Sauce nach Lust und Laune auf dem Teller mixen – Gemüse hineinstippen und essen.

Probieren Sie aber auch mal den Auberginen-Appetizer auf türkische Art, für den ich meilenweit laufe, wenn ich irgendwo unterwegs im Telefonbuch ein türkisches Restaurant ausfindig mache.

Artischocken mit Pfefferminze gefüllt

nach Vater Abraham

4 junge Artischocken, Kräutersalz, Pfeffer, Pfefferminzkraut, Olivenöl.

Artischocken breitklopfen und sorgfältig waschen. Salzen, pfeffern und mit frischen, gehackten Pfefferminzblättern füllen.

Artischocken in Olivenöl gar dünsten.

Dieses Rezept hat meine Mutter von ihrer Hochzeitsreise mitgebracht. Damals gab es in Rom ein Restaurant, »Al padre Abramo«, in dem man zu gutem Wein angeblich nur dieses Gericht essen konnte. Bei mir zu Hause wächst wilde Pfefferminze im Bachbett. Man kann Pfefferminze aber auch im Garten anbauen (oder im Blumentopf).

Gefüllte Artischockenböden

8 Artischockenböden (aus Dose oder Glas), Zitronensaft,
1 Handvoll schwarze Oliven,
1 EL Kapern, 2 hartgekochte Eier,
Stäubchen Cayennepfeffer.

Die Artischockenböden mit Zitronensaft beträufeln. Oliven entsteinen und kleinschneiden, ebenso die Kapern, wenn sie sehr groß sind, sonst ganz lassen. Oliven und Kapern mit den grobgehackten Eiern mischen. Abschmecken.
Mischung auf die Artischockenböden füllen. Die Artischockenböden serviere ich mit

Sauce Tartuffe

1 kleine Zwiebel, 1 TL gehackte Petersilie,
Kräutersalz, Pfeffer, 2 TL Öl,
Zitronensaft.

Zwiebel fein hacken, mit der gehackten Petersilie mischen. Kräutersalz und Pfeffer und tropfenweise das Öl und schließlich den Zitronensaft unterrühren. Sauce Tartuffe über die Artischockenböden gießen.

Artischocken-Eierspeise

3–4 Artischocken, Zitronensaft oder Obstessig, 2 EL Öl,
2–3 EL Wasser, Kräutersalz,
Pfeffer, 6 Eier,
1 Handvoll Petersilie.

Die Artischocken putzen (Spitzen abschneiden) und in Stücke schneiden. Damit sie nicht schwarz werden, sofort in Wasser mit Zitronensaft oder Obstessig legen. Artischockenstücke in dem Öl mit Wasser, Kräutersalz und Pfeffer und dem Saft einer halben Zitrone ca. 40 Minuten garen. Die Eier mit der gehackten Petersilie verquirlen, über die Artischocken gießen. Stokken lassen.

Das in der Artischocke enthaltene Cynarin regt die Gallebildung an. Ganz wichtig bei der Fettverdauung! Und es hilft der Leber beim Entgiften.

Avocados mit Curry

2 Avocados,
1 TL kleingewürfelter,
roher Sellerie,
1 TL gehackte Zwiebeln, 2 EL Öl,
1 EL Obstessig, 1 Eigelb,
1 EL süße Sahne, 1 EL Ketchup,
1 TL Senf, Kräutersalz, Pfeffer,
Prise Fruchtzucker,
Curry, Dill.

Avocados halbieren, entkernen. Das Fleisch herausnehmen und in Stücke schneiden. Den kleingeschnittenen Sellerie mit den gehackten Zwiebeln, Öl, Essig, Eigelb, Sahne, Ketchup, Senf und Gewürzen verrühren, mit Curry und gehacktem Dill abschmecken. Das Avocadofleisch unter die Sauce geben, kalt stellen, in den Avocadohälften servieren.

Avocados mit Käse

2 Avocados, 250 g fetter Quark oder Gervais, ½ Zwiebel, Knoblauch, Kräutersalz, schwarze Oliven.

Avocados halbieren, entkernen. Fruchtfleisch herauskratzen, würfeln. Mit dem Quark oder Gervais, gehackter Zwiebel, Knoblauch und Kräutersalz mischen, in die Hälften füllen. Mit Oliven garnieren. (Evtl. mit gehacktem Dill bestreuen.)

Türkischer Auberginen-Appetizer

4 Auberginen, 4–6 EL Öl, 4 Joghurt, 2–3 Knoblauchzehen, Kräutersalz, Pfeffer.

Die ungeschälten Auberginen längs in feine Scheiben schneiden, in dem Öl braten, salzen und pfeffern. Auf heißem Teller anrichten. Joghurt mit durch die Presse gedrücktem Knoblauch, Kräutersalz und Pfeffer mischen, über die Auberginenscheiben gießen.

An einem warmen Sommertag durchaus ein Hauptgericht, mit einem frisch gebackenen, noch warmen Weizenfladen dazu!

Champignons gebacken

500 g kleine Champignons, Kräutersalz, Weizenmehl, 2–3 Eier, Weizenkleie, Öl, Petersilie.

Champignons waschen, trockentupfen und mit Kräutersalz bestreuen. Nacheinander in Mehl, verquirlten Eiern und Weizenkleie wenden. In schwimmendem Öl goldgelb backen. Abtropfen lassen, mit gehackter Petersilie bestreuen.

Champignons am Spieß

1 kg feste, große Champignons, 6 EL geschmolzene Butter, 2 EL Olivenöl, Kräutersalz, Pfeffer, gehackter Knoblauch, gemahlener Rosmarin.

Je 6 gewaschene Champignons (ohne Stil) auf Metallspieße spießen. Die geschmolzene Butter mit dem Öl mischen. Mit Zitronensaft, Kräutersalz, Pfeffer, Knoblauch und Rosmarin abschmecken.

Die Pilze mit dieser Mischung bestreichen (Pinsel). Über Holzkohle oder im Grill braten, ab und zu wieder mit dem Rest der Sauce überpinseln.

Französisches Auberginen-Gericht

»der Kaviar des armen Mannes«

2–3 große Auberginen, 1 Zwiebel, 1 grüne Paprikaschote, 4 Tomaten, 1 Knoblauchzehe, 6–8 EL Olivenöl, Kräutersalz, Pfeffer, 3 EL Weißwein, feingehackte Petersilie.

Die gewaschenen Auberginen im vorgeheizten Ofen bei mittlerer Hitze weich backen (ca. 1 Stunde). Die Zwiebel, Paprikaschote und Tomaten würfeln. Mit der gehackten Knoblauchzehe in dem Öl golden dünsten.

Die gebackenen Auberginen schälen, hacken und mit den anderen Zutaten mischen. Auf kleiner Flamme dünsten, bis die Masse dick wird. Salzen und pfeffern, abkühlen lassen. Dann den Wein, etwas Olivenöl und die Petersilie dazugeben. Gekühlt mit Weizenbrot essen.

Marinierte Champignons

1 kg kleine Champignons, Saft einer halben Zitrone, Kräutersalz, 1/8 l Obstessig, 1/8 l Öl, 4 Knoblauchzehen, 1 Zweig Thymian, 2 Stengel Petersilie, 1 Lorbeerblatt, 4–6 Pfefferkörner, 12 Korianderkörner.

Stiele der Champignons entfernen, Pilze waschen, trockentupfen. In einen Topf geben mit Wasser, Zitronensaft, Kräutern und Salz. Zum Kochen bringen, 5 Minuten auf kleiner Flamme dünsten. Pilze in einen flachen Steinguttopf geben.

Die übrigen Zutaten getrennt zum Kochen bringen, ca. 30 Minuten auf kleiner Flamme köcheln lassen. Die Marinade über die Champignons geben. 24 Stunden ziehen lassen.

Fenchel-Appetizer

4 Fenchelknollen, Kräutersalz, 3 EL Butter, 2 EL Wasser, Saft einer halben Zitrone, 100 g Champignons, 3–4 EL geriebener Emmentaler.

Fenchelknollen längs halbieren, mit Kräutersalz bestreuen, in Butter, Wasser und Zitronensaft dünsten. Champignons putzen, waschen, in Scheiben schneiden, dazugeben. Heiß werden lassen, evtl. nachwürzen. Fenchelhälften auf einer Platte anrichten, darauf die Champignons. Emmentaler darüberstreuen.
Variation: Die Fenchelknollen in dicke Scheiben schneiden, wie oben dünsten oder roh lassen. Käsecreme daraufstreichen. Für die Creme 100 g Quark, 2 EL Tomatenwürfel, 1 EL Zwiebelwürfel, 1 gehackte Knoblauchzehe, Kräutersalz und Pfeffer mischen.
Das mag ich besonders gern: Fenchel in Viertel, Achtel oder Streifen schneiden und in Aioli, die französische Knoblauchmayonnaise, stippen.

Gemüsecocktail

1 Möhre, 1/2 Sellerie,
je 1 rote und grüne Paprikaschote,
100 g Champignons,
100 g junge Erbsen, 10 Oliven,
2 EL Öl, 1 EL Obstessig oder
Zitronensaft, Kräutersalz,
Pfeffer, Knoblauch.

Möhre und Sellerie (roh) reiben, Paprikaschoten und Champignons in Scheiben schneiden, die Erbsen und Oliven dazugeben. Mischen. Eine Sauce aus den restlichen Zutaten anmachen. Über das Gemüse gießen und gut durchziehen lassen. In Gläsern anrichten.

Gefüllte Grapefruits 1

2 Grapefruits, 125 g Champignons,
3 Tomaten, 2 EL Öl,
1 EL Obstessig, Kräutersalz,
Pfeffer, Petersilie.

Grapefruits in zwei Hälften schneiden, das Fleisch herausnehmen und würfeln. Champignons putzen, waschen, in Scheiben schneiden. Tomaten waschen, achteln, mit Grapefruitwürfeln und Champignonscheiben mischen.
Eine Sauce aus Öl, Essig, Salz und Pfeffer herstellen. Mit dem Salat mischen. Salat in die Grapefruithälften füllen. Gehackte Petersilie darüberstreuen.

Gefüllte Grapefruits 2

2 Grapefruits, 10 schwarze Oliven,
2 EL gekochte Selleriewürfel,
2 EL gehackte Mandeln,
Tomatenketchup, 2 EL Öl,
1 EL Obstessig, 1 TL Senf,
1 Eigelb, 12 schwarze Oliven,
2 hartgekochte Eier.

Grapefruits halbieren, aushöhlen. Fruchtfleisch würfeln. Mit Oliven, Selleriewürfeln, gehackten Mandeln, Tomatenketchup, Öl, Essig, Senf und Eigelb mischen. In die Grapefruithälften füllen, mit den übrigen Oliven und Eivierteln garnieren.

»Hoummous«

nach Dr. Muszkat

500 g Kichererbsen, Wasser, Kräutersalz, Pfeffer, Paprika, Zitronensaft, Knoblauch, Olivenöl.

Die gewaschenen Kichererbsen über Nacht in so viel Wasser einweichen, wie sie zum Quellen brauchen.

Am nächsten Morgen in dem Wasser weich kochen (ca. 1 Stunde, im Dampftopf in 1/3 der Zeit). Durch ein Sieb passieren oder im Mixer pürieren. Mit Kräutersalz, Pfeffer, Paprika, Zitronensaft und durch die Presse gedrücktem Knoblauch abschmecken.

Den Hoummous auf die Teller füllen, in die Mitte eine Mulde machen und Olivenöl hineingießen. Von einem Fladenbrot (Pitta, s. Seite 132) Happen abbrechen und damit den Hoummous aufstippen.

Ich habe dieses Rezept von einem Hals-, Nasen-, Ohrenarzt in Tel Aviv bekommen, als wir dort »40 Karat« spielten. Am Silvesterabend war Premiere. Da es zu teuer gewesen wäre, die Dekoration aus Deutschland einzufliegen, fuhren mein Mann und ich zwei Wochen früher hin und erhökerten ein Sammelsurium von Möbeln auf dem Flohmarkt in Jaffa. Ein deutschsprachiges Ensemble, waren wir begreiflicherweise nervös, als der Vorhang sich hob. Wir wurden mit Zuneigung überschüttet. Wiederkommen, wiederkommen – riefen uns die Leute auf der Straße zu – aber bald wiederkommen, damit wir es noch erleben! In Jerusalem wurden auch vier Vorstellungen gespielt, das rauhe Klima tat unseren Kehlen gar nicht gut. Wieder in Tel Aviv mußten wir alle zum Halsarzt: Dr. Muszkat brachte nicht nur unsere Hälse wieder in Ordnung, sondern wurde im Laufe der Jahre ein Freund und – er verriet mir das Rezept für Hoummous.

Ingwercocktail

4 Tomaten, 2 Bananen, 12 Ingwerfrüchte (eingelegt), 2 EL Öl, 1 EL Obstessig, Tabascosauce, Kräutersalz, Pfeffer, 2 hartgekochte Eier.

Tomaten, Bananen und Ingwerfrüchte in Scheiben schneiden. Mit Öl, Essig und Tabascosauce mischen. Mit Salz und Pfeffer abschmecken und mit Eivierteln garnieren.

Maiskolben mit Butter

4–6 Maiskolben, Salzwasser, Butter, Kräutersalz.

Maiskolben in Salzwasser weich kochen. Auf dem Teller mit Butter bestreichen, mit Kräutersalz würzen.

Möhrenvorspeise marokkanisch

500 g Möhren, 4 EL Pflanzenöl, 4–6 EL Wasser, 2 Knoblauchzehen, 1–2 EL Obstessig, Kräutersalz, Pfeffer, Cayennepfeffer, Paprika, Kümmelpulver, 2 EL gehackte Petersilie.

Die in Stücke geschnittenen Möhren in Öl und Wasser weich dünsten. Den durch die Presse gedrückten Knoblauch, Essig und Gewürze dazugeben. Abschmecken und mit Petersilie bestreuen. Durchziehen lassen und kalt servieren.

Délices au Gruyère

4 EL Weizenmehl, 3/8 l Milch, 4 EL Butter, 8 EL geriebener Gruyère, geriebene Muskatnuß, 2 Eigelb, Kräutersalz, Pfeffer, Mehl zum Bestäuben, 2 EL Milch, 1 EL Öl, 1 Ei, Weizenkleie, Öl zum Braten.

Weizenmehl in heißer Pfanne kurz rösten. Abkühlen lassen. Milch unterrühren, zu einer dicken Sauce kochen. Butter dazugeben, dann den frisch geriebenen Gruyère und die geriebene Muskatnuß. Mit einem Schneebesen schlagen, bis alles gut gemischt ist. Sauce vom Herd nehmen. Eigelb hineinrühren, mit Salz und Pfeffer abschmecken, evtl. mehr Muskatnuß zugeben. Im Wasserbad unter ständigem Rühren ca. 2–3 Min. erhitzen – nicht kochen lassen. Auf ein mit Wasser abgespültes Backblech streichen, abkühlen lassen (mehrere Stunden). In Rechtecke schneiden, diese leicht mit Mehl bestäuben. Milch, Öl und das Ei verquirlen. Die Teigstücke in der Mischung und in Weizenkleie wenden. In heißem Öl goldbraun backen.

Das ist ein etwas zeitraubendes Rezept, aber wirklich, wie der Name sagt, eine Délice – eine Köstlichkeit aus Gruyère. Sie können sie als Hauptmahlzeit servieren mit einem grünen Salat dazu und einem schnellen, einfachen Nachtisch. Wie wär's mit Feigen, in Weißwein gedünstet?

Knoblauchbrot

(Leider nur möglich an einem freien Wochenende oder im Urlaub)

8 dünne Brotscheiben (Weizen- oder Roggenvollkornbrot), Butter, 1 Knolle (!) Knoblauch, Kräutersalz.

Brotscheiben rösten, mit Butter bestreichen, den gehackten Knoblauch dick daraufstreichen, mit Kräutersalz würzen, nochmals in den Ofen legen, knusprig backen.

Ein paar Gläschen Rot- oder Weißwein dazu und Sie wähnen sich im Paradies!

Lauch à la Vinaigrette

12 kleine oder 8 große Lauchstengel, Salzwasser, 6–8 EL Öl, 2 EL Obstessig, Salz, Pfeffer, Senf, Petersilie.

Lauch in Stücke schneiden und in wenig Salzwasser weich dünsten (15 bis 20 Min.). Lauch herausnehmen. Öl, Essig, Salz, Pfeffer und Senf mischen. Abschmecken. Über den Lauch gießen. Mit gehackter Petersilie bestreuen.

Melonenvorspeise

1 Honigmelone, 1/2 Salatgurke, 2 Paprikaschoten, 2 Tomaten, Zitronensaft, 2 EL Öl, Kräutersalz, Pfeffer, 6–10 schwarze Oliven.

Melone halbieren, entkernen, Fruchtfleisch mit einem Löffel herausnehmen und in Stücke schneiden. Gurke, Paprikaschoten und Tomaten in Würfel oder Streifen schneiden. Mit den Melonenstücken mischen. Mit Zitronensaft, Öl, Salz und Pfeffer abschmecken.

In die Melonenhälften füllen und mit schwarzen Oliven garnieren.

Waren Sie heute schon mal außer Atem? Das sollten Sie nämlich täglich einmal sein, um den Kreislauf zu trainieren. (Aber nicht aus Wut!)

Bin ich zu Hause, hab ich's gut: da jage ich mit den Hunden Rüpel und Minchen den Hügel hinauf. Aber in der Stadt geht's auch: wenn kein Park in der Nähe ist, renne ich einfach ums Häuserkarree. Die Leute wundern sich weniger, als man anfangs fürchtet. Und alle Treppen steige ich so schnell ich kann; sogar wenn mein Hotelzimmer im 6. Stock liegt; selbst im Kaufhaus nehme ich möglichst nicht den Lift. Auch Seilspringen ist eine gute Übung. Kaum zu glauben, wie es anfangs anstrengt, was jedes Kind spielend bewältigt. Aber wenn man jeden Tag ein paar Sprünge mehr schafft, macht's richtig Spaß.

Olivencocktail

1 Handvoll schwarze Oliven, 100 g Champignons, Zitronensaft, 100–200 g Gouda, 1 kleine Dose Spargelspitzen, 2 EL Öl, 1 EL Obstessig, 1 TL Senf, 4 EL süße Sahne, 2 EL gehackte Kräuter (Petersilie, Dill, Schnittlauch), 1 Eigelb, Kräutersalz, Pfeffer, 1 Kopf Salat.

Oliven ganz lassen, Champignons putzen, waschen und in Scheiben schneiden. Mit Zitronensaft beträufeln. Käse in Streifen schneiden. Alles mit den Spargelspitzen in eine Schüssel geben.

Öl, Essig, Senf, Sahne, Kräuter und Eigelb zu einer Sauce mischen. Mit Salz und Pfeffer abschmecken. Über die Olivenmischung gießen. Vier Gläser mit Salatblättern auslegen, Olivencocktail hineinfüllen.

Paprikaschoten gefüllt mit Roquefort

2 Paprikaschoten, 1/2 l Frugolabrühe, 150 g Roquefort oder anderer Edelpilzkäse,
4–5 EL Schlagsahne,
2 EL Sauce Vinaigrette (s. Seite 80),
Kräutersalz, Pfeffer,
1 EL Zitronensaft,
Schnittlauch, Petersilie.

Paprikaschoten der Länge nach halbieren, entkernen und waschen. In der Frugolabrühe 15 Minuten garen.

Den Roquefort oder anderen Edelpilzkäse mit der Sahne schaumig rühren, die Sauce Vinaigrette dazugeben und mit Kräutersalz, Pfeffer und evtl. etwas Zitronensaft abschmecken.

Die Käsecreme in die Paprikaschoten füllen, mit feinen Schnittlauchringen und gehackter Petersilie bestreuen.

Rote Rüben gebacken

Pro Person 2 rote Rüben, Kräutersalz, Pfeffer, Butter.
Die Rüben putzen und unter fließendem Wasser sauber bürsten. Auf ein gefettetes Blech setzen, im vorgeheizten Ofen bei 200–220 Grad 45 Minuten backen. Heiß essen – mit der Schale und mit Salz, Pfeffer und frischer Butter.
Das Gericht habe ich von Ivan Desny.

Staudensellerie gefüllt

250 g Quark, Kräutersalz, Pfeffer, Paprika, Cayennepfeffer, gehackter Knoblauch, 1/8 l süße Sahne, 1 Staudensellerie, gehackte Kräuter (Schnittlauch, Dill etc.), ein paar gehackte Sellerieblätter.
Quark mit Salz, Pfeffer und Gewürzen mischen. Die geschlagene Sahne unterziehen. Selleriestangen auseinandernehmen, waschen. Harte Teile entfernen. Die Quarkmasse in die Stangen füllen. Mit den Kräutern bestreuen.

Tomaten-Cocktail

Tomatensaft aus 6–8 frischen Tomaten (oder Dose), 2 TL Senf, 1/2 TL Öl, 1/2 TL Zitronensaft, Kräutersalz, Stäubchen Rosmarin, 1/2 EL Schlagsahne, gehackter Dill.
Tomatensaft mit den anderen Zutaten mischen und in Gläser gießen. Schlagsahne daraufgeben, Dill darüberstreuen.

Tomaten gefüllt

8 große Tomaten, Kräutersalz, 1 Apfel, 1 EL gehackte Haselnüsse, 2 EL gekochte Selleriewürfel, 1 Gewürzgurke, 2 EL Öl, 1/2 EL Obstessig, 1 Eigelb, 1 TL Senf, Pfeffer, 1 Prise Fruchtzucker, Tomatenketchup.
Tomaten halbieren, aushöhlen, salzen. Den Apfel ungeschält in Würfel schneiden. Mit den Nüssen, Selleriewürfeln, der gewürfelten Gewürzgurke und den übrigen Zutaten mischen. Abschmecken. In die ausgehöhlten Tomaten füllen.
Variation: Tomatenhälften füllen mit Kartoffelpüree, das mit Butter, Kräutersalz, Muskat, Basilikum oder anderen feingehackten Kräutern und Parmesan herzhaft abgeschmeckt ist. Im heißen Ofen 20 Minuten überbacken.

Tomaten gefüllt mit Spinat

4 große Tomaten, ca. 200 g fertiger Blattspinat, (mit Kräutersalz, Prise Fruchtzucker, Knoblauch und Pfeffer abgeschmeckt), Kräutersalz, 2–3 EL Öl, Basilikum oder Majoran, Knoblauch.

Von den Tomaten einen Deckel abschneiden. Tomaten mit einem Löffel vorsichtig aushöhlen, mit Kräutersalz ausstreuen.
Spinat kleinhacken. In die Tomaten füllen. Tomatendeckel draufsetzen.
Öl in der Pfanne erhitzen. Tomaten hineinsetzen. Andünsten. Nach 5 Minuten das kleingehackte Tomateninnere zugeben. Tomaten mit Basilikum oder Majoran, durch die Presse gedrücktem Knoblauch und noch etwas Kräutersalz bestreuen. Deckel auf die Pfanne setzen. Bei kleiner Hitze noch 5–10 Minuten dünsten.
Dazu ein frischgebackener, noch warmer Weizenfladen, mit dem der Tomatensud aufgetunkt wird.

Tomaten gefüllt mit Champignonduxelles

8 große Tomaten, Kräutersalz, Pfeffer, 1/2 kg Champignons, 2 Schalotten (oder 1 junge Zwiebel), 2–3 EL Butter, Zitronensaft, Kräutersalz, Pfeffer, Spur Muskat, geriebener Parmesankäse.
Von den Tomaten einen Deckel abschneiden. Tomaten mit einem Löffel vorsichtig aushöhlen, mit Kräutersalz und Pfeffer ausstreuen.
Die gewaschenen und geputzten Champignons durch den Fleischwolf drehen. In einem Küchenhandtuch den Saft herauspressen. Den so entstandenen grauen Klumpen Champignonpüree beiseite legen.
Die feingehackten Schalotten oder die feingehackte Zwiebel in der Butter golden dünsten. Die Champignonmasse dazutun, eventuell noch etwas Butter zugeben, die Champignonmasse saugt die Butter auf wie ein Schwamm. Das Ganze 5 Minuten köcheln lassen, mit ein paar Tropfen Zitronensaft, Kräutersalz, Pfeffer und einer Spur Muskat abschmecken.
Champignonduxelles in die ausgehöhlten Tomaten füllen. Geriebenen Parmesankäse darüberstreuen. Tomatendeckel daraufsetzen. Auf gefettetem Blech im vorgeheizten Ofen bei ca. 200 Grad 10–15 Minuten überbacken.

Weinblätter gefüllt griechisch

2 feingeriebene Zwiebeln,
2 Tassen Öl, 2 Tassen Vollreis,
2 Tassen Wasser,
1/2 Tasse Pinienkerne,
Kräutersalz, Pfeffer,
1 Prise Fruchtzucker,
2 EL gehackter Dill,
3 EL gehackte Petersilie,
1/2 TL gehackte Minze,
300 g Weinblätter (evtl. aus der Dose, 1 Dose enthält ca. 50 Stück),
2 Zitronen, 2 Tassen Wasser (zum Kochen der Weinblätter).
Die Zwiebeln in einem Topf mit 1 Tasse Öl leicht dünsten. Den gewaschenen Reis hineinrühren,

bräunen. Dann Wasser, Pinienkerne, Salz, Pfeffer und Zucker zufügen. Fertig garen (Vollreis braucht 45 Min.; ich koche den Reis vorher zu $^3/_4$ gar und verfahre dann wie oben). Die Kräuter untermischen.
Masse abkühlen lassen. Auf jedes gewaschene Weinblatt ein Häufchen Reismasse füllen, das Blatt zusammenrollen und in einen Topf legen. Zitronensaft, die übrige Tasse Öl und Wasser darübergießen, ca. 30–45 Min. dünsten. Kalt essen oder warm mit Zitronensauce.
Variation: Fertig gefüllte Weinblätter wie oben, dazu lose Weinblätter, $^1/_2$ l Gemüsebrühe (Frugola), $^1/_2$ Zitrone, 1 EL Tomatenmark.
In einen gebutterten Topf eine Lage gewaschene Weinblätter legen, darauf die mit Reis gefüllten Weinblätter, darauf wieder eine Lage Weinblätter und so fort. Das Ganze mit der aus Brühe, Zitrone und Tomatenmark verquirlten Sauce übergießen. Langsam gar dünsten ($^1/_2$–$^3/_4$ Stunde).

Geschmorte Zucchini

$^1/_2$ Zwiebel, 2 Möhren,
2 EL Butter, $^1/_8$ l Frugolabrühe,
$^1/_8$ l Weißwein, 2 Knoblauchzehen,
1 Bouquet garni, 12 Zucchini.

Zwiebel und Möhren feinhacken, in einen Topf mit Butter, Frugolabrühe und Weißwein geben. Dazu den durch die Presse gedrückten Knoblauch und das Bouquet garni. Kurz dünsten. Die ungeschälten in Stücke geschnittenen Zucchini dazugeben, weich schmoren (ca. 15 Min.). Gekühlt servieren.
Man kann an das fertige Gericht noch eine frisch durchgepreßte Knoblauchzehe geben und einen EL Sonnenblumenöl.

Kleine Zwiebeln orientalisch

1 kg kleine Zwiebeln,
$^1/_2$ l Frugolabrühe, $^1/_4$ l Obstessig,
nach Geschmack, 150 g Honig,
150 g Sultaninen, 4 EL Tomatenpüree, 4 EL Olivenöl, Kräutersalz,
Pfeffer, Cayennepfeffer.

Alle Zutaten im Topf ca. $^1/_2$ Stunde dünsten. Kalt servieren.

Für jedes Gericht die passende Sauce.

Saucen bereite ich nie, nie, nie mit einer Mehlschwitze. Die Verbindung zwischen heißem Fett und Mehl ergibt eine höchst unverdauliche, Magen, Darm und Leber belastende Masse. Mit der Mehlschwitze unserer Großmutter können Sie unbeliebte Familienmitglieder unter die Erde bringen. Diese Methode dauert zwar etwas länger, als wenn Sie ihnen Arsen geben, dafür werden Sie unter Garantie nicht erwischt. Im Gegenteil, jeder wird sagen, sie kochte eben zu gut!

Ich binde Saucen entweder gar nicht oder mit einem Eigelb, saurer oder süßer Sahne, Vollkornschrot, Sojamehl oder Vollkornmehl. Das Mehl lasse ich aber nicht in heißem Fett brutzeln, sondern rühre es mit etwas kalter Flüssigkeit an, gieße es unter Rühren in die Sauce und lasse aufkochen. Vollkornschrot kann man in trockener, heißer Pfanne kurz rösten. Es darf aber nicht braun werden. Das Schrot abkühlen lassen, dann mit Gemüsebrühe oder Milch etc. auffüllen, aufkochen und 5 Minuten leise köcheln lassen.

Die mit Vollkornprodukten zubereiteten Saucen machen nicht dick. Sie wissen ja: Vollkornprodukte werden sofort vom Körper verbrannt, belasten weder Verdauung noch die Leber und bleiben auch nicht auf den Hüften sitzen.

Eine der wichtigsten Saucen für mich ist die Béchamelsauce. Louis de Béchamel, der Lord Steward am Hofe Ludwig des XIV. soll sie für den Sonnenkönig kreiert haben. Und königlich ist diese herrliche Sauce in der Tat. Aus ihr lassen sich viele andere Saucen entwickeln.

Braune Saucen gibt es in der fleischlosen Küche nicht. Es sei denn, man färbt die Béchamelsauce mit Soja- oder Worcestersauce. Die braune Sauce verdankt ihre Farbe ja entweder dem Fleischsaft oder gebräunter Butter, die bis an den Grad des Verbrennens erhitzt wurde. Und das lasse ich lieber bleiben, da ich um die Schädlichkeit stark erhitzten Fettes weiß.

Zu Gemüsegerichten ist Zitronensauce meine Favoritin. Das Gemüsewasser wird im Wasserbad mit Zitronensaft, Butter und Eigelb eingedickt, gewürzt – fertig ist die Zitronensauce.

Béchamelsauce

1 Zwiebel, 2 EL Butter oder Öl,
2–3 EL Weizenvollkornmehl,
1 l Milch, 1 Lorbeerblatt,
1 EL Frugola, Kräutersalz,
Pfeffer, Muskat,
Stich Butter,
evtl. gehackte Petersilie.

Die Zwiebel kleinschneiden, in dem Fett golden dünsten. In einer trokkenen heißen Pfanne das Mehl kurz rösten, es muß aber hell bleiben. Abkühlen lassen, dann unter Rühren die Milch, das Lorbeerblatt und Frugola dazugeben und aufkochen lassen.

Die gedünstete Zwiebel beifügen, mit Salz, Pfeffer und Muskatnuß und einem Stich Butter abschmekken, evtl. mit gehackter Petersilie bestreuen.

Eine Béchamelsauce mit Käse bestreut über Gemüse gegossen, im Ofen gebacken, gibt einen wundervollen Auflauf. Ich lasse auch fertiggegarte Sojanudeln in ihr heiß werden oder Scheiben von Pellkartoffeln.

Auf der Grundlage einer Béchamelsauce lassen sich im Nu folgende aparte Saucen zubereiten, die alle wunderbar zu Hirse-, Mais-, Reis- und Teigwarengerichten und auch zur Gemüsetorte passen:

Currysauce

Die Béchamelsauce mit reichlich Curry abschmecken.

Dillsauce

In die Béchamelsauce 2 Eßlöffel oder mehr feingeschnittenen Dill geben und nach Geschmack Zitronensaft oder Weißwein.

Fenchelsauce

Unter die Béchamelsauce eine Handvoll feingeschnittenes Fenchelgrün rühren.

Kapernsauce

Die Béchamelsauce mit ganzen oder gehackten Kapern und Zitronensaft abschmecken.

Käsesauce

Die Béchamelsauce mit 3–4 Eßlöffeln geriebenem Parmesankäse kurz aufkochen und etwas ziehen lassen.

Meerrettichsauce

In die Béchamelsauce einen Apfel (mit der Schale) und ein Stück Meerrettich reiben (Menge nach Geschmack). Mit Zitronensaft, Kräutersalz, einer Prise Fruchtzukker und 2 Eßlöffeln saurer oder süßer Sahne abschmecken. Noch einmal heiß werden, aber nicht mehr kochen lassen.

Sauce Mornay

Unter die heiße Béchamelsauce 2 mit 1/8 Liter süßer Sahne verquirlte Eigelb ziehen, 2 Eßlöffel Butter und 3 Eßlöffel geriebenen Parmesankäse darin schmelzen lassen. Noch einmal heiß werden und ziehen, aber nicht mehr kochen lassen.

Mangochutneysauce

4–5 Eßlöffel Mangochutney grob hacken, in der Béchamelsauce einmal kurz aufkochen lassen.

Olivensauce

Die Béchamelsauce mit 4–5 Eßlöffeln Tomatenmark und 2 Eßlöffeln gehackten Oliven kurz aufkochen. Eventuell mit Kräutersalz und einer Messerspitze Cayennepfeffer nachwürzen.

Senfsauce

In die Béchamelsauce ca. 2 Eßlöffel Senf geben. Besonders gut schmeckt diese Senfsauce mit Moutarde de Meaux, einem französischen Senf mit grob gemahlenen Senfkörnern.

Safransauce

4–5 Eßlöffel Senffrüchte grob hakken, in der Béchamelsauce kurz aufkochen, mit 1/2 Teelöffel Safran, einem Schuß Cognac oder Portwein oder Sherry abschmecken.

Apropos Cognac: jeder Schauspieler freut sich, wenn das Publikum von ihm sagt, er hat seine Rolle nicht nur gespielt, er *war* der König Lear, der Hamlet, die Medea. So ein Kompliment kann manchmal aber auch schlimme Folgen haben.
Da spielte ein berühmter Schauspieler in Zürich den Franz Moor in den Räubern. Am Bühnenausgang lauerte ihm eine erregte Zuschauerschar auf und prügelte ihn doch tatsächlich krankenhausreif, ob seines schlechten Franz-Moor-Charakters!
Fürwahr eine eindringliche Würdigung einer schauspielerischen Leistung.
Ähnliches, nur weniger schmerzhaft, widerfuhr mir im Schauspielhaus Hamburg.
Es war eine Nachmittagsvorstellung des Ehespektakels »Wer hat Angst vor Virginia Woolf«. Als trunksüchtige Martha hatte ich über zwei Stunden lang doppelte Cognacs (in Wirklichkeit war's Hagebuttentee) in mich hineingekippt. Im letzten Bild saß ich, ein Häufchen Elend, allein mit meinem Cognacglas und jammerte nach George, meinem Mann.
Da hörte ich plötzlich im schönsten Hamburgisch aus dem Parkett eine schadenfrohe Frauenstimme: Das kommt vom vielen Cognactrinken!

Sauce Béarnaise

3 Stengel Estragon und Schnittlauch, 2 Schalotten, 2 zerstoßene Pfefferkörner, 2 EL Obstessig (oder Estragonessig), 1/8 l Weißwein, 3 Eigelb, 1 EL Wasser, 200 g Butter, Kräutersalz, Zitronensaft, Cayennepfeffer.

Kräuter und Schalotten fein hacken, mit den im Mörser zerstoßenen Pfefferkörnern, Essig und Weißwein mischen.

Kochen, bis 1/3 der Flüssigkeit verkocht ist. Dann durch ein Sieb in einen Topf gießen und diesen in ein Wasserbad stellen.

Die Eigelb mit dem Wasser cremig schlagen, in den Topf zu der Sauce geben und dabei kräftig mit dem Schneebesen schlagen. (Das Wasser im unteren Topf darf nicht kochen!) Nacheinander die in kleine Stücke geschnittene Butter unterschlagen, bis die Sauce dick wird. Mit Salz, Zitronensaft und Cayennepfeffer abschmecken. Wenn man will, nochmals sieben.

Diese Sauce paßt wundervoll zu allen gedünsteten Gemüsen, auch zu Gemüsetorte.

Wenn Sie unter die Sauce Béarnaise nach Geschmack Tomatenmark rühren, erhalten Sie eine Sauce Choron.

Ich siebe die Sauce Béarnaise nicht durch und hacke noch hinein: Kapern, Gewürzgurken, Perlzwiebeln, Oliven, Paprika und Tomaten, 1 Eßlöffel Kerbel und Estragon.

Champignonsauce

1 Zwiebel, 3 EL Sonnenblumenöl, 250 g Champignons, Kräutersalz, Pfeffer, Muskat, 1/2 l Frugolabrühe oder Milch, 1/2 l süße oder saure Sahne, 1 Eigelb, Knoblauch nach Geschmack.

Die feingeschnittene Zwiebel in dem Öl golden dünsten. Die geschnittenen Champignons dazugeben und die Gewürze. Ca. 5 Min. köcheln lassen. Mit der Brühe oder Milch auffüllen, noch einmal aufkochen lassen.

Das in der Sahne verquirlte Eigelb dazugeben und den durch die Presse gedrückten Knoblauch. Abschmekken und ein paar Minuten ziehen lassen.

Kräutersauce

Je 2 EL gehackte Petersilie, gehackter Kerbel, gehackter Estragon und gehackter Dill, 1 EL gehackter Boretsch, 2 hartgekochte Eigelb, 3 EL Quark, 3 EL Öl, 1 Prise geriebener Majoran, Kräutersalz und Pfeffer, 1 TL Senf, 1 EL Obstessig.

Die gehackten Kräuter mit den zerdrückten Eigelb vermischen. Den Quark mit dem Öl verrühren (evtl. mehr Öl zugeben, kommt auf die Feuchtigkeit des Quarks an), alles mischen und die restlichen Zutaten dazugeben.

Dieser Vitaminstoß ist ein Fitmacher ersten Ranges!
Natürlich können Sie noch alle möglichen Wildkräuter hinzufügen: gehackte Brennesseln, Löwenzahnblätter, Brunnenkresse, Sauerampfer etc.

Achtung, Kresse regt die Schilddrüse an!

Frühlingssauce

4 Eier, 2–3 EL Öl, 1 EL Senf, Kräutersalz, Pfeffer,
1/4 l saure Sahne, 1 Zitrone,
1 EL Obstessig, 1 Zwiebel,
Kräuter quer durch den Garten: Boretsch, Dill, Kerbel, Kresse, Petersilie, Sauerampfer, Schnittlauch, Sellerieblätter.

Die Eier hartkochen, das Gelbe vom Weißen trennen. Eigelb zerdrücken, tropfenweise das Öl zugießen (Schneebesen benutzen). Jetzt den Senf darunterrühren, Salz und Pfeffer, die cremig geschlagene saure Sahne, Zitronensaft und Obstessig.
Eiweiß und die Zwiebel würfeln, die gehackten Kräuter (kann ruhig eine Handvoll sein) dazugeben. Mit der Sauce mischen. Eine Weile ziehen lassen.
Ist Ihnen die Sauce mit der sauren Sahne zu fett, können Sie einen Teil saure Milch oder Joghurt oder mit Milch verdünnten Quark nehmen. Setzt man ein paar Löffel rohen Spinatsaft zu, erhält die Sauce eine grüne Farbe.
Frühlingssauce schmeckt herrlich zu frischen Pellkartoffeln.

Erdnußsauce

100 g Erdnüsse, 2 Knoblauchzehen, 1/2 l Frugolabrühe,
2–3 EL Sojasauce,
1 Prise Fruchtzucker,
1 TL Kräutersalz,
Saft einer halben Zitrone,
evtl. Cayennepfeffer.

Die Erdnüsse und die Knoblauchzehen hacken, mit Frugolabrühe, Sojasauce, Zucker und Kräutersalz 10 Minuten köcheln lassen. Mit Zitronensaft und evtl. Cayennepfeffer abschmecken.
Paßt zu Gemüse, Reis- und Nudelgerichten oder zu Kartoffelklößen.

Holländische Sauce

1 EL Zitronensaft, 1 EL kaltes Wasser, Kräutersalz, Pfeffer,
1 Prise Fruchtzucker, 4 Eigelb,
125 g Butter, Zitronensaft nach Geschmack.

Wenn Sie keinen speziellen Wasserbadtopf haben, nehmen Sie einen größeren und einen kleineren Topf. Den größeren füllen Sie zu einem Drittel mit Wasser, das kurz vor dem Kochen sein muß, aber nicht kochen darf.

In den kleineren Topf geben Sie den EL Zitronensaft, Wasser, Salz, Pfeffer und die Prise Fruchtzucker und hängen den kleinen Topf in den größeren hinein.
Weiter fügen Sie unter ständigem Schlagen mit dem Schneebesen hinzu: nach und nach die Eigelb, dann die in Stücke geschnittene Butter. Schlagen, bis eine cremige Sauce entsteht. Noch einmal mit Zitronensaft abschmecken, evtl. nachwürzen.

Kokosmilchsauce

1 Zwiebel, 2 Knoblauchzehen,
1 Stück Ingwer, 2 EL Öl,
500 g Kokosflocken, 2 l Wasser,
1 Lorbeerblatt, Messerspitze
Cayennepfeffer, Kräutersalz.
Gehackte Zwiebel, gehackten Knoblauch und gehackten Ingwer in dem Öl golden dünsten. Die Kokosflocken mit dem kochenden Wasser überbrühen. Eine halbe Stunde ziehen lassen, dann mit den Händen kneten und abseihen. Die so entstandene Kokosmilch und die übrigen Zutaten zu der Zwiebelmischung geben. Köcheln lassen, bis die Sauce eingedickt ist.
Die Kokosmilchsauce ist ein aparter Kontrast zu Gemüsetorte, Reis- und Nudelgerichten oder zu Maisschnitten.
Sie wurde uns auf Sumatra zu einem Reisrand serviert, so scharf, daß ich den Koch fragte: Er hatte mit einem ganzen Löffel Cayennepfeffer gewürzt. In meinem Rezept habe ich nur eine Messerspitze angegeben. Wer's schärfer mag, nimmt mehr. Und wem das immer noch nicht feurig genug ist, kann noch mit Sambal Olek einheizen, wie unsere Tischnachbarn auf Sumatra. (Sambal Olek, eine rote Gewürzpaste, gibt's fertig zu kaufen).

Knoblauch-Walnuß-Sauce

2 Knoblauchzehen, 125 g gehackte Walnüsse, 6–8 EL Öl,
Kräutersalz, Pfeffer,
gehackte Kräuter nach Geschmack.
Knoblauch und Nüsse pürieren, tropfenweise unter Rühren das Öl hinzufügen, bis die Sauce dick wird. Würzen und gehackte Kräuter zufügen.
Paßt zu Reis-, Nudel- und Hirsegerichten.

Käsesauce italienisch aus Gorgonzola

2 EL Butter, 200 g Gorgonzola,
2 EL abgezogene, passierte Tomaten, Kräutersalz, Pfeffer,
1 Prise Fruchtzucker,
ca. 8 EL Frugolabrühe,
1/4 l süße Sahne, Parmesankäse.

Die Butter zerlassen, den Gorgonzola darin schmelzen lassen, das Tomatenpüree zugeben, Salz, Pfeffer, Fruchtzucker und die heiße Brühe. Zum Schluß die Sahne unterziehen. Nach Geschmack Parmesankäse darüberstreuen.
Die Sauce schmeckt toll zu allen Teigwaren. Statt Gorgonzola geht auch Roquefort, davon eventuell weniger nehmen, er ist schärfer.
Und keine Angst vorm Dickwerden. Wir nehmen ja immer Vollkornteigwaren, die verbrennen und bleiben nicht auf den Hüften sitzen!

Mangosauce

Halbreife Mangofrüchte, (so viel, daß sie, in große Stücke geschnitten, 6 Tassen voll geben), 1 Tasse Wasser, 1/2 Tasse Obstessig,
1–2 EL Fruchtzucker,
Kräutersalz nach Geschmack.

Mangofrüchte in Stücke schneiden. In dem Wasser und dem Essig leise kochen, bis die Früchte weich werden. Den Zucker und das Salz hinzufügen, noch einmal 5 Minuten unter Rühren kochen lassen.
Heiß oder kalt servieren zu Eierkuchen, Gemüsetorte oder einem Reisgericht.
Diese interessante Sauce habe ich in Australien zu Eierkuchen gegessen. Wahrscheinlich stammt sie aus Indien. Denn ein Hain von Mangobäumen war es, in dessen sanftem Schatten Buddha zu meditieren pflegte – so weiß es die Fama.

Tomatensauce aus Korsika

2 Zwiebeln, 2 Knoblauchzehen,
4 EL Öl, 6 EL Tomatenmark,
10 abgezogene Tomaten,
2 Lorbeerblätter,
1/2 TL Oregano,
1 Streifen Zitronenschale,
Kräutersalz, Pfeffer,
6 EL Weißwein,
1–2 EL Worcestershiresauce,
nach Geschmack Parmesankäse.

Die feingehackten Zwiebeln und den feingehackten Knoblauch im Öl golden dünsten. Tomatenmark und die abgezogenen Tomaten dazugeben sowie Lorbeerblätter, Oregano, Zitronenschale, Kräutersalz, Pfeffer und Weißwein. Leise köcheln lassen.
Die Italiener kochen diese Sauce bis zu 2 Stunden – ich finde eine Viertel- bis eine halbe Stunde ausreichend. Zum Schluß die Worcestershiresauce dazugeben. Eventuell durchseihen, auf jeden Fall Lorbeerblätter und Zitronenschale herausnehmen.
Ein kleiner Landgasthof auf Korsika ist berühmt für diese Tomatensauce. Man gießt sie reichlich über Nudeln und streut dann noch dick geriebenen Parmesan darüber. Ein Salat dazu und ein Glas Wein – ein Gedicht.

Ebenfalls auf Korsika probiert:

Rohe Tomatenmarinade

500 g Tomaten, 2 Zwiebeln, 12 Knoblauchzehen (oder weniger), 1 Handvoll Petersilie, 1 kleine Handvoll schwarze Oliven, 2 EL Kapern, 1 TL gemahlener Oregano, Kräutersalz, Pfeffer, 6 EL Öl oder mehr, geriebener Parmesankäse.

Tomaten mit der Haut in Achtel oder Scheiben schneiden. Zwiebeln fein würfeln, Knoblauchzehen hakken oder durch die Presse drücken. Petersilie hacken. Oliven entsteinen und kleinschneiden. Große Kapern hacken, kleine Kapern ganz lassen. Alles mischen, Oregano, Kräutersalz und Pfeffer zugeben, mischen. Das Öl darübergießen. Zugedeckt über Nacht stehen lassen.

Die Marinade über fertiggegarte heiße Teigwaren gießen. Parmesankäse darüberstreuen.

Sauce Vinaigrette

1–2 EL Obstessig, 1 EL Zitronensaft, 1/2 TL scharfer Senf, Kräutersalz, Pfeffer, 6–8 EL Öl, 1 gehackte Zwiebel, gehackter Schnittlauch, gehackte Petersilie, gehackte Oliven, Kapern, 1 gekochtes, gehacktes Eigelb.

Obstessig, Zitronensaft und Senf verrühren. Salzen und pfeffern. Unter ständigem Rühren das Öl und die übrigen Zutaten hinzugeben.

Zu Salaten, Artischocken, Avocados verwenden.

Trüffelsauce

2 EL Butter oder Öl, 125 g Gruyère, 1 l Frugolabrühe, Kräutersalz, Pfeffer, ca. 2 Handvoll Trüffeln.

Fett in der Pfanne erwärmen, den kleingeschnittenen Käse darin schmelzen lassen. Die Frugolabrühe dazugießen, salzen, pfeffern und aufkochen. Die Trüffeln grob hakken, dazugeben, alles kurz aufwallen und etwas ziehen lassen.

Die Trüffelsauce stammt aus Sardinien. Dort wurde sie zu Nudeln gegessen. Traumhaft! Aber ausnahmsweise einmal nicht billig, wegen der Trüffeln.

Griechische Zitronensauce

4 Eigelb, 4 EL Zitronensaft, Kräutersalz, Pfeffer, 2–3 EL heiße Gemüsebrühe.

Eigelb schaumig rühren, tropfenweise den Zitronensaft unterschlagen (Schneebesen). Würzen. Die Gemüsebrühe vorsichtig unter ständigem Schlagen dazugeben.

Zitronensauce paßt zu allen Gemüsen. Die Sauce über das Gemüse gießen, etwas ziehen lassen. Nicht mehr kochen!

Und hier die Aioli, der Sie überall am Mittelmeer begegnen:

Aioli

16 Knoblauchzehen (jawohl, vier pro Person!), Kräutersalz, Pfeffer, 2 Eigelb, Zitronensaft, ca. 12 EL Öl.

Die Knoblauchzehen durch die Presse drücken, salzen und pfeffern. Vorsichtig die Eigelb dazurühren. Die Masse muß geschmeidig werden. Jetzt tropfenweise den Zitronensaft und dann das Öl zugießen, dabei kräftig mit dem Schneebesen schlagen, bis eine ziemlich steife Mayonnaise entsteht.

Bei einem Tauchurlaub auf der Insel Vulcano gab es diese göttliche Sauce zu Gemüse: grünen Bohnen, Karotten und Pilzen (alles »al dente« gedünstet) und rohen Tomaten. Man mischt die Aioli unter das noch warme Gemüse, stellt es kalt und bestreut es beim Anrichten mit gehackter Petersilie. Gut, da schien die Mittelmeersonne – aber an einem schönen Sommertag schmeckt dieses Gericht bei uns genau so gut. Am Wochenende, wegen des Knoblauchs!

Salatsauce mit Quark

125 g Quark, 1 EL Milch, 2 EL Öl, 1 EL Obstessig oder Zitronensaft, Kräutersalz, frisch gemahlener Pfeffer, gehackte Kräuter, kleingeschnittene Zwiebel, gehackter Knoblauch, nach Geschmack 1 EL saure oder süße Sahne.

Quark mit der Milch sahnig rühren. Öl dazurühren, danach den Obstessig und schließlich die restlichen Zutaten.

Scharfe indische Mayonnaise

6 EL süße Sahne, 1 TL Curry, 2 Messerspitzen Ingwerpulver, 2 Messerspitzen Pfeffer, 2 TL Kräutersalz, Spur Piment, Zwiebelpulver, Knoblauch, 1 TL Senf, 1 Prise Glutamin, 2 EL Öl, 1 TL Zitronensaft, Spur Cayennepfeffer, 1 TL frisch geriebener Merrettich.

Alle Zutaten im Mixer verquirlen.

Eduard Brecht hat die beiden wundervollen Mayonnaisen kreiert (s. nächste Seite), die sich sehr gut für Salate aus Wurzelgemüse eignen, also für Sellerie, Möhren, Fenchel, Chicorée, Bleichsellerie, Mangold usw. Die Zubereitung ist ganz einfach: alle Zutaten im Mixer verquirlen, abschmecken, evtl. nachwürzen oder verdünnen.

Mayonnaise florentinisch

2 Eigelb, 3 EL Rahm,
1 gehäufter EL Mandelmus,
1 EL Quark,
Saft einer halben Zitrone,
je 1 gestr. TL Ingwerpulver, Wacholderpulver und Paprika edelsüß, je 1 Messerspitze Edelhefe, Koriander und Piment,
evtl. etwas Senf,
Kräutersalz.

Mayonnaise Brindisi

2 Eigelb, 3 EL süßer oder saurer Rahm, 1 EL Quark, 1 EL Mandelmus, 1 EL Zitronensaft und Orangensaft, 1 Messerspitze Zwiebelpulver, weniger als 1 Messerspitze Muskatblüte, 1 TL edelsüßer Paprika, 1/2 TL Korianderpulver, Kräutersalz.

Bananensauce

5 Bananen, 2 EL Butter,
1 l Gemüsebrühe (Frugola),
1 EL Sojamehl,
Kräutersalz, Pfeffer,
wenig Muskatblüte,
1 EL Zitronensaft,
2 EL Weißwein, 1/8 l süße Sahne,
2 Eigelb.

Die Bananen in Scheiben schneiden und in der heißen Butter ein paar Minuten zergehen lassen. Die Gemüsebrühe, von der man ein paar Löffel zurückbehält, zugießen. Aufkochen.
In der restlichen Brühe Sojamehl anrühren, dazugeben. Mit Kräutersalz, Pfeffer und Muskatblüte würzen, Zitronensaft und Weißwein zugeben. Alles noch einmal aufkochen. Die Sahne und die Eigelb verquirlen, unter die Sauce ziehen.
Zu Teigwaren, Reis- und Hirsegerichten, oder zur Gemüsetorte.
Variation: Gleich zu Anfang an die Bananenscheiben 2 EL Curry geben oder 2 EL Mangochutney.

Gemüse ist kein Lückenbüßer.

In meiner Küche spielt das Gemüse – roh und gekocht – eine besonders wichtige Rolle. Von Mutters Kochweise, Gemüse mit Mehl anzudicken, bin ich längst abgekommen. Sein spezifischer Geschmack soll ja erhalten bleiben. Ich dünste es kurz in wenig Wasser oder in kaltgeschlagenem Pflanzenöl mit etwas Wasser. In diesem Fall verhindert das Wasser, daß sich das Öl zu stark erhitzt und zu einer Belastung für die Leber wird.

Auf meinen Reisen habe ich viele Arten der Gemüsezubereitung kennengelernt. Am meisten verblüfft hat mich ein Koch in Hongkong. Er schnitt behutsam jedes Gemüse, auch einen ganz dünnen Lauchstengel, von oben nach unten entzwei. Dabei erklärte er mir, daß man nur mit dieser Zubereitungsart, die nach einer uralten chinesischen Heil- und Kochkunst auf dem Prinzip von Yin und Yang beruht, den vollen Wert des Gemüses bewahren kann. Ob's stimmt??

Eines steht jedenfalls fest: Die beste Methode, Gemüse nicht nur schonend, sondern auch schnell und schmackhaft zu garen, ist das Kochen im Dampfdrucktopf. Jedes Gemüse erleidet beim Garen einen Vitaminverlust. Beim Kochen mit Dampf ist er aber wesentlich geringer. Ein Beispiel: Beim normalen Kochen von Bohnen ist der Verlust an Vitamin C 45%, beim Kochen im Dampfdrucktopf dagegen nur 28%.

Auf einen anderen interessanten Topf möchte ich noch aufmerksam machen: den DOUFEU-Topf. Er ist aus emailliertem Gußeisen; Eiswürfel oder kaltes Wasser, außen in den konkaven Deckel gefüllt, verhindern, daß Dampf aus dem Topf entweicht. Daher kann man Gemüse (nur mit etwas Fett) oder Obst ohne Wasserzugabe im eigenen Saft dünsten. (Zu beziehen über: Reform-Service J. Koeppel, Rotmoosstr. 9, 8990 Lindau).

Doch nun genug der Theorie! Folgen Sie mir in den Garten?

Artischocken klassische Art

Pro Person brauchen Sie eine Artischocke. Den Stiel brechen Sie ab, den Boden schneiden Sie glatt, die Schnittflächen reiben Sie mit Zitronensaft ein, damit sie nicht schwarz werden. Die Artischocken waschen und in Salzwasser mit etwas Zitronensaft in ca. 40 Min. weich kochen. Gegessen werden sie so: Jedes Blatt einzeln in Aioli, Holländische Sauce oder Sauce Vinaigrette stippen und durch die Zähne ziehen, den fleischigen Teil auslutschen. Das »Heu« abschneiden. Den Boden mit Messer und Gabel mit reichlich Sauce essen.

Die Artischocke ist ein eher teures Gemüse aus der Familie der Disteln, und zwar ist das, was wir essen, der Blütenkopf. Leisten wir sie uns ab und zu, sie ist nicht nur sehr vitaminreich, sie regt auch die Lebertätigkeit und das vegetative Nervensystem an. Das Beste an ihr ist der Artischockenboden (Artischockenböden gibt's auch in Dosen). »Mein Artischockenherz«, ›mon cœur d'artichaut‹, nennen die Franzosen ihre Liebste.

Artischockenherzen marokkanisch

3 Tassen Wasser, 4 Artischockenherzen (evtl. aus der Dose),
1 1/2 Tassen frisch gemahlenen Weizenschrot, 1 TL Öl,
1 Handvoll kleingeschnittene, getrocknete Aprikosen und Äpfel,
1 Handvoll Rosinen,
1 Handvoll gemischte Kürbis-, Pinien- und Sonnenblumenkerne,
1 Streifen Mandarinenschale,
1 Prise Safran,
1 TL Kräutersalz, 1 TL Pfeffer.

Wasser und Artischockenherzen zum Kochen bringen. Weizenschrot, Öl, Aprikosen, Äpfel, Rosinen und die Samen unter Rühren hineingeben. Aufkochen, die Mandarinenschale ein paar Minuten mitziehen lassen, dann herausnehmen. Mit Safran, Salz und Pfeffer abschmecken.
Auf kleiner Flamme oder Asbestplatte quellen lassen, bis alles Wasser aufgesogen ist.
Dieses Rezept stammt von einem berühmten marokkanischen Koch, Ahmed Jacoubi. Ich verfeinere es noch mit einer Spur Honig.

Auberginen in Eierkuchenteig gebacken

4 Auberginen, 3 EL Öl,
1 EL Obstessig, Kräutersalz, Pfeffer, 1 Ei,
2–3 EL Weizenmehl,
ein paar EL Wasser,
Kräutersalz, Öl zum Braten, Zitronensaft.

Auberginen in Längsscheiben schneiden, diese in die Mischung aus Öl, Essig, Salz und Pfeffer legen. Eine Stunde ziehen lassen. Inzwischen einen Eierkuchenteig aus Ei, Mehl, Wasser und Kräutersalz herstellen. Die Scheiben hineintauchen und in heißem Öl von beiden Seiten braten. Mit Zitronensaft beträufeln.

Auberginen gefüllt mit Champignons

4 Auberginen, 2 Zwiebeln, 2–3 EL Öl, 250 g Champignons, 2 Tomaten, Kräutersalz, Pfeffer, Muskatnuß, Petersilie.

Die Auberginen längs halbieren. Etwas aushöhlen. Die gehackten Zwiebeln in dem Öl golden dünsten. Die gehackten Champignons und die abgezogenen Tomaten dazugeben. Salzen, pfeffern und mit Muskatnuß würzen. Ca. 10 Minuten dünsten. Das herausgekratzte Auberginenfleisch hacken und zu der Champignonmasse geben. Ebenfalls die kleingehackte Petersilie. Die Masse in die Auberginenhälften füllen. In eine gebutterte feuerfeste Form legen. Ca. 45 Minuten im auf 200 Grad vorgeheizten Ofen backen.

Auberginen-Fenchel-Paprika-Eintopf

2–3 Auberginen, 2–3 Fenchelknollen, 4 Paprikaschoten, 2–3 EL Öl, Kräutersalz, Pfeffer, Knoblauch nach Geschmack, 1/8 l süße Sahne, 3 EL gehackter Dill.

Auberginen in dicke Scheiben schneiden, Fenchel in Achtel, Paprika in Stücke. In dem heißen Öl gar dünsten. (Evtl. etwas Wasser zugeben.) Würzen. Durch die Presse gedrückten Knoblauch und die Sahne unterrühren. Mit dem Dill bestreuen.

Kirk Douglas habe ich immer als großen Schauspieler verehrt. Eines Tages hatte ich das Glück, seine Partnerin zu sein, in dem Film »Stadt ohne Mitleid«. Einen Teil der Außenaufnahmen drehten wir an der Côte d'Azur.
Kirk liebt es, gut zu essen und zu trinken. Eines der reizvollsten Menüs, das ich je gegessen habe, nahmen wir in einem entzückenden kleinen Restaurant à la campagne ein.
Das Entrée machte eine eisgekühlte Vichysoisse – zu deutsch: Kartoffelsuppe, aber mit Pfiff!
Dann überraschte uns der Küchenchef mit einer betörend nach Knoblauch duftenden Ratatouille. Den Abschluß bildete eine Mousse au chocolat, so zart und schaumig, daß sie auf der Zunge zerging.

Ratatouille

2 Zwiebeln, 2 Knoblauchzehen, 2–3 EL Olivenöl, 2–3 Auberginen, 4–5 Zucchini, 4 Tomaten, 4 Paprikaschoten, Frugola, Basilikum, Thymian, Pfeffer, Kräutersalz, Petersilie.

Die Zwiebeln und die Knoblauchzehen feinhacken. In dem Olivenöl golden dünsten. Inzwischen das Gemüse vorbereiten: Auberginen und Zucchini (ungeschält) in 1 cm dicke Scheiben schneiden, Tomaten in Viertel, Paprika in Würfel. Gemüse nacheinander in den Topf mit den Zwiebeln geben. Würzen mit Frugola, Basilikum, Thymian, Pfeffer und Kräutersalz. Unter Rühren köcheln lassen. Die klassische Ratatouille wird ohne Wasser zubereitet. Das Gemüse gibt genug Saft ab. Manche Hausfrauen kochen sie zu Mus, ganze 3 Stunden. Ich lasse sie nur ca. 30 Min. leise köcheln, dann hat jedes Gemüse noch seinen eigenen Geschmack.
Die gehackte Petersilie darüberstreuen, evtl. nochmal abschmekken. Mit Pellkartoffeln, Reis oder Nudeln servieren – auch ein frisches warmes Weizenbrötchen schmeckt dazu oder ein heißer Weizenfladen. Und – natürlich mit einem Schluck Wein genießen. Weißwein paßt, ein herber Rosé oder ein Rotwein.
Würzen Sie Ratatouille doch mal arabisch: Mit je einem TL gemahlenem Koriander, Oregano, scharfem Paprika, Kümmelpulver, gemahlenem Ingwer, 1 Handvoll gehackter Petersilie und dem Saft einer Zitrone. An warmen Tagen auch wunderbar kalt zu essen.

Blumenkohl ist ein Blütengemüse wie die Artischocke und sehr leicht verdaulich. Enthält viel Vitamin A und C. Blumenkohl 10 Minuten in Biosmonwasser legen, damit Raupen etc. herausfallen.

Indischer Blumenkohlcurry

1 Zwiebel, 1 Stück Ingwerwurzel, 2 EL Butter, 2 TL Kurkuma, 750 g Blumenkohl, 4 Kartoffeln, 2 TL Kräutersalz, 2 TL Curry.

Die kleingehackte Zwiebel und den kleingeschnittenen Ingwer in der Butter golden dünsten. Kurkuma dazugeben, 1 Minute mitdünsten. Dann die Blumenkohlröschen und die gewürfelten Kartoffeln hinzufügen. 10 Minuten dünsten. Salzen, etwas Wasser zugeben und fertig garen (ca. 20 Minuten). 5 Minuten vor Ende der Garzeit Curry darüberstreuen.

Blumenkohl mit Mandelsauce

1 fertig gedünsteter Blumenkohl, 2 EL Mandeln, 4 EL Butter, Kräutersalz, Pfeffer.

Den fertigen Blumenkohl warmstellen. Die Mandeln brühen, abziehen und in Splitter hacken. Die Mandelsplitter in der Butter rösten. Kräutersalz und Pfeffer zugeben. Zum Blumenkohl servieren.

Dieser eigenwilligen Kreation bin ich ausgerechnet in Australien begegnet. Allerdings: Der Koch war ein eingewanderter Pole.

Im Hannoverschen gab es früher auf dem Lande einen ungewöhnlichen Hochzeitsschmaus: weiße Bohnen mit Zucker und Zimt. Mein Rezept stammt von einer Großtante, und ich mag es sehr.

Weiße Bohnen mit Zucker und Zimt

1/2 kg weiße Bohnen, 2 l Wasser,
1 EL Frugola, Bohnenkraut,
Thymian, 2 Lorbeerblätter,
Majoran, Spur Muskat,
Knoblauch nach Geschmack,
Fruchtzucker und Zimt
nach Geschmack,
eventuell zerlassene Butter.

Die weißen Bohnen über Nacht in dem Wasser einweichen. Im gleichen Wasser mit Frugola, Bohnenkraut, Thymian und den beiden Lorbeerblättern garen (60 Minuten).
Mit Majoran, Muskat und durch die Presse gedrücktem Knoblauch abschmecken. Bei Tisch mit Fruchtzucker und Zimt bestreuen. Wer will, gießt sich noch zerlassene Butter drüber.
Ein feines Winteressen!

Brokkoli ist ein Verwandter des Blumenkohls und kommt aus Italien zu uns. Ich verwende den ganzen Stiel mit den Röschen. Den Strunk kürze ich etwas, die großen Strunkblätter schneide ich ab. Sind die Stiele am unteren Ende sehr dick, schäle oder halbiere ich sie.

Brokkoli gedünstet

1 kg Brokkoli, 2–3 EL Öl,
1/2 l Frugolabrühe,
Kräutersalz und Pfeffer.

Die geputzten Brokkolistiele in Scheiben schneiden, in dem Öl andünsten. Brühe dazugeben und die Brokkoliröschen, fertig garen (insgesamt 15–20 Min.). Evtl. mit Kräutersalz und Pfeffer abschmecken. Mit Sauce Béarnaise oder Zitronensauce, zu der ich die Brokkolibrühe verwende, servieren.
Bleibt etwas Brokkolibrühe, möglichst mit ein paar Röschen, übrig, gibt das eine wundervolle Suppe für den nächsten Tag: Pro Person ein mit etwas Sahne und Zitronensaft verquirltes Eigelb unterziehen – oder einen Rest Pfifferlinge oder gedünstete Champignons zugeben und mit einem kleingehackten Ei bestreuen.

Brokkoli chinesisch

1 kg gedünsteter Brokkoli,
Sojasauce, 1 Zehe Knoblauch,
1 Schuß Sherry.

Den fertig gedünsteten Brokkoli mit Sojasauce, dem durch die Presse gedrückten Knoblauch und Sherry abschmecken.

Grüne Bohnen mit Tomaten

2 Zwiebeln, 4–5 EL Olivenöl,
750 g grüne Bohnen,
Bohnenkraut, 500 g Tomaten,
Kräutersalz, Pfeffer,
1 Prise Fruchtzucker,
Knoblauch nach Geschmack,
Petersilie.

Zwiebeln hacken, in dem Öl golden dünsten. Die in Stücke geschnittenen Bohnen dazugeben und das Bohnenkraut. 15 Minuten köcheln lassen, dann die abgezogenen, in Stücke geschnittenen Tomaten dazugeben und die Gewürze. In ca. 15–20 Minuten gar dünsten. Den Knoblauch durch die Presse drükken und unter die Bohnen mischen. Mit gehackter Petersilie bestreuen.

Weiße Bohnen mit Gemüse

750 g weiße Bohnen,
5 EL Olivenöl,
2 EL Tomatenmark,
2 Zwiebeln, 4 Möhren,
1 Stück Sellerie, Thymian,
Kräutersalz, Pfeffer,
Knoblauch, Petersilie.

Die Bohnen über Nacht einweichen. Mit dem Einweichwasser zum Kochen bringen. 30 Minuten kochen. Öl, Tomatenmark, die gehackten Zwiebeln, die in Stücke geschnittenen Möhren und den in Stücke geschnittenen Sellerie, Thymian, Kräutersalz und Pfeffer hinzugeben, fertig garen (20 Minuten). Mit durch die Presse gedrücktem Knoblauch verfeinern und mit gehackter Petersilie bestreuen.
Variation: Anstelle der weißen Bohnen dicke Bohnen nehmen.

Gemüsegericht Escorial

nach Brecht

750 g grüne Bohnen,
100 g Pfifferlinge,
250 g feste Tomaten,
5–6 Käsescheiben (Chester, Tilsiter oder Schweizer),
etwas Wasser und Öl, Kräutersalz,
Petersilie, Muskatnuß,
1 Zwiebel, Koriander (gemahlen), edelsüßer Paprika,
Edelhefe, saure Sahne,
Weizenkleie, Butter.

Die Bohnen in Stücke schneiden und in wenig Wasser, das wir mit Kräutersalz und gehackter Petersilie gewürzt haben, gar dünsten. Inzwischen die Pfifferlinge zerkleinern, mit einer zerschnittenen Zwiebel und gehackter Petersilie in etwas Öl und Wasser gar dünsten, mit Kräutersalz und etwas Muskat abschmecken.

Dic Tomaten überbrühen und abziehen. Eine gefettete Auflaufform leicht mit Weizenkleie ausstreuen. Die fertigen Bohnen in Butter schwenken und in die Auflaufform geben. Auf die Bohnen folgen Käsescheiben, die wir mit viel Petersilie, Koriander und edelsüßem Paprika bestreuen. Darauf legen wir Tomatenscheiben, streuen gehackte Zwiebel darüber und wieder Petersilie und etwas Kräutersalz. Ganz obenauf kommen die Pfifferlinge. Darüber legen wir einige Butterflöckchen, bestreuen mit Edelhefe, Petersilie und Edelsüßpaprika.
Auflauf in den vorgeheizten Ofen schieben, bei guter Hitze 15 Minuten backen. Man kann auch etwas saure Sahne darübergießen.
Dazu Vollkornbrot oder Pellkartoffeln.

Gemüse möglichst immer in Fett *und* Wasser dünsten, damit das Fett sich nicht zu sehr erhitzt und dadurch leberbelastend wirkt.

Chicorée gedünstet

*8 Chicoréestauden,
3–4 EL Olivenöl oder
halb Butter halb Öl,
1–2 Tassen Weißwein, Kräutersalz,
Pfeffer, Muskatnuß, Thymian,
Knoblauch nach Geschmack.*

Chicorée längs halbieren. Ich schneide den bitteren Kegel am unteren Ende nicht heraus, (die Bitterstoffe sind gut für die Verdauung!), in dem Öl oder Öl-Buttergemisch, dem Wein und den Gewürzen 15 bis 20 Min. köcheln lassen. Mit Zitronen-, Béchamel-, Mornay- oder Sauce Vinaigrette servieren.

Chicorée in Blätterteig

*8 Chicoréestauden, 8 Scheiben
Gouda, 8 Scheiben Blätterteig,
2 Eier, 2 EL Sahne.*
Chicorée gar dünsten. Jede Stange mit einer Käsescheibe umwickeln, danach in eine Scheibe ausgerollten Blätterteig hüllen. Die Ränder mit Eiweiß bepinseln, festdrücken. Die fertigen Rollen mit der Mischung aus Eigelb und Sahne bestreichen, in eine gebutterte Auflaufform legen. Im vorgeheizten Ofen bei 200 Grad ca. 20 Minuten überbacken.
Dazu eine Käse-, Tomaten- oder Pilzsauce.

Chinakohl gedünstet

*1 großer Chinakohl,
1/2 l Frugolabrühe, 3–4 EL Öl,
Kräutersalz, Pfeffer,
Bohnenkraut, Basilikum,
Korianderpulver, geriebene Muskatnuß, gehackter Knoblauch,
1 Tasse frisch gemahlener Mais,
1 paar Tropfen Zitronensaft,
1 EL süße Sahne, 1 EL Butter.*

Den Chinakohl in kleine Stücke schneiden. Mit den Gewürzen in der Frugolabrühe und dem Öl halb gar kochen (10 Min.). Den Maisschrot zugeben und bei kleiner Hitze weitere 5 Minuten köcheln lassen. Zitronensaft, Sahne und Butter hinzufügen, evtl. nachwürzen. Dazu frischer Salat.
Variation: Eine Handvoll kleingeschnittene Champignons mitkochen lassen.
Dieses Rezept stammt von E. Brecht und ist ideal für Leute mit schwachen Verdauungsorganen – ein »Darmbesen«.

Der Fenchel ist eine uralte Heil- und Gewürzpflanze. Der Samen, als Tee aufgebrüht, wirkt krampfstillend bei Magen- und Darmunstimmigkeiten. In Fencheltee getauchte Wattekompressen stärken die Augen.
Die Fenchelknolle ist sehr leicht verdaulich und ausgezeichnet für die Magen-Darm-Leberdiät. Die Italiener essen sie roh wie Äpfel. Natürlich ist Fenchel roh genossen am gesündesten – siehe Fenchelsalat – aber probieren Sie auch mal folgende köstliche Zubereitungsarten:

Fenchel gedünstet

4 mittelgroße Fenchelknollen,
4 EL Öl, 1/4 l Frugolabrühe,
Kräutersalz, Pfeffer, Zitronensaft,
geriebener Käse,
evtl. zerlassene Butter.

Fenchel waschen, putzen, Stiele abschneiden und die harten Außenblätter entfernen. (Das Fenchelgrün zurückbehalten, feinschneiden und über den fertiggegarten Fenchel streuen). Fenchelknollen halbieren, vierteln oder im ganzen 15–20 Min. in dem Öl und der Frugolabrühe dünsten.
Mit Kräutersalz und Pfeffer abschmecken, den Zitronensaft hinzufügen. Geriebenen Käse und zerlassene Butter dazu servieren. Oder eine Sauce Béchamel, eine Käse- oder Tomatensauce. Oder eine Zitronensauce – zu der ich natürlich die Fenchelkochbrühe benutze.
Dazu ein Reis- oder Nudelgericht oder junge, in Butter geschwenkte Petersilienkartoffeln.

Fenchel-Kartoffel-Auflauf

3 gedünstete Fenchelknollen,
500 g gekochte Pellkartoffeln,
Kräutersalz, 1 Tasse Fenchelbrühe,
1 Tasse Milch, 1 EL Weizenmehl,
Pfeffer, Muskatnuß,
3–4 EL geriebener Käse,
1 Eigelb, geriebener Käse
zum Bestreuen.

Die fertiggegarten Fenchelknollen in Scheiben schneiden und schichtweise mit den in Scheiben geschnittenen Pellkartoffeln in eine gebut-

terte Auflaufform füllen (Kartoffelscheiben mit Kräutersalz bestreuen).
Die Fenchelkochbrühe mit dem in der Milch verquirlten Mehl aufkochen lassen, mit den Gewürzen abschmecken und mit dem geriebenen Käse verrühren, aufkochen lassen. Das Eigelb unterziehen. Die Sauce über die Fenchel-Kartoffelscheiben gießen und dick mit geriebenem Käse bestreuen. Im vorgeheizten Backofen bei 200 Grad goldgelb backen (ca. 20 Minuten).

Fenchel-Tomaten-Gratin

500 g Tomaten, Basilikum,
Kräutersalz, Pfeffer,
3 gedünstete Fenchelknollen,
Zitronensaft, Sauce Béchamel
(s. Seite 74), geriebener Käse,
1 EL Butter.

Eine gefettete Auflaufform mit den in Scheiben geschnittenen, abgezogenen Tomaten auslegen, Basilikum darüberstreuen sowie Kräutersalz und Pfeffer. Darauf die in Scheiben geschnittenen Fenchel schichten. Mit Zitronensaft beträufeln. Eine Sauce Béchamel darübergießen. Mit geriebenem Käse reichlich bestreuen und Butterflöckchen daraufsetzen. Im vorgeheizten Ofen bei 200 Grad goldgelb backen (ca. 20 Minuten).

Mein Gemüsetopf

Ich nehme, was es gerade Frisches gibt, zum Beispiel:
4 Tomaten, 3 Paprikaschoten,
2 Möhren, 2 Sellerieherzen
(Bleichsellerie), 1 Blumenkohl,
1 Tasse frische Erbsen.
Außerdem:
1 Zwiebel, 2 EL Öl,
1/2 TL Oregano,
2 Knoblauchzehen,
1 TL Kümmel, Pfeffer,
1 EL gehackte Petersilie,
2 Eier, Kräutersalz,
4–6 EL geriebener Käse.

Gemüse, außer Erbsen, zerkleinern. Das Öl erhitzen, Gemüse und die gehackte Zwiebel hineingeben, würzen. Etwas Wasser zugeben, nicht zu weich schmoren. Die Eier mit etwas Kräutersalz verrühren, über die Masse gießen, stocken lassen. Mit dem Käse bestreuen.
Oder den geriebenen Käse unter die schaumig geschlagenen Eier rühren, mit Kräutersalz abschmecken und die Masse über das Gemüse gießen. Im vorgeheizten Ofen bei 200 Grad 20 Minuten überbacken.

Kombinationsmöglichkeiten:
Blumenkohl und Pfifferlinge.
Champignons und Tomaten.
Kartoffeln und Möhren.
Tomaten und Sellerieherzen.
Möhren und Lauch.
Möhren, Sellerie und Lauch.
Möhren, Sellerie und rote Rüben.
Kartoffeln, Möhren und Weißkohl (Kümmel beigeben).
Petersilienwurzeln und Pilze.

Die Variationsmöglichkeiten sind zahllos. Sie können die Eiermasse weglassen, die Gemüse nur in dem Öl und etwas Frugolabrühe und Gewürzen gar schmoren und dazu Petersilienkartoffeln reichen oder ein Reis- oder Hirsegericht. Oder das fertige Gemüsegericht mit dem Reis- oder Hirsegericht mischen.
Knoblauch und Petersilie und ein Stich Butter am Schluß drangegeben ist immer fein. Und schwelgen Sie in Paprika, Koriander, Muskat, Rosmarin und Thymian, Basilikum, Oregano und anderen frischen Kräutern!

Jedes Gemüsegericht wird zu einem exotischen indischen Curry, wenn Sie ihm je nach Geschmack folgende Zutaten beigeben: frische Ingwerwurzel (oder Ingwerpulver), Kurkuma, zerstoßenen Kardamom, zerstoßenen Kümmel, Curry.
Ingwer (kleingeschnitten), Kurkuma, Kümmel und Kardamon werden gleich zugegeben, Curry die letzten 5 Minuten.
Für meinen Geschmack werden in Indien die Gemüse meistens zu sehr zerkocht. In Neu-Delhi habe ich eine Möhrennachspeise gegessen, die 3 Stunden – sprich drei! – geschmort hatte. Da haucht auch das widerstandsfähigste Vitamin seinen Geist aus. Allerdings verdient diese Möhrenspeise aus anderen Gründen Beachtung: Sie war mit Silberpuder bestäubt – echtem. Unser Kellner, mit phantastischem rotem Kopfschmuck wie ein Hahn herausgeputzt, fand es in Ordnung, daß wir Touristen Silberstaub aßen, sein Kommentar: Die Maharadschahs essen Goldstaub und sogar zerstoßene Perlen, das gibt Kraft!

Gemüsetorte

(Ideal für Gemüsereste)

Mürbeteig von: 500 g Weizenvollmehl, 200 g Butter, 4 EL Edelsüßpaprika, Kräutersalz, Pfeffer, 2 Eigelb, 4–6 EL Sahne.
Außerdem: ca. 1 kg gedünstetes Gemüse, (alles Gemüse paßt).
Alle Zutaten für den Teig verkneten, 1/2 Stunde kalt stellen. Dann zuerst einen Deckel für die Torte ausrollen. Den Boden und die Seiten einer gut gefetteten Springform mit dem Rest des Teiges auskleiden. Das Gemüse hineinfüllen. Obendrauf den Teigdeckel legen, in die Mitte ein Loch schneiden, damit der Dampf abziehen kann. Im vorgeheizten Ofen bei 200 Grad 30–40 Minuten backen.
Dazu Zitronen-, Champignon-, Kapern-, Tomaten- oder eine Kokosmilch-, Senf- oder Currysauce. Und ein frischer Salat.
Fein fürs Monatsende, wenn Ebbe im Geldbeutel ist.

Gemüse in Kokosmilch

100 g Kokosflocken, 1 l Wasser, 3 Auberginen, einige Kohlblätter, 6 Paprikaschoten, 1 Handvoll Bambussprossen (Dose), 1 Handvoll grüne Bohnen, 1 EL Haselnüsse, 2 Zwiebeln, 2 Knoblauchzehen, 2 TL Kräutersalz, 3 EL Öl, abgeriebene Zitronenschale, 1 Lorbeerblatt, 250 g gekochte Sojabohnen.

Die Kokosflocken mit dem kochenden Wasser überbrühen, 1/2 Stunde ziehen lassen. Dann mit den Händen gut durchkneten, abseihen. Die so entstandene Kokosmilch zurückstellen.

Inzwischen die Auberginen würfeln, Kohlblätter, Paprika, Bambussprossen und Bohnen in Stücke schneiden. Die Nüsse, die Zwiebeln und den Knoblauch hacken und mit Kräutersalz mischen. Im Öl golden dünsten.

Die Kokosmilch zugießen, aufkochen. Das Gemüse zufügen sowie die abgeriebene Zitronenschale und das Lorbeerblatt. Die Sojabohnen nur die letzten 5 Minuten mitköcheln lassen. Alles in ca. 15–20 Minuten garen.

Marokkanischer Gemüse-Weizenschrottopf

2 EL Sesamöl (oder anderes Öl), 3 Zwiebeln, 4 Möhren, 2 Bleichsellerie, 4–6 Artischockenherzen, 10 Champignons, 1 Handvoll gehackte Petersilie, 6 Korianderkörner, 4 EL Sesam, 1/2 TL Ingwer, Prise Cayennepfeffer, 1–2 TL Kräutersalz, 2 Knoblauchzehen, 1 EL Sojaöl, 2 Tassen Weizenschrot, 2 Tassen Gemüsebrühe (evtl. mehr), Zitronensaft, geriebener Käse.

Sesamöl und etwas Wasser erhitzen. Die gewaschenen, in Scheiben geschnittenen Gemüse, Petersilie und die Gewürze darin dünsten.

In einem Extratopf Sojaöl heiß werden lassen. Gemüsebrühe zugießen, Weizenschrot einstreuen und unter Rühren garen. Gemüse und Weizenschrot sind gleichzeitig nach ca. 15–20 Min. fertig. Beides mischen, noch einmal abschmecken, mit Zitronensaft beträufeln und geriebenen Käse darüberstreuen.

Ein Fitmacher! Der marokkanische Koch, von dem ich dieses Gericht habe, schwört: Es verjüngt um Jahre!

Gebackenes Gemüse

Größere Stücke nicht zu weich gedünstetes Gemüse (Blumenkohlröschen, Möhren, Gurken, Zwiebeln, Paprikaschoten, Auberginen, Zucchini, Rosenkohl, Kohlblätter, Champignons, Sellerie etc.) in einen dicken Eierkuchenteig (s. Seite 181), der gut mit Curry gewürzt ist, tauchen. In heißem Öl golden backen. Ein lustiges Essen, wenn man's als Fondue macht: Jeder hat einen Teller mit Gemüsestückchen, ein Schälchen mit Eierkuchenteig und verschiedene Saucen vor sich und 2 Gabeln. Jedes Gemüsestückchen wird in den Eierkuchenteig getaucht, in den Fonduetopf gehalten (möglichst heißes Kokosfett – aus dem Reformhaus – nehmen) und dann in eine Sauce (Aioli, Béarnaise, Vinaigrette etc.) gestippt. Mit einem Landwein genießen! Das ist zwar vom ernährungsphysiologischen Standpunkt nicht ganz astrein – die Puristen werden schimpfen – das heiße Fett und dann noch mit Wein hinunterspülen, aber wir machen's ja nicht jeden Tag! Dosis facit venenem!

Edwin und geschmorte Gurken.

Er war in der Schule eine Klasse über mir. Er war blond und gab mir den ersten Kuß. Auf einer Jägerkanzel in der Nähe der Schule, am Waldrand.

Ich verpaßte den Zug, mit dem meine Brüder und ich sonst jeden Tag nach Hause fuhren. Um 17.30 Uhr kam ich heim und hatte trotzdem keinen Hunger. Wegen Edwin – und weil ich aufgewärmte Schmorgurken vom Mittag bekam; das einzige Gericht, das ich außer Kartoffelpuffern nicht besonders leiden konnte.

Edwin wurde kurz danach als Flakhelfer eingezogen. Er schickte mir ein Foto von sich in Marineuniform und noch ein paar Briefe. Dann habe ich nichts mehr von ihm gehört.

Gurken geschmort

2 Salatgurken, 3–4 EL Öl,
Kräutersalz, Pfeffer,
Koriander (gemahlen),
Curry, Paprika,
Knoblauch, 1/8 l (evtl. mehr)
saure Sahne, Petersilie.

Die gewaschenen Gurken ungeschält in Stücke schneiden. In dem Öl andünsten. Die Gewürze dazugeben, fertigdünsten (insgesamt ca. 20 Minuten). Den durch die Presse gedrückten Knoblauch zufügen und die Sahne. Noch einmal abschmekken und mit gehackter Petersilie bestreuen.

Gefüllte Gurken überbacken

2 Schmorgurken (ca. 1 kg),
1/2 l Frugolabrühe, 4 Zwiebeln,
2 EL Öl, 4 Tomaten,
300 g Champignons, Kräutersalz,
Pfeffer, Paprika, Majoran,
Knoblauch, Petersilie,
5–6 EL geriebener Käse, Dill.

Die Gurken schälen, waschen und halbieren, Kerne entfernen. Gurkenhälften in Frugolabrühe ca. 10 Minuten nicht zu weich dünsten.
Inzwischen die in Scheiben geschnittenen Zwiebeln in dem Öl golden dünsten. Die abgezogenen, in Scheiben geschnittenen Tomaten und die in Scheiben geschnittenen Champignons dazugeben. Würzen. 5–10 Minuten auf kleiner Flamme garen, zum Schluß den durch die Presse gedrückten Knoblauch und die gehackte Petersilie unterrühren. Die Gurkenhälften in eine gut gebutterte, feuerfeste Form setzen. Die Champignonmasse in die Gurken füllen und den geriebenen Käse darüberstreuen. Im vorgeheizten Ofen 10 Minuten überbacken. Mit gehacktem Dill bestreuen.
Dazu Zitronen- oder Tomatenreis. Haben Sie wenig Zeit, so schneiden Sie die Gurken in Stücke, dämpfen Sie alle Gemüse wie oben angegeben (evtl. etwas Frugolabrühe hinzufügen), ziehen Sie zum Schluß $1/4$ l saure Sahne darunter und bestreuen mit Käse.

Kräuter, die gut zu Gurke passen: Thymian, Dill, Zitronenmelisse.

Boston baked Beans

1 Zwiebel, 5 Nelken,
Butter zum Einfetten,
500 g gekochte weiße Bohnen,
$1/2$ l Frugolabrühe,
Senfpulver oder 1–2 TL Senf,
Ketchup, Kräutersalz,
Pfeffer, Bohnenkraut,
$1/2$ Tasse Rübenkraut oder Rohrzuckermelasse.

Die Zwiebel mit den Nelken spikken und in eine gebutterte, feuerfeste Form setzen.
Die Bohnen zufügen. Die übrigen Zutaten verrühren und über die Bohnen gießen. Die zugedeckte Form im vorgeheizten Ofen bei 200 Grad 50 Minuten backen.

Das ist eine gute Idee für einen »Brunch« an einem kalten Wintersonntag – wenn die Familie lange geschlafen hat und Frühstück und Mittagessen zu einem einzigen Schmaus zusammengezogen werden. Das Wort »brunch« ist eine Kombination von (br)eakfast = Frühstück und l(unch) = Mittagessen.
Und da wir die Boston Beans ohne Speck bereiten und ohne Fett, schaden sie unserer Linie nicht. Wer Lust hat, kann sich sogar eine Kartoffel »in the jacket« dazu leisten, eine in der Schale gebackene Kartoffel, die so nebenbei im Ofen mitbäckt. Mit einem Klacks saurer Sahne drauf und drübergestreutem Schnittlauch schmeckt sie köstlich. Prima Basis für den Winterspaziergang!

Kürbis mit Sellerieherzen

1 kg Kürbis, 1–2 EL Öl, Kräutersalz, Pfeffer, 2 Prisen Fruchtzucker, 1 Zwiebel, 2 Sellerieherzen, 1 Handvoll gehackte Petersilie, 1 EL Wasser, $^1/_8$ l Sahne.

Kürbis in dicke Stücke schneiden. Davon $^2/_3$ in einen Topf mit dem heißen Öl füllen, etwas Kräutersalz, Pfeffer und eine Prise Zucker darüberstreuen. Darauf die dünn geschnittenen Zwiebelringe und wieder eine Lage Kürbis legen. Obendrauf die gehackten Sellerieherzen und die Petersilie. Wieder mit Kräutersalz, Pfeffer und Zucker bestreuen. Einen Löffel Wasser zugießen und 10 Minuten garen. Zum Schluß die geschlagene Sahne locker darunterziehen.

Indischer Kürbispudding

1 $^1/_2$ kg Kürbis, 125 g Butter, 4–5 Eier, 4–5 Weizenbrötchen, Milch zum Einweichen, 60 g Honig, 100 g süße Mandeln, 100 g Rosinen, abgeriebene Zitronenschale, 1 TL Zimt, $^1/_2$ TL Salz.

Kürbis schälen, in Stücke schneiden (Kerne entfernen). Kürbis in etwas Wasser in ca. 10 Minuten weich kochen. Danach pürieren.

Die Butter schaumig rühren. Nach und nach die Eier, die in Milch eingeweichten und wieder ausgedrückten Brötchen, den Honig, die gehackten Mandeln und die Rosinen zugeben. Zum Schluß etwas abgeriebene Zitronenschale, den Zimt und das Salz untermischen.

Die Masse mit dem Kürbispüree verrühren. In eine gefettete Puddingform füllen und im Wasserbad 1 $^1/_2$ Stunden kochen.

Diesen exquisiten Pudding serviere ich als Hauptgericht, dazu eine Mangochutney-Sauce und einen Jasmin-Tee. Schmeckt raffiniert!

Kürbis mit Tomaten und Paprika

250 g Zwiebeln, 1 EL gehackte Petersilie, 2 Knoblauchzehen, 5–6 EL Öl, 500 g Paprikaschoten, 500 g Kürbis, 500 g Tomaten, Kräutersalz, Pfeffer, 1–2 EL Sahne.

Die kleingehackten Zwiebeln, die Petersilie und den kleingehackten Knoblauch in dem Öl andünsten. Die in Streifen geschnittenen Paprikaschoten zugeben. 10 Minuten auf kleiner Flamme köcheln lassen.

Dann den in Stücke geschnittenen Kürbis und die abgezogenen, in Stücke geschnittenen Tomaten zugeben. Salzen und pfeffern. Fertig garen (ca. 20 Min.). Noch einmal abschmecken, Sahne unterziehen.

Was übrigbleibt, am nächsten Tag kalt als Vorspeise essen! Mit einem heißen Weizenfladen dazu.

Ein Tip für Verwendung von Gemüseresten: Reste in Öl mit Zwiebelwürfeln und Gewürzen nach Geschmack, kurz dünsten. Dann eine Mischung aus Eiern, Sahne und geriebenem Käse, mit Kräutersalz und evtl. noch einer Spur Curry oder Paprika gewürzt, darübergießen. Deckel daraufsetzen, stocken lassen. Dazu Salat.

Weißkohl ist nicht nur der ideale Vitamin-C-Spender für die Wintermonate, er ist auch reich am Schönheitsvitamin Carotin (Vorstufe des Vitamins A) und an den Vitaminen der B-Gruppe, die unser Nervenkostüm pflegen. Und – wichtig für uns Frauen: Er enthält besonders viel Eisen. Eisenmangel macht schlapp! Eine weitere kostbare Eigenschaft des Weißkohls: Sein Reichtum an Vitamin K – einem blutstillenden Vitamin, dem die Heilkunde die hervorragende Wirkung des rohen Weißkohlsaftes bei Magengeschwüren und Magenblutungen zuschreibt. Früher legte man Weißkohlblätter auf offene Wunden.

Weißkohl indisch

3 EL Öl, 1 Zwiebel,
1 Stück Ingwerwurzel,
1 TL Kurkuma; Kräutersalz,
Pfeffer, 1 kg Weißkohl,
1 TL Zitronensaft,
1 Knoblauchzehe,
2 TL Curry.

In dem Öl die feingeschnittenen Zwiebel- und Ingwerscheiben golden dünsten. Kurkuma, Kräutersalz und Pfeffer und den grob geschnittenen Kohl dazugeben. Ca. 15 Minunten dünsten. Zitronensaft hinzufügen und fertig garen.

Das Originalrezept schreibt 1 Stunde Kochzeit vor, das finde ich zu lange. Ich mag Kohl lieber »al dente«, beißfest, probieren Sie selbst.

Mit Kräutersalz, gehacktem Knoblauch und Curry abschmecken, weitere 5 Minuten kochen.

Kohlroulade

nach Brecht

1 mittelgroßer, möglichst loser Weißkohl, 1 l Frugolabrühe,
2 Zwiebeln, 1 Knoblauchzehe,
2 Schrotbrötchen,
viel gehackte Petersilie,
Kräutersalz, Pfeffer,
Curry, Koriander (gemahlen),
Selleriepulver,
1 Messerspitze Muskatblüte,
1 EL Sojapflanzenfleisch,
2 Eier, ca. 4 EL Öl,
Butterflöckchen.

Aus dem Kohlkopf das Herz herausschneiden, den Kohlkopf in Frugolabrühe nicht zu weich kochen. Inzwischen eine Füllung machen aus den feingeschnittenen Zwiebeln, dem durch die Presse gedrückten Knoblauch, den übrigen Zutaten und den verquirlten Eiern. Noch einmal abschmecken, evtl. nachwürzen.

In einer Bratpfanne das Öl heiß werden lassen. Die Hälfte der Kohlblätter hineinlegen, darauf die Fülle geben, darauf ein paar Butterflöckchen, obenauf wieder eine Schicht Kohlblätter.

Bei zugedeckter Pfanne und kleiner Hitze auf beiden Seiten goldgelb backen. Vorsicht beim Wenden! Zu einer Rolle drehen und servieren.

Kohlroulade mit Reisfüllung

1 Kohlkopf (wie Rezept vorher).
Außerdem:
500 g gekochter Vollreis,
2 feingehackte Zwiebeln,
1 Handvoll gehackte Petersilie,
125 g Sojapflanzenfleisch,
Kräutersalz, Curry,
Koriander, Basilikum,
Knoblauch, Spur Glutamin.

Aus allen Zutaten eine Füllung mischen und auf die Kohlblätter legen. Sonst wie im vorherigen Rezept verfahren.

Gefüllter Weiß- oder Wirsingkohl

1 fester großer Kohlkopf,
1/2 l Wasser, 1 EL Frugola,
3 Vollkornbrötchen, 1/4 l Milch,
3 Zwiebeln, 3 Knoblauchzehen,
2 Eier, Kräutersalz, Pfeffer,
Curry, Muskat,
1 Handvoll Petersilie,
geriebener Käse, 3–4 EL Öl,
ein paar Möhren, 2 Tomaten,
Petersilie und 3 Tomaten
zum Garnieren.

Den gewaschenen Kohlkopf in dem kochenden Wasser 7 Minuten überbrühen. Abtropfen lassen. Die Blätter auseinanderbiegen und den harten Kern herausschneiden. Kleinschneiden und in die Kohlbrühe tun. Diese mit 1 Eßlöffel Frugola leise köcheln lassen. Inzwischen die Brötchen in der Milch einweichen, ausdrücken und mit den kleingehackten Zwiebeln und Knoblauchzehen, den Eiern, den Gewürzen und der Petersilie verkneten.

Zwischen die Kohlblätter geriebenen Käse streuen und die Farce hineinfüllen. Den Kohlkopf zusammenbinden und in dem heißen Öl anschmoren. Die kleingeschnittenen Möhren und Tomaten dazulegen. Wenn der Kohlkopf von allen Seiten angebraten ist, die Kohlbrühe dazugießen. Bei kleiner Flamme 45 Minuten garen.

Auf einem heißen runden Teller anrichten, Fäden entfernen. Die Möhren und Tomaten um den Kohlkopf herum arrangieren. Mit Petersilie und Tomatenstückchen, die leicht mit Kräutersalz bestreut werden, garnieren. Den Kohlkopf wie einen Kuchen in Stücke schneiden.

Der Lauch oder Porree ist mit dem Knoblauch, dem Schnittlauch und der Zwiebel verwandt. Sein schwefelhaltiges ätherisches Öl regt die Verdauung an und den Gallenfluß. Lauch enthält viel Eisen und die Vitamine A, B und C. Das Grüne bitte immer mitverwenden, denn es ist chlorophyllreich.

Lauch gedünstet

1 kg Lauch, 2–3 EL Öl,
1/4 l oder mehr Gemüsebrühe,
Kräutersalz, Pfeffer,
Muskat, gehackter Knoblauch,
Curry, 1 Ei,
1–2 EL süße oder saure Sahne,
Zitronensaft.

Den geputzten Lauch in Stücke schneiden, in Öl und Gemüsebrühe 15–20 Minuten dünsten. Mit Kräutersalz, Pfeffer, frisch geriebener Muskatnuß, Knoblauch und Curry würzen. Das Ei mit der süßen oder sauren Sahne verquirlen, Zitronensaft nach Geschmack dazugeben. Unter die Lauchbrühe ziehen. Nicht mehr kochen. Dazu Gemüsereis oder Pellkartoffeln.

Variation: Geriebenen Käse darüberstreuen oder Käsescheiben drauflegen und im Ofen überbacken. Man kann auch als Flüssigkeit halb Gemüsebrühe und halb Rotoder Weißwein nehmen.

Lauch in Gelee byzantinisch

nach Brecht

1 kg Lauch, 2–3 EL Öl,
2 Tassen Wasser, 1 Lorbeerblatt,
Thymian oder Dill,
Koriander (ca. 6 Körner),
einige Pfeffer- und Pimentkörner,
1 gehäufte Messerspitze Agar-Agar, Kräutersalz, Pfeffer.

Den Lauch in dem Öl und Wasser mit allen Zutaten gar dünsten.
Noch warm portionsweise in Schalen füllen, erkalten lassen. Dazu frisch gebackene Weizenfladen essen. Kräftig würzen, denn das Agar-Agar schwächt den Geschmack.
Das ist ein feines Essen für einen heißen Sommertag.

Lauchauflauf mit Tomaten

1 kg Lauch, 2–3 EL Öl,
1 Tasse Gemüsebrühe,
Kräutersalz, Pfeffer,
Muskat, Käsescheiben
von Edamer oder Emmentaler,
500 g Tomaten,
Basilikum.

Den geputzten Lauch in Stücke schneiden. In einer feuerfesten Form in Öl und Gemüsebrühe halb garen (10–15 Minuten). Mit Kräutersalz, Pfeffer und Muskat abschmecken. die Käsescheiben dick darüberlegen, darauf die geviertelten Tomaten. Mit Kräutersalz, Pfeffer und Basilikum bestreuen. Im vorgeheizten Ofen bei 200 Grad ca. 10 Minuten überbacken.
Dazu ein Kartoffel-, Hirse- oder Nudelgericht.

Die Paprikaschote enthält enorm viel Vitamin C (4–6mal soviel wie die Zitrone!) und auch das Vitamin P, das Einfluß auf die Dichtigkeit der Blutgefäße hat und der Arterienverkalkung vorbeugen soll. Mit der Paprikaschote läßt sich eine Menge anstellen: Mit Auberginen und Tomaten gibt sie eine herzhafte Ratatouille (s. Seite 85); wir können sie roh als Salat essen; wir können sie backen und eine pikante Vorspeise aus ihr bereiten – und wir können sie auf alle möglichen Arten füllen.

Paprika italienische Art

1 kg Paprika, 500 g Zwiebeln,
4 EL Olivenöl, 500 g Tomaten,
Basilikum, Kräutersalz, Pfeffer,
Knoblauch, 1/8 l Sahne.

Paprika von Stiel und Kernen befreien, in kleine Stücke schneiden. Mit den grob gewürfelten Zwiebeln (kleine Zwiebeln lassen wir ganz) in dem Öl andünsten. Dann die abgezogenen Tomaten beigeben. Mit Basilikum, Kräutersalz und Pfeffer würzen. In ca. 15 Minuten gar dämpfen. Die einzelnen Gemüse sollen nicht zerfallen! Mit gehacktem Knoblauch abschmecken, die Sahne drunterziehen.
Variation: Kapern und schwarze oder (und) grüne Oliven zum Schluß darin heiß werden lassen.

Paprikaschoten gefüllt mit Pilzen

4 große Paprikaschoten,
250 g Zwiebeln, 4–5 EL Öl,
500 g Pfifferlinge oder Champignons, 3 Tassen gekochter Reis,
Kräutersalz, Pfeffer, Muskat,
Paprika, Knoblauch,
2 EL Tomatenmark.

Von den Paprikaschoten einen Deckel abschneiden, die Kerne herauskratzen, Schoten waschen. Die Zwiebeln hacken und in der Hälfte des Öls anbraten. Die grob geschnittenen Pilze dazugeben, kurz dünsten (5 Minuten). Dann den gekochten Reis hinzufügen und mit Kräutersalz, Pfeffer, Muskat, Paprika und Knoblauch abschmecken. Die Masse in die Schoten füllen. Diese in eine gut gefettete Auflaufform setzen, die Deckel auf die Schoten geben. Noch etwas Kräutersalz darüberstreuen und das (evtl. mit ein paar Eßlöffel Wasser oder Sahne verdünnte) Tomatenmark und den Rest des Öls über die Schoten gießen. 15–20 Minuten im vorgeheizten Ofen bei 200 Grad backen.

Apropos Gemüse (und Gemüseputzen): In Hollywood fiel mir eine Dame auf, die immer, wenn sie nicht gerade sprach, ihren Mund zu einer Art Schnute verzog.
Des Rätsels Lösung: Sie schrieb ein Buch über die unblutige Methode, das Gesicht zu liften. Und dazu gehörte diese Übung. Man muß sie ja nicht dauernd praktizieren wie jene Dame, die gar nicht mehr davon lassen konnte; aber beim Gemüseputzen, oder beim Abwaschen, ziehe ich sie auch ab und zu, die Schnute: Es muß aussehen, als schmollten Sie fürchterlich. Die Lippen dabei nicht schließen, sondern aufwerfen, so daß der Mund einen Spalt offenbleibt. Nach einer Weile wird es um die Mundpartie herum anfangen zu prickeln. Nun nicht etwa aufhören, sondern die Schmollhaltung noch einige Zeit beibehalten. Dann entspannen. Eventuell wiederholen.
Diese Übung strafft die Hals- und Kinnpartie und bügelt die Nasen-Mund-Falten aus.
Gut Schmoll!

Paprikaschoten gefüllt mit Quark

12 kleine Paprikaschoten, ½ l Frugolabrühe, 750 g Quark, 3 Eier, 1 Zwiebel, Knoblauch, 10 schwarze Oliven, 1 EL Kapern, 1 Handvoll Petersilie, Kräutersalz, Pfeffer, Curry, ½ l Sahne, 1–2 EL Öl.

Von den Paprikaschoten einen Deckel abschneiden, Kerne herauskratzen, Schoten und Deckel in Frugolabrühe nicht zu weich dünsten (10 Minuten). Mit dem Schaumlöffel herausnehmen und abtropfen lassen.

Inzwischen den Quark mit den Eiern im Mixer gut verrühren. Die feingehackte Zwiebel, den durch die Presse gedrückten Knoblauch, die kleingehackten Oliven, Kapern, gehackte Petersilie, Salz, Pfeffer und Curry dazugeben. Alles gut verrühren, zum Schluß die steifgeschlagene Sahne unterziehen. Die Paprikaschoten leicht mit Curry ausstreuen, die Quarkmasse hineinfüllen, obenauf wieder Curry streuen, Schotendeckel daraufsetzen. Die Schoten in heißem Öl und etwas Kochbrühe ca. 10 Minuten bei kleiner Flamme dünsten. Die Quarkmischung darf nicht kochen, aber sie muß heiß sein.

Man kann etwas von der Schotenbrühe darübergießen, nach Geschmack auch etwas Tomatenmark unterrühren und (oder) etwas Sahne, wenn man mehr Sauce wünscht.

Dazu ein Reisrand oder Petersilienkartoffeln.

Pilzpaprika

4 Paprikaschoten, 2–3 EL Öl, 2–3 EL Gemüsebrühe (Frugola), 500 g Pilze, Kräutersalz, Pfeffer, 3–4 EL geriebener Käse, 1 TL (oder mehr) Curry, Knoblauch, Zitronensaft, Kapern, 1 Stich Butter, 1 Handvoll Petersilie.

Paprika entkernen, waschen und grob würfeln. In Öl und Gemüsebrühe 10–15 Minuten köcheln lassen. Dann die geputzten, in Scheiben geschnittenen Pilze, Kräutersalz, Pfeffer und den Käse dazugeben. In ca. 10 Minuten fertig garen. Die restlichen Zutaten zugeben. Ziehen lassen, nicht mehr kochen. 1 EL Sahne am Schluß daruntergezogen macht die Sache noch lukullischer.

Dazu ein Reisrand oder Nudeln.

Gebackene Petersilie

1 Handvoll Petersilie, Butter oder Pflanzenöl.

Die Petersilie nur von den gröbsten Stielen befreien. Die zarten Stengel dranlassen. Petersilie waschen und mit Küchenkrepp trocknen.

Butter oder Öl in einer möglichst tiefen Pfanne heiß werden lassen. Petersilie hineingeben und braten. Dabei immer wieder mit der Gabel wenden, bis sie kroß ist. Sie muß noch dunkelgrün aussehen, wie Glas zerspringen und auf der Zunge zergehen. Hm!
Als Beilage zu allen Gemüsen, Teigwaren, Reisgerichten und Kartoffelgerichten.

Pilze haben außer den B-Vitaminen (reichlich) und Spuren von Vitamin D ganz besonders viele Mineralstoffe aufzuweisen, enorm viel Eisen und Kieselsäure. Und sie sind sehr eiweißreich. Pilze möglichst frisch zubereiten und nicht wieder aufwärmen. Champignons kann man auch roh verzehren.

Pilzauflauf

1 kg Pilze, 3 EL Butter,
1–2 EL Majoran, Schnittlauch,
Kräutersalz, Pfeffer,
1/2 Tasse Frugolabrühe,
1/2 Tasse herber Weißwein,
1 Knoblauchzehe,
1/8 l saure Sahne.

Die geputzten Pilze in eine gebutterte, feuerfeste Form legen (große Pilze vierteln oder in Scheiben schneiden). Die Butter in einer Pfanne zergehen lassen, Majoran, Schnittlauch, Kräutersalz und Pfeffer zugeben, etwas brutzeln lassen. Mit Frugolabrühe und Wein auffüllen. Etwas durch die Presse gedrückten Knoblauch beigeben, die Sahne unterziehen und die Sauce über die Pilze gießen. Im vorgeheizten Ofen bei Mittelhitze 20 Minuten überbacken.
Dazu Kartoffelpüree oder in Butter geschwenkte Petersilienkartoffeln oder in Butter geschwenkte Nudeln.

Rosenkohlauflauf mit Käse und Eiern

1 kg gedünsteter Rosenkohl,
3 Eier, 1/8 l Sahne,
100–150 g geriebener Käse,
evtl. Kräutersalz und Pfeffer.

Rosenkohl in eine gebutterte, feuerfeste Form füllen. Die Eier mit der Sahne und dem Käse verquirlen. Evtl. mit Kräutersalz und Pfeffer würzen. Die Masse über den Rosenkohl gießen und in vorgeheiztem Ofen bei 200 Grad goldbraun backen (20–30 Minuten).

Die rote Rübe heißt in der Schweiz Rande, in Österreich rote Bete. Das Wort Bete stammt vom lateinischen Wort für Rübe, »beta«, ab. Römische Legionäre sollen die berühmte Rübe nach Mitteleuropa gebracht haben. Ich konnte sie nie leiden, weil sie mir immer in Salatform, in Essig ersäuft, begegnete. Seit ich sie gebakken, auf russische Art à la Ivan Desny, probiert habe (s. Vorspeisen), bete ich sie an, die Beta. Bei den Suppen habe ich sie Ihnen bereits präsentiert als Borschtsch – und als Rohkostsalat mit geriebenem Apfel, Honig, Sahne und Nüssen. Die rote Rübe ist *die* Anti-Grippe-Speise! Machen Sie keine Frühjahrskur ohne Rote-Rüben-Saft! Auch unterwegs durchzuführen. Im Reformhaus eine Flasche kaufen und täglich vor den Mahlzeiten ein Glas davon trinken. Das entwässert und entschlackt!

Der Ruhm der roten Rübe ist ungefähr 2000 Jahre alt. Ob bei den alten Griechen, den Armeniern, Arabern – oder unter den Jüngeren bei Pfarrer Kneipp – immer wird der roten Rübe eine stark reinigende Kraft zuerkannt. Hören Sie, was uns diese Wunderknolle alles liefert: die Vitamine A, B_1, B_2, B_6; Frucht- und Traubenzucker, Fettstoffe, Eiweiß. Ihr hoher Gehalt an Eisen, Kalium, Kalzium, Phosphor und Schwefel erneuert unsere roten Blutkörperchen. Der rote Saft reguliert den Blutdruck, und seine Aminosäuren stärken Nerven- und Gehirntätigkeit, vor und bei Fiebererkrankungen heilt er, und nach neuesten Forschungen soll er sogar der Bildung von Tumoren entgegenwirken.

Also ran an die rote Rübe!

Rote Rüben russisch

1 kg rote Rüben, 1–2 Zwiebeln,
2–3 EL Öl, Kräutersalz,
Pfeffer, 1 Prise Fruchtzucker,
1/8 l saure Sahne, Dill.

Die roten Rüben bürsten und im Ofen backen (ca. 50 Minuten) oder im Dampftopf in Salzwasser garen (15 Minuten). In Scheiben schneiden. Die gehackten Zwiebeln in dem Öl golden dünsten. Die Rübenscheiben dazugeben und mit Salz, Pfeffer und Zucker abschmekken. Die saure Sahne darübergießen, ca. 10 Minuten dünsten. Mit gehacktem Dill bestreuen.

In einem Rand von Kartoffelpüree servieren.

Das Putzen von roten Rüben ist gar nicht so schlimm, wenn man Gummihandschuhe anzieht (gleich hinterher mit Essig abwaschen, ebenso Kunststoffgegenstände, die sich sonst verfärben). Die Rüben möglichst nicht schälen, sondern nur bürsten und mit der Schale backen oder kochen.

Rote-Rüben-Gemüse

2 Zwiebeln, 2 Knoblauchzehen,
2–3 EL Öl, 1 kg rote Rüben,
Kräutersalz, Pfeffer,
1 EL Fruchtzucker,
2 Lorbeerblätter,
1 EL Koriander (gemahlen),
1/4 l Rotwein, 1–2 EL Obstessig,
2 TL Meerrettich (gerieben),
2 EL saure Sahne.

Die feingehackten Zwiebeln und Knoblauchzehen in dem Öl golden

dünsten. Die geputzten, grob gehobelten roten Rüben und alle Zutaten außer Meerrettich und Sahne zugeben und 45 Minuten schmoren lassen. Eventuell noch einmal nachwürzen. Dann den geriebenen Meerrettich und die saure Sahne unterziehen.
Zu Kartoffelpürree oder Kartoffelklößen servieren.

Eingelegte rote Rüben

2 kg kleine rote Rüben,
500 g kleine Zwiebeln,
40 g frischer Ingwer
(oder 2 TL Ingwerpulver),
5 Knoblauchzehen,
1/2 l Obstessig (oder 1/4 l Obstessig und 1/4 l Rotwein),
1 l Wasser, Kräutersalz,
Pfeffer, 3 EL Fruchtzucker.

Die roten Rüben bürsten und ungeschält im Ofen backen oder in Salzwasser garen (bei kleinen Rüben geht's schneller, in ca. 30 Minuten). Die Zwiebeln in Ringe und den geschälten Ingwer in Scheiben schneiden, Knoblauch hacken. Rüben, Zwiebeln und Knoblauch und Ingwer lagenweise in einen Steintopf füllen. Den Essig (oder Essig-Rotwein) mit dem Wasser, dem Kräutersalz, Pfeffer und Fruchtzucker aufkochen und noch heiß über das Rüben-Zwiebel-Ingwergemisch gießen. Den Topf mit Folie zubinden. Rüben mehrere Tage ziehen lassen.

Sauerampfer à la creme

1 kg Sauerampfer, 100 g Butter,
1 große Zwiebel,
1 Handvoll Weizenkeime,
Kräutersalz, Pfeffer,
1/2 l süße Sahne, 4 Eigelb.

Sauerampferblätter waschen und fein hacken. In der Butter die feingehackte Zwiebel golden dünsten. Sauerampfer zugeben, die Weizenkeime, Kräutersalz und Pfeffer. 10 Minuten köcheln lassen.
Die Sahne mit den Eigelb verquirlen. Die Mischung über den Sauerampfer gießen und den Sauerampfer darin ziehen lassen.
Das Rezept habe ich aus Frankreich; wir essen gern indische Kartoffelkuchen dazu.

Wie fast alle meine russischen Gerichte verdanke ich auch diese Rote-Rüben-Rezepte meiner russischen Freundin Tanja. Sie ist so schön und zart, als sei sie einem Roman Tolstois entsprungen.
Hören Sie, was Tanja gegen Augenfältchen tut – und zwar beim Kochen: 2 Wattebäuschchen in Form von »Augenringen« zurechtzupfen, einen Eßlöffel Oliven- oder Sonnenblumenöl über einer bren-

nenden Kerze erhitzen (alten Löffel nehmen, wird etwas schwarz). Die Wattebäuschchen mit dem heißen Öl tränken und so warm wie man es verträgt, unter die Augen kleben. Das zarte Gewebe saugt das warme Öl auf wie ein Schwamm. Und wenn Sie das Mittagessen fertig haben, sind Sie schon wieder schöner geworden!

Sauerkraut auf ungarische Art

1 kg Sauerkraut, 2 Zwiebeln,
2–3 EL Öl, 1 rohe Kartoffel,
1–2 Tassen Frugolabrühe,
1 TL Fruchtzucker,
1 TL Rosenpaprika,
1 TL Tomatenmark,
Kräutersalz, Pfeffer,
einige Wacholderbeeren,
1/8 l saure Sahne

Sauerkraut locker zupfen und kleinschneiden (1/3 davon zurückbehalten). Die gehackten Zwiebeln in dem Öl golden dünsten. Die rohe Kartoffel reiben, mit den übrigen Zutaten, außer der Sahne, hinzufügen. In 10–15 Minuten garen. Zum Schluß das rohe Sauerkraut untermischen und die Sahne. Noch einmal heiß werden lassen, eventuell nachwürzen.
Mit Kartoffelklößen servieren.

Über Sauerkraut und wie man es am besten einlegt, geben Berichte aus Klöstern des 5. Jahrhunderts bereits Auskunft. Von Kapitän Cook ist bekannt, daß er 60 Fässer Sauerkraut an Bord nahm, um seine Mannschaft vor Skorbut zu bewahren. Saurer »Kappes« – vom lateinischen Wort »Caput«-Kopf – half früher am besten über die vitaminarmen Wintermonate hinweg. Mit Äpfeln, Zwiebeln, Ananas, einem Schuß Sahne angemacht, mit Kümmel, Wacholderbeeren oder Thymian gewürzt – die Möglichkeiten, rohes Sauerkraut immer wieder anders auf den Tisch zu bringen, sind mannigfaltig.
Und was er alles kann, der Kappes: Er fegt Magen und Darm sauber (sagte auch Pfarrer Kneipp), er kurbelt den Stoffwechsel an und hält uns das Rheuma vom Leibe. Wenn wir ihn kochen müssen, nur kurz in Öl dünsten, und zum Schluß 1/3 der Gesamtmenge roh in das Gekochte geben.
Aufgewärmt verliert er einen Großteil seiner guten Wirkung, Wilhelm Buschs Witwe Bolte zum Trotz, die »für ihn besonders schwärmt, wenn er wieder aufgewärmt«. Am besten kaufen Sie ihn im Reformhaus milchsauer eingelegt – oder Sie legen ihn selbst ein. Unentbehrlich ist Sauerkraut bei der Schlankheitsdiät: Die biologische Milchsäure baut Fett- und Wasserüberschuß ab.

Sauerkraut mit Ananas

1 kg Sauerkraut,
1–2 Tassen Weißwein,
Kräutersalz, Pfeffer,
2–3 Scheiben Ananas,
2–3 Scheiben Orangen,
1/8 l Sahne, nach Geschmack
Zimt und Ingwer.

Sauerkraut auseinanderzupfen und kleinschneiden. 1/3 davon zurückbehalten. In dem Wein garen. Mit Kräutersalz und Pfeffer abschmekken, das restliche Sauerkraut, die gewürfelte Ananas und Orangenstückchen dazugeben. Sahne unterziehen, noch einmal abschmecken. Mit Zimt und Ingwer verfeinern.
Dieses Gericht schmeckt auch sehr gut roh. Dann lassen Sie den Wein weg. Sie können es auch nur heiß werden lassen, ohne es zu kochen.
Beilage: Irgendeine Sorte Klöße und vielleicht eine Tomatensauce.

Die Schwarzwurzel nimmt es als Delikatesse mit dem feinsten Spargel auf, und dabei ist sie ausgesprochen preiswert. Die schwarzen Wurzeln gut bürsten, mit dem Schäler schälen und sofort in Wasser mit Obstessig legen oder in Milch, der Sie einen Löffel Mehl beigefügt haben, damit sie weiß bleiben. Andere Methode: Die gebürsteten Wurzeln 30–50 Minuten in Salzwasser kochen, und dann erst schälen. Diese Zubereitungsweise hat aber den Nachteil, daß man die herrliche Brühe nicht verwenden kann.
Die Schwarzwurzel ist reich an Phosphorsäure und Eisen. Sie regt Hirn-, Herz-, Nerven- und Nierentätigkeit an. Früher testamentierte man ihr sogar Heilkraft bei eiternden Wunden, Schlangenbiß und Knochenbrüchen.

Schwarzwurzeln gedünstet

1 kg Schwarzwurzeln,
1 l Frugolabrühe,
1 Prise Fruchtzucker, Kräutersalz,
Pfeffer, Muskat, 3–4 EL Butter,
100 g geriebener Käse.

Die gebürsteten, geschälten Wurzeln in fingerlange Stücke schneiden oder wie Spargel ganz lassen. In der Frugolabrühe mit der Prise Zucker, Kräutersalz, Pfeffer und Muskat ca. 25 Minuten garen.
Mit dem Schaumlöffel herausnehmen. In der Butter goldgelb braten (oder nur mit zerlassener Butter begießen), mit geriebenem Käse bestreuen.
Dazu Kartoffelpüree.

Aus der Schwarzwurzelbrühe am nächsten Tag ein köstliches Süppchen zaubern: pro Person 1 Eigelb mit etwas Sahne verquirlen, unter die heiße Brühe ziehen, noch einmal mit Kräutersalz abschmecken.

Schwarzwurzelauflauf

1 kg nicht ganz gar gedünstete Schwarzwurzeln, 1 Portion Sauce Mornay (s. Seite 75), geriebener Käse, Butterflöckchen.

In eine gebutterte Auflaufform die Schwarzwurzeln einfüllen. Die Sauce Mornay darübergießen und obendrauf geriebenen Käse streuen. Butterflöckchen daraufsetzen. Im vorgeheizten Backofen bei 200 Grad goldbraun überbacken (20–30 Minuten).

Wie wär's dazu mit kreolischen Kartoffeln? Probieren Sie mal!

Schwarzwurzel-eierkuchen bulgarisch

1 kg gedünstete Schwarzwurzeln.
Sauce:
1 Eiweiß, 2 Becher Joghurt,
1 TL Speisestärke,
Schwarzwurzelbrühe.
Eierkuchenteig:
5 Eier, 125 g Vollweizenmehl,
1/8 l Milch, Kräutersalz, Pfeffer,
Muskat, gehackter Schnittlauch.
Außerdem:
Kokosfett.

Gedünstete Schwarzwurzeln in 5 cm lange Stücke schneiden. Das Eiweiß mit Joghurt und Speisestärke unter Rühren kurz aufkochen. Mit Schwarzwurzelbrühe mischen und abschmecken, Schwarzwurzelstücke darunterheben.

Einen Eierkuchenteig aus den angegebenen Zutaten bereiten. In heißem Kokosfett (aus dem Reformhaus) Eierkuchen backen. Die warmgestellten Schwarzwurzeln hineinfüllen. Eierkuchen übereinanderschlagen.

Roh schmecken die Schwarzwurzeln auch sehr gut: Die geputzten Wurzeln in eine fertige Salatsauce hineinreiben und mit geriebenen Haselnüssen bestreuen.

Weitere Gewürze für Schwarzwurzeln: Knoblauch, Koriander, Thymian, Selleriesalz.

Es gibt drei Sorten Sellerie: Blatt-, Knollen- und Stauden- oder Bleichsellerie. Vom Blattsellerie ist nur das Grün zu verwenden (zu Suppen). Am bekanntesten ist der Knollensellerie. Erst in jüngster Zeit erfreut sich sein zarter Verwandter, der Bleichsellerie, auch in unseren Landen immer größerer Beliebtheit. Sellerieherz nennt sich das dicke Ende unten an der Bleichselleriestange.

Bieten Sie bei einer Party – oder auch vor dem täglichen Mittagessen – einmal Bleichselleriestangen, gewaschene Möhren und junge Zwiebelchen an, und nennen Sie das Ganze wie die Franzosen elegant »Les Crudités«, was wörtlich übersetzt in der Einzahl soviel heißt wie »Unverdaulichkeit, Derbheit« – in der Mehrzahl aber »Rohkost« bedeutet.

Da der Sellerie einen sehr intensiven Geschmack und eine stark harntreibende Wirkung hat, kann man nicht allzuviel von ihm essen. Unentbehrlich ist er bei der Frühjahrskur. Man trinkt nacheinander je eine Flasche Brennessel-, Löwenzahn- und Selleriesaft. Selleriesaft fördert den Kreislauf und beugt Rheuma vor.

Bleichsellerie gedünstet

2 Bund Bleichsellerie, 1 l Frugolabrühe, 1 Prise Fruchtzucker, Zitronensaft.

Bleichselleriestangen putzen, die harten Enden und welken Blätter entfernen. Stiele in der Brühe mit Zucker und Zitronensaft garen (5–10 Minuten).

Mit einer Béchamelsauce, Holländischen oder Käsesauce servieren. Oder gedünsteten Bleichsellerie in eine gebutterte Auflaufform schichten, die Sauce drübergießen und Käse drüberstreuen. Ca. 15 Minuten im vorgeheizten Ofen überbacken. Dazu Kartoffelpüree.

Sellerieherzen gedünstet

Herzen von 3 Bund Bleichsellerie, Tomatensauce (s. Seite 79), geriebener Käse.

Die Sellerieherzen abschneiden, putzen und halbieren. In der fertigen Tomatensauce ca. 15 Minuten garen. Mit Käse bestreuen.

Dazu Kartoffelklöße oder Kartoffelpüree.

Die Sojabohne, die in China bereits seit 5000 Jahren angebaut wird, erobert langsam auch unseren heimischen Markt. Hören Sie, was sie uns alles liefert: Ein ganz besonders hochwertiges Eiweiß, ungesättigtes, cholesterinfreies Fett, reichlich Vitamine A, B, C, D und E und Minerale, viel Lezithin – Nahrung für unsere Nerven. Noch dazu ist sie basenüberschüssig.

Ohne die Sojabohne und alle die Produkte, die man aus ihr gewinnt, kann ich mir meine Küche gar nicht mehr vorstellen.

Die Bohne, die übrigens in rohem Zustand giftig ist wie die grüne Bohne, koche ich wie andere Hülsenfrüchte. Sojafleisch (gibt's im Reformhaus) fülle ich in Paprikaschoten, Kohlrouladen etc. Sojamehl verwende ich oft statt Eiern zum Binden von Suppen und Saucen, für Aufläufe, Klöße, Omeletten, zum Kuchenbacken. Sojaflokken essen wir als Müsli mit Milch, und die Sojateigwaren (Nudeln, Makkaroni, Spaghetti) schmecken nicht nur viel herzhafter als die üblichen Teigwaren – sie machen auch, wie alles, was ich Ihnen hier vorschlage, nicht dick. Sojasauce oder Shoyou gibt Saucen eine exotische Note; aus Sojakeimen kann man ei-

nen köstlichen Salat bereiten; und geröstete Sojakerne sind herrlich zum Knabbern. Sojamehl und Sojaflocken gibt es auch fettarm zu kaufen, die Sojabohnen getrocknet oder tischfertig in Dosen. Interessant für Diabetiker: 1 Dose Sojabohnen (450 Gramm) entspricht nur einer BE (Broteinheit).
Beim Kuchenbacken ersetzt ein gehäufter Eßlöffel Sojamehl, in 2 Eßlöffeln kaltem Wasser aufgelöst, ein Ei. Nicht die Mehlmenge reduzieren, eher das Fett.
500 Gramm Sojamehl enthalten soviel Eiweiß wie 33 Eier!

Sojabohnengemüse

500 g getrocknete Sojabohnen,
1 1/2 l Wasser, 1 EL Frugola,
2 Zwiebeln, 3 Nelken,
2 Lorbeerblätter,
1 Stengel Bohnenkraut,
Thymian, Majoran,
Rosmarin, 200 g Kartoffeln,
2 Möhren, 1 Stück Sellerie,
1 Lauchstengel,
1 Petersilienwurzel,
Knoblauch nach Geschmack,
evtl. Kräutersalz, 1/4 l süße Sahne,
1 Handvoll Petersilie, Pfeffer.

Die Sojabohnen in dem Wasser über Nacht einweichen. In dem Einweichwasser mit Frugola, den mit den Nelken gespickten Zwiebeln, Lorbeerblättern, Bohnenkraut, Thymian, Majoran und Rosmarin zum Kochen bringen. Nach 40 Minuten die in Stücke geschnittenen Kartoffeln und das in Stücke geschnittene Gemüse (Möhren, Sellerie, Lauch und Petersilienwurzel) zugeben. Weitere 20 Minuten köcheln lassen. Mit durch die Presse gedrücktem Knoblauch abschmekken. Eventuell mit Kräutersalz nachwürzen.
Suppe in die vorgewärmte Terrine füllen, Sahne in die Mitte gießen – nicht verrühren! Mit feingehackter Petersilie bestreuen. Ein paarmal die Pfeffermühle darüber drehen, das gibt diesem pikanten Gericht den letzten Pfiff.
Variation: Das Gemüse süßsauer abschmecken mit 1 Teelöffel Fruchtzucker, 2–3 Eßlöffel Tomatenpüree, 1 Eßlöffel Zitronensaft oder Obstessig. In diesem Fall saure Sahne nehmen. Ebenfalls mit gehackter Petersilie bestreuen.

Sojabohnen mit Pfifferlingen

500 g getrocknete Sojabohnen,
1 1/2 l Wasser, 2 Lorbeerblätter,
1 Stengel Bohnenkraut,
Rosmarin, 1 EL Frugola,
250 g Tomaten,
250 g Pfifferlinge,
1/2 TL Fruchtzucker,
Kräutersalz, Knoblauch,
1/4 l saure Sahne,
1 Handvoll Petersilie,
Pfeffer.

Sojabohnen in dem Wasser über Nacht einweichen. Im Einweichwasser mit Lorbeerblättern, Bohnenkraut, Rosmarin und Frugola zum Kochen bringen. Nach 50 Minuten die abgezogenen Tomaten und die Pfifferlinge zugeben und den Fruchtzucker. Weitere 10 Minuten köcheln lassen. Mit Kräutersalz abschmecken und mit durch die Presse gedrücktem Knoblauch. Suppe in die Terrine füllen, in die Mitte die saure Sahne gießen. Gehackte Petersilie drüberstreuen. Pfeffer drübermahlen.
Benutzt man Dosenbohnen, setzt man Bohnen, Tomaten und Pfifferlinge gleichzeitig an, mit Frugola, ein paar Eßlöffeln Wasser und den Gewürzen, läßt alles etwa 10 Minuten köcheln, schmeckt dann mit Kräutersalz und Knoblauch ab, gibt die Sahne zu und bestreut mit Petersilie und Pfeffer.

Spargelgratin

2 kg Spargel, Salzwasser (mit 1 TL Fruchtzucker abgeschmeckt), 1 EL Butter, dicke Béchamelsauce (s. Seite 74), 2–3 EL Weizenkeime, 4 EL geriebener Parmesankäse, Butterflöckchen.
Spargel schälen, in 3–5 cm lange Stücke schneiden und in Salzwasser halb gar kochen. (Das Spargelwasser zur Herstellung der Béchamelsauce verwenden).
In eine gefettete Auflaufform eine etwa 5 cm dicke Lage Béchamelsauce füllen, darauf eine 5 cm dicke Schicht Spargel legen, wieder eine Lage Sauce und eine Lage Spargel und so fort. Zum Schluß Weizenkeime darüberstreuen und geriebenen Parmesan. Butterflöckchen obenauf setzen. Im vorgeheizten Ofen bei 200 Grad eine halbe Stunde goldgelb backen.

Spinat, der in Persien gebürtige Exote, verdankt das Gerücht, er enthalte so irrsinnig viel Eisen, einem Irrtum: Irgendjemand hat sich bei der Ausrechnung des Eisengehaltes mit dem Komma vertan. Und darunter müssen seit Jahrzehnten die Kinder unbarmherziger Mütter leiden. Der Spinat enthält zwar unter anderem auch Eisen, aber viel weniger als zum Beispiel Kopfsalat oder Lauch! Allerdings liefert er uns das Provitamin A, die Vitamine B_1 und B_2 und C sowie D.
Vorsicht bei Neigung zu Nierensteinen! Die Oxalsäure des Spinats kann mit Calzium Nierensteine bilden.

Mir schmeckt Spinat besonders gut als

Spinat en branches

1000–1500 g Spinat, 1 Zwiebel, 2–3 EL Öl, 1 Prise Fruchtzucker, Kräutersalz oder Frugola, Knoblauch, geriebene Muskatnuß, 1 EL Butter.

Spinat mehrmals gründlich waschen. Gehackte Zwiebel in dem Öl golden dünsten. Gewaschene Spinatblätter zugeben, zusammenfallen lassen. Mit Zucker, Kräutersalz oder Frugola, Knoblauch und Muskat abschmecken und einen Stich Butter zugeben.

Weitere Würzmöglichkeiten für Spinat: Thymian, Muskat, frische Brennesseln.

Spinatauflauf

1000–1500 g gedünsteter Spinat, 4 Eigelb, Kräutersalz.

Den gedünsteten Spinat hacken und in eine feuerfeste, gebutterte Form füllen. Mit einem Löffel vier Vertiefungen eindrücken und je 1 Eigelb einsetzen. Mit Kräutersalz bestreuen und im vorgeheizten Ofen bei 200 Grad ca. 20 Minuten überbacken. Dazu Kartoffelpüree.

Spinatauflauf mit Sauce Mornay

1000–1500 g gedünsteter Spinat, 4 pochierte Eier, Sauce Mornay (s. Seite 75), 3 EL geriebener Käse.

Spinat hacken und in eine gebutterte, feuerfeste Form füllen. Pochierte Eier darauflegen, mit Sauce Mornay übergießen und mit geriebenem Käse bestreuen. Im vorgeheizten Ofen bei 200 Grad goldgelb überbacken.

Spinatgnocchi

1000–1500 g gedünsteter Spinat, 3 Eier, 300 g Weizenvollkornmehl, 100 g geriebener Käse, 3 EL Sojamehl, Knoblauch, Kräutersalz, Pfeffer, Curry nach Geschmack, 2 EL Butter zum Begießen.

Gedünsteten Spinat hacken und mit den übrigen Zutaten vermischen. Längliche Klöße (Gnocchi) formen, in reichlich Salzwasser garen: ins kochende Wasser geben und ziehen lassen. Wenn sie hochkommen, sind sie fertig. Mit zerlassener Butter begießen. Dazu Salat.

Spinat möglichst nicht wieder aufwärmen, das in ihm vorhandene Nitrat kann sich sonst in Nitrit verwandeln und gesundheitsschädigend wirken.

Kennen Sie Teltower Rübchen? Meine Brüder, ihre vielen Klassenkameraden und ich als einziges Mädchen fuhren noch mit der Dampfbahn zur Schule. Hielt der Zug in Teltow, und auf dem Bahnsteig stand ein Mädchen, brüllte die ganze Meute aus dem Fenster: Na du Teltower Rübchen? Nun ist aber das Teltower Rübchen nicht eigentlich eine dralle Dorfschönheit. Kenner schätzen die zarte Dame mit der zierlichen Figur und dem gelblichen Teint beson-

ders, wenn sie ihnen in Butter und gebräuntem Zucker geschmort auf den Tisch kommt. Die Kapriziöse gedeiht nur auf Sandboden, besonders mag sie den märkischen, und am aller-allerliebsten hat sie eben den Teltower Sand.
Nun ist der leider im Moment sehr weit entfernt, der Teltower Sand. Und wohl oder übel muß unsere Verwöhnte mit anderem Boden vorliebnehmen.

Essen Sie mit mir

Teltower Rübchen »manière Nostalgie«

1 kg Teltower Rübchen, Milch,
2 EL Fruchtzucker, Kräutersalz,
Pfeffer, 2 EL Butter,
1 EL Weizenvollkornmehl
(oder Sojamehl), 2 EL Butter.

Die Rübchen schaben, waschen und sofort in Milch legen, damit sie hell bleiben. Den Fruchtzucker mit ein paar Tropfen Wasser in der Pfanne bräunen (ausnahmsweise mal!). Die ganzen Rübchen zugeben und so viel Wasser, daß sie knapp bedeckt sind. Kräutersalz, Pfeffer und die Butter darangeben. Kurz vor Ende der Garzeit einen gestrichenen Eßlöffel Weizenvollkornmehl oder Sojamehl, den man mit 2 Eßlöffeln Butter verknetet hat, zugeben und noch einmal aufkochen.

Die in Amerika beheimatete Topinambur ist nicht mit der Kartoffel verwandt, obwohl ihre Knolle der Kartoffelknolle ähnelt. Die Topinambur gehört zur Familie der Sonnenblumen. Die äußerst anspruchslose Pflanze holt sich ihre Nahrung auch noch aus dem armseligsten Boden. Sie beschenkt uns mit reichlich Kalk und Kieselsäure – für unsere Haut, unsere Haare, Nägel, Knochen und Bandscheiben. Und sie ist ein interessantes Gemüse für Zuckerkranke: Das in den Topinamburknollen enthaltene Inulin soll insulinbildend wirken.

Topinambur gedünstet

1 kg Topinambur, 1 l Frugolabrühe, 2 Zwiebeln, 2 EL Öl,
gehackter Knoblauch,
Thymian, Curry,
Muskat, Kräutersalz,
gehackte Petersilie,
1/8 l Sahne.

Topinambur schälen, waschen und in Scheiben schneiden. In der Frugolabrühe garen (40–45 Minuten). Die gehackten Zwiebeln in dem Öl golden dünsten, dazugeben. Mit Knoblauch, Thymian, Curry, Muskat und Salz abschmecken.
Die gehackte Petersilie und Sahne darunterziehen. In einem Reisrand anrichten.
Mit Zitronensauce (Topinamburbrühe verwenden) oder einer Pilz- oder Tomatensauce servieren.

Topinambur-Auflauf

1 kg Topinambur, 125 g Butter, Suppengrün aus: 1 Stück Sellerie, 2 Möhren, 1 Petersilienwurzel und 2 Stengel Lauch, 1 Zwiebel, Kräutersalz,
Pfeffer, Butterflöckchen,
geriebener Parmesankäse,
2 EL Weizenkeime,
½ l saure Sahne.

Die Topinamburknollen schälen und in dicke Scheiben schneiden. Gefettete Auflaufform zu ¼ mit den Scheiben füllen.

Das Suppengrün fein hacken, ebenso die Zwiebel. Beides mischen und etwa ein Drittel davon über die Topinamburscheiben streuen, darüber Kräutersalz und Pfeffer. Butterflöckchen daraufsetzen und eine ½ cm dicke Schicht geriebenen Parmesan darüberstreuen. Diese Lagen ca. dreimal wiederholen, oberste Schicht ist geriebener Parmesan, der mit den Weizenkeimen vermischt wurde. Das Ganze wird mit der sauren Sahne übergossen und im vorgeheizten Ofen bei 220 Grad eine Stunde gebacken.

Eine Zitronensauce oder Kapernsauce schmeckt fein dazu.

Die Tomate, auch Paradies- oder Liebesapfel genannt, gehört zu den Nachtschattengewächsen.

Mit 13 Vitaminen, 7 Mineralstoffen, 10 Spurenelementen und 3 Fruchtsäuren kann die Tomate aufwarten.

Ein Glas Tomatensaft morgens auf nüchternen Magen getrunken, liefert uns genügend Vitamine für den ganzen Tag, darunter auch reichlich Carotin, unser Schönheitsvitamin für Haut und Augen, das von der Leber in Vitamin A umgewandelt wird.

Die Verwendungsmöglichkeiten der Tomate sind unerschöpflich: Sie schmeckt in Scheiben geschnitten, mit Kräutersalz und Schnittlauch bestreut auf Brot; sie mundet als Salat mit – wenig! – Obstessig und viel gehackten Zwiebeln gemischt; sie macht sich gut als Suppe; sie ist ideal als Sauce zu allen Reis- und Teigwarengerichten; ihr Mark verfeinert Aufläufe und wir können sie aushöhlen und mit interessanten Füllungen überbacken.

Tomaten dauphinois

4 Zwiebeln, 3–4 EL Öl,
750 g Tomaten, 1 Handvoll Oliven mit Paprika gefüllt,
150 g gewürfelter Räucherkäse,
1 TL Kräutersalz, Pfeffer,
Paprika, Knoblauch,
1 EL oder mehr gehackte Petersilie, 1 EL Weizenvollkornmehl,
2–3 EL Weißwein,
⅛ l süße Sahne.

Dic Zwiebeln in dem Öl golden dünsten. Die Tomaten überbrühen und abziehen, dazugeben. Außerdem die Oliven, den gewürfelten Räucherkäse, Salz, Pfeffer, Paprika, gehackten Knoblauch und Petersilie. 5–10 Minuten dämpfen, dann das Vollkornmehl darüberstäuben. Noch ein paar Minuten ziehen lassen. Den Weißwein dazugießen, kurz aufkochen lassen und die Sahne locker darunterziehen. Eventuell noch einmal abschmecken.
In einem Reisrand servieren oder zu Kartoffelklößen.

Tomaten gefüllt mit Rosinenreis

300 g Vollreis, 12 feste, große Tomaten, Kräutersalz,
2–3 Zwiebeln, 5–6 EL Olivenöl,
4–5 Knoblauchzehen,
1 EL Petersilie, 1 EL Minze,
1 Paprikaschote,
1 EL gehackte Rosinen,
1 EL Pinienkerne, Pfeffer,
2–3 EL Tomatenmark.

Den Reis in Salzwasser nicht ganz weich kochen (ca. 30 Minuten). Inzwischen von den Tomaten einen Deckel abschneiden, das Innere herauskratzen und zerkleinern. In die ausgehöhlten Tomaten Kräutersalz streuen.

Die kleingehackten Zwiebeln in der Hälfte des Öls golden dünsten, dazu das Tomateninnere, den durch die Presse gedrückten Knoblauch, die gehackte Petersilie und Minze, die feingehackte Paprikaschote, Rosinen, Pinienkerne, Kräutersalz, Pfeffer und den Reis geben. Die Tomaten damit füllen, Deckel daraufsetzen. Die zweite Hälfte des Öls mit dem Tomatenmark mischen. Die Tomaten in eine gebutterte Auflaufform setzen, die Tomatenmarksauce darübergießen und bei mittlerer Hitze im Ofen überbacken (ca. 30 Minuten).
Ich mache dazu eine Kapernsauce. Die Süße der Rosinen und die Schärfe der Kapern gibt einen sehr reizvollen Kontrast. Eine milde Currysauce ist auch nicht übel.

Zucchini gedünstet

1 kg Zucchini, 4–5 EL Öl,
4–5 EL Tomatenmark,
1 Tasse Frugolabrühe,
1 Prise Fruchtzucker,
Basilikum,
Kräutersalz und Pfeffer,
2 Knoblauchzehen,
geriebener Käse,
Butterflöckchen.

Die Zucchini waschen und ungeschält in Scheiben schneiden. In dem Öl auf beiden Seiten goldgelb braten. Herausnehmen, warm stellen. Tomatenmark in das Bratöl rühren und die Frugolabrühe. Mit Zucker, Basilikum, evtl. Kräutersalz und Pfeffer und durch die Presse ge-

drücktem Knoblauch würzen. Schmoren lassen, bis die Sauce dick wird.
In eine gebutterte feuerfeste Form abwechselnd Zucchinischeiben, Tomatensauce, und geriebenen Käse schichten. Butterflöckchen draufsetzen und im vorgeheizten Ofen bei 200 Grad 20–30 Minuten überbacken.
Dazu Reis oder Kartoffelpüree servieren.

Zucchini mit Oregano

1 kg Zucchini, 4–5 EL Öl,
2 Knoblauchzehen, Kräutersalz,
Pfeffer, 2 Prisen Oregano,
Zitronenachtel.

Zucchini waschen und in Scheiben schneiden. In dem Öl dünsten. Nach 10 Minuten mit durch die Presse gedrücktem Knoblauch, Kräutersalz und Pfeffer würzen, weitere 5 Minuten dünsten. Mit Oregano bestreuen und mit Zitronenachteln garnieren.

Zucchini und Tomaten

500 g Zucchini, 500 g Tomaten,
3–4 EL Maisöl,
1/8 l Frugolabrühe,
1 Handvoll gehackte Petersilie,
Korianderpulver, Kräutersalz,
Pfeffer, Saft einer Zitrone,
1 Prise Fruchtzucker.

Zucchini und Tomaten in Stücke schneiden und in dem Öl andünsten. Brühe und Petersilie dazugeben, würzen und ca. 10 Minuten garen. Mit Zitronensaft abschmecken und die gehackte Petersilie darüberstreuen.

Man kann auch zuerst ein paar kleingehackte Zwiebeln in dem Öl anschmoren und dann erst das Gemüse zugeben. Zum Schluß etwas süße oder saure Sahne unterziehen und Käse darüberstreuen.

Die Zucchini gehören übrigens zur Kürbisfamilie.

Zucchini-Eierspeise

aus Sardinien

Ca. 500 g Zucchini, 1–2 EL Öl,
2–3 EL Wasser, Kräutersalz,
Pfeffer, 6 Eier,
1 Handvoll Petersilie.

Zucchini in Scheiben schneiden, in dem Öl mit Wasser, Kräutersalz und Pfeffer garen. Die Eier verquirlen. Die feingehackte Petersilie zugeben, Eiermasse über die Zucchini gießen. Noch einmal abschmecken. Wie einen dicken Eierkuchen auf beiden Seiten backen. Eventuell noch etwas Öl zugeben. Kann man ebensogut mit Mangold zubereiten.

Zwiebelgemüse libanesisch

1 Tasse Weizenschrot,
2 Tassen Brühe (Frugola),
750 g kleine Zwiebeln,
4–5 EL Öl, 500 g Tomaten,
frische Minze (wenn man hat),
Kräutersalz, Pfeffer,
Fruchtzucker,
2 Knoblauchzehen,
1 TL (oder mehr) Zimt.

Den Weizenschrot eine Stunde in der Frugolabrühe einweichen. Die Zwiebeln (hat man keine kleinen, viertelt man große) in dem Öl golden dünsten.

Die abgezogenen, zerdrückten Tomaten zugeben und den eingeweichten Weizenschrot (eventuell noch etwas mehr Wasser). 10 Mi-

nuten köcheln lassen. Mit Minze, Kräutersalz und Pfeffer, Zucker und durch die Presse gedrücktem Knoblauch abschmecken. Nochmals 10 Minuten garen. Zum Schluß den Zimt darunterrühren.
Dieses ungewöhnliche Zwiebelgericht gab's auf einem Empfang in der libanesischen Botschaft. Als der Botschafter meine Lobeshymnen hörte, ging er mit mir in die Küche und übersetzte, was der reizende Koch Abdullah da gezaubert hatte.

Das ätherische Öl der Zwiebel läßt uns zwar beim Zwiebelschneiden die Augen tränen, stärkt aber unsere Verdauungs- und Atmungsorgane. Eine Zwiebelsuppe bei aufkommender Erkältung gegessen wirkt Wunder. Probieren Sie die Zwiebel auch mal als Gemüse, pikant gewürzt oder mit einer interessanten Füllung und einer Tomatensauce serviert. Na, und dann erst eine Zwiebeltorte oder ein Zwiebelkuchen zu einem kühlen Weißwein!

Gefüllte Zwiebeln

8 große Zwiebeln,
1/2–1 l Frugolabrühe.
Für die Füllung:
125 g fertigen Gemüsereis oder
125 g gedünstete Pilze,
4 EL geriebener Käse, 2 Eier,
1 Handvoll gehackte Kräuter.
Außerdem:
2 EL Öl oder Butter,
1/8 l saure Sahne.

Die Zwiebeln in der Brühe halb gar dünsten (10 Minuten), einen Deckel abschneiden und die Zwiebeln aushöhlen. Aus den angegebenen Zutaten die Füllung herstellen und in die Zwiebeln geben. In eine gut gefettete, feuerfeste Form setzen. Butter oder Öl zugießen und ca. 1/2 Stunde im vorgeheizten Ofen bei 200 Grad backen. Zum Schluß die Sahne kurz mitkochen lassen.
Dazu Tomaten- oder Kapernsauce und Kartoffelpüree oder Hirsebrei.
Variation: Zwiebeln mit Sojafleisch füllen.

Wußten Sie übrigens, daß der Bundesbürger nur 63 Kilo Gemüse pro Jahr verzehrt, der Italiener dagegen 157 Kilo?

Freuen Sie sich, daß Sie eben ein herrliches Gemüsegericht (möglichst von ungespritztem Gemüse) gegessen haben und keinen Fisch! Das Pariser Institut für Medizinische Ozeanographie warnt: »Wer wöchentlich zwei Kilo Mittelmeerfisch verzehrt, riskiert Erblinden oder langsamen Tod durch Quecksilbervergiftung«. Wer pro Woche nur dreihundert Gramm Mittelmeerfisch verzehrt, sei »ebenfalls gefährdet, wenn auch über einen längeren Zeitraum«.

Zur Wiederaufheiterung noch etwas über Fisch:
Ort: ein Restaurant.
1. Gast zum Ober: einmal Fisch bitte!
2. Gast zum Ober: Auch für mich einmal Fisch, aber bitte frisch!
Ober, ruft in die Küche: Zweimal Fisch – der eine will ihn frisch!

Ran an die Kartoffeln!

Die Kartoffel, das Nachtschattengewächs Solaneum Tuberosum, mit der romantischen blauen Blüte, wird erst seit dem Jahr 1621 in Deutschland angepflanzt, obwohl man in ihrer Heimat, den Kordilleren und den Ländern, die heute Peru und Bolivien heißen, die wohlschmeckende Knolle schon kurz nach Christi Geburt genossen hat. Columbus soll sie aus der neuen Welt mitgebracht haben – in Italien erhielt sie den Namen »tartufulo«, weil sie dem Trüffelpilz, dem tartufulo, ähnelte – daraus wurde dann in Deutschland die Bezeichnung »Kartoffel«.

Lange konnte sie sich bei uns nur als Zierpflanze behaupten, keiner wollte so richtig ran und das seltsame unterirdische Gewächs essen. Friedrich der Große hat deshalb zu einer List gegriffen: Er ließ – so heißt es – rund um Berlin Kartoffelfelder anlegen und sie nachts zum Schein durch seine »Langen Kerls« streng bewachen. Die Bauern bissen auch prompt an: Sie stibitzten das kostbare Kleinod und pflanzten es selbst.

Und ein Kleinod ist die Kartoffel in der Tat, eine wahre Fundgrube an guten Dingen: Sie enthält in großen Mengen Kalium, Calcium, Magnesium, Mangan, Eisen, Kupfer, Phosphor, Schwefel. Kalium und Calcium sind wichtig zum Neutralisieren von Natrium, das wir – meistens in zu großen Mengen – im Kochsalz zu uns nehmen. Natrium bindet Wasser im Körper (die Folgen sind hoher Blutdruck, Gefäßkrankheiten, Kreislauf- und Herzstörungen, Rheuma, Nierenleiden). Kalium und Calcium dagegen befreien das Gewebe von diesen Wasseransammlungen. Eine wunderbare Entwässerungsdiät: Pellkartoffeln, natürlich ohne Salz, über den Tag verteilt gegessen. Der Magnesiumgehalt der Kartoffel wirkt sich günstig auf Herz und Nervensystem aus. In der Biochemie verordnet man Magnesium bei Schlaflosigkeit. Manche Forscher sind sogar der Meinung, Magnesiummangel sei mitschuldig an der Entstehung des Krebses.

Die Kartoffel liefert uns weiter die Vitamine A, E und C, fast alle Vitamine der B-Gruppe und wertvolles Eiweiß. Sie hat – entgegen der landläufigen Meinung – wenig Kalorien:

100 Gramm Kartoffeln enthalten nur 85 bis 95 Kalorien.

Stark basenüberschüssig, ist sie, gekocht und auch roh als Saft getrunken, das beste Mittel bei übersäuertem Magen. Und am gesündesten ist sie wiederum in ihrer Ganzheit verzehrt. Kochen Sie »Salzkartoffeln« und gießen das Kochwasser weg, schütten Sie wertvolle Vitamine und Spurenelemente mit in den Ausguß, abgesehen davon, daß Sie die besten Dinge sowieso mit der Schale weggeschält haben. Besonders hoch ist der Verlust an Vitamin C, Kalium und Eisen, wenn man geschälte Kartoffeln kocht. (An Eisen: bei ungeschälten Kartoffeln 2%, bei geschälten Kartoffeln 26%! Die Zahlen sind einem Bericht der Bundesforschungsanstalt für Hauswirtschaft entnommen.)

Viele Erschöpfungszustände, besonders bei Frauen, beruhen aber gerade auf einem Mangel an Eisen und Kalium. Deshalb verwende ich in meinem Haushalt so selten wie möglich geschälte Kartoffeln. Der Gewinn an Vitalität ist enorm.

Eine der vielen dummen Redensarten – sicher eine neureiche! – behauptet: Kartoffeln gehören in den Keller. Bezeichnenderweise hört man sie meistens von Dicken. Lassen wir uns davon nicht beirren; die Kartoffel ist auch geschmacklich ein Kleinod – sie kann es sein! Aber eben nicht als ausgelaugte Salzkartoffel oder in Form von Pommes frites, die in altem stinkendem, immer wieder aufgewärmtem Fett gebraten werden. Glücklicherweise gilt es heute schon wieder als chic, Kartoffeln in der Schale gebacken zu essen, Kartoffeln »in the jacket«, wie die Engländer diese Delikatesse, mit einem Klacks saurer Sahne, Schnittlauch, Salz und frisch gemahlenem Pfeffer serviert, zärtlich nennen.

Würde meine kleine Familie auf die berühmte einsame Insel verschlagen, und wir dürften nur ein Gericht auswählen, das wir jeden Tag essen müßten – es wäre: Pellkartoffeln mit Quark. Während einer Theatertournee, erkrankt an Magen, Darm und Gemüt durch die ewigen großdeutschen Schnitzel – Wiener-, Jäger-, Zigeuner- und Paprikaschnitzel, die alle mit der braunen Einheitssauce übergossen, mit besagten Pommes frites und einem im Eisschrank zu Tode gekühlten, von Wasser und Essig triefenden welken Salat aufgetischt wurden, kauften wir uns in unserer Verzweiflung einen Kocher und kochten uns in der Theatergarderobe unser Leibgericht. Dieses Mahl wurde uns nie über – Magen, Darm und Gemüt und damit fast auch die Welt waren wieder in Ordnung.

Kochen Sie die Kartoffeln mit wenig Wasser, am besten im Dampfdrucktopf, das dauert je nach der Größe der Kartoffeln nur 7–10 Minuten. Junge Kartoffeln gut bürsten und die zarte Schale mitessen, ältere in der Schale kochen oder backen und anschließend pellen. Das Kochwasser weiterverwenden, es enthält Minerale und Vitamine. Die Vitamine B und C sind nämlich wasserlöslich.

Laut Berichten aus dem 18. Jahrhundert aus Irland verzehrte dort jedes Mitglied einer irischen Familie 8 Pfund Kartoffeln am Tag. Ein Engländer, Arthur Young, landwirtschaftlicher Sachverständiger, der von 1776 bis 1779 die irische Landwirtschaft studierte, beschreibt die Eßgewohnheiten der armen Iren so: »Man sieht den Kartoffeltopf des Iren auf dem Fußboden, die ganze Familie ist, auf ihren Schenkeln sitzend, darum versammelt, und weiter, wie sie eine fast unglaubliche Menge von Kartoffeln verschlingt; der wandernde Bettler nimmt nach herzlicher Begrüßung inmitten der Familie Platz, überdies das Schwein ebenso wie die Frau, die Hähne, die Hennen, die Truthähne, die Gänse, der Köter, die Katze und vielleicht auch noch die Kuh – und alle nehmen sie am gleichen Gerichte teil. Jedermann, der dies öfters gesehen hat, wird von der guten dabei herrschenden Stimmung überzeugt sein.«
Gemütlich war's bestimmt!

In der Schale gebackene Kartoffeln

2–3 große Kartoffeln pro Person, Öl.

Kartoffeln unter fließendem Wasser gut bürsten. Mit dem Messer ein Kreuz einschneiden, damit sie nicht platzen. Auf ein geöltes Backblech legen und im auf 200 Grad vorgeheizten Ofen ca. 45 Minuten backen.
Schneller geht es, wenn man die Kartoffeln durchschneidet und mit der Schnittfläche auf das Backblech legt.
Variation: Die Kartoffeln vor dem Backen mit Öl bepinseln und mit Kümmel bestreuen. Beim Backen im Gartengrill verfahre ich genauso, lege die Kartoffel aber in eine innen eingeölte Alufolie, die ich zusammendrehe und in die Holzkohlenglut lege.
Die Kartoffel in der Folie servieren, mit saurer Sahne, Schnittlauch, Salz und frisch gemahlenem Pfeffer – auch gehackter Dill schmeckt gut dazu.

Kartoffelgulasch ungarisch

»Grumbieren-Paprikasch« heißt es noch heute bei Erzsebets Großmutter, von der dieses Rezept stammt.

3–4 Zwiebeln, 3–4 EL Öl, Rosenpaprika, ca. 2 EL Obstessig, 1 kg gekochte Kartoffeln, 1/2 l Frugolabrühe, Kräutersalz, Pfeffer, 1/8 l süße Sahne, Petersilie.

Die Zwiebeln fein hacken und in dem Öl golden dünsten. Mit Paprika bestäuben, mit Obstessig ablöschen und die gekochten, in Scheiben oder Viertel geschnittenen Kartoffeln dazugeben. Die Brühe zugießen, sämig kochen (20 Minu-

ten). Mit Kräutersalz und frisch gemahlenem Pfeffer abschmecken, die Sahne unterziehen. Mit gehackter Petersilie bestreuen.
Man kann auch rohe Kartoffeln verwenden, dann dauert die Zubereitung entsprechend länger, ca. 30 Minuten.
Variation: Von Anfang an einen Teelöffel Majoran mitkochen.

Kartoffelgulasch indisch

Zutaten wie Kartoffelgulasch ungarisch, statt Obstessig: 1 TL Curry, 1 Ringel Zitronenschale, 1 Stange Zimt. Schmeckt fein zu Gemüse in Kokosmilch.

Gefüllte Kartoffeln

1 kg große Kartoffeln, Kräutersalz,
1 Zwiebel, 2–3 EL Öl,
ca. 500 g Gemüse:
Lauch, Pilze, Sellerie und Möhren.
Thymian, Majoran, Basilikum,
Curry, gemahlener Koriander,
gehackter Knoblauch,
Petersilie, Dill,
2–3 EL geriebener Parmesankäse,
Butterflöckchen, saure Sahne.

Von den gut gewaschenen und gebürsteten Kartoffeln einen Deckel abschneiden. Kartoffeln vorsichtig aushöhlen. Kräutersalz hineinstreuen. Die feingeschnittene Zwiebel in dem Öl andünsten, das kleingeschnittene Gemüse (Lauch, Pilze, Sellerie, Möhre) zugeben und etwa 5 Minuten dünsten. Die Gemüsemasse mit den Gewürzen, Knoblauch und gehackten Kräutern abschmecken. Den geriebenen Parmesankäse unterrühren und die Masse in die ausgehöhlten Kartoffeln füllen.
Kartoffeln auf ein gefettetes Backblech setzen und im vorgeheizten Ofen bei 220 Grad 45–60 Minuten backen. Wenn die Kartoffeln aus dem Ofen kommen, auf jede ein Butterflöckchen setzen.
Über die gebackenen Kartoffeln gießt sich jeder nach Geschmack bei Tisch saure Sahne.

Übrigens: Ich kaufe Parmesankäse immer im Stück und reibe ihn jedesmal frisch. Schmeckt um Klassen besser!

Indische Bratkartoffeln

2 Zwiebeln, Öl, Curry nach Geschmack (ich nehme 2 EL),
1 kg gekochte Pellkartoffeln,
3–4 Eier, 2–3 EL geriebener Käse,
Kräutersalz und Pfeffer.

Die gehackten Zwiebeln im Öl golden dünsten. Curry und Kartoffelscheiben hineingeben, wie gewöhnlich braten.

Die Eier mit dem Käse verrühren, mit Kräutersalz und Pfeffer würzen, über die Bratkartoffeln gießen. Pfannendeckel draufsetzen und bei kleiner Flamme 10 Minuten stocken lassen.

Kartoffelpuffer, Reibekuchen oder Reiberdatschi

1 kg Kartoffeln, 2 Eier,
1 EL Weizenvollkornmehl oder Sojamehl, 1 Zwiebel, Kräutersalz, Pfeffer, Muskat,
Öl zum Braten.

Die Kartoffeln schälen und fein reiben. Die Eier und das Mehl zugeben, nach Geschmack 1 geriebene Zwiebel. Würzen. Das Öl erhitzen und je 2 EL der Kartoffelmasse in die Pfanne mit dem heißen Öl geben, flachdrücken. Auf beiden Seiten goldbraun braten.

Variation: Die Kartoffelmasse 2 Finger dick in eine ausgebutterte Form streichen und im vorgeheizten Backofen ca. eine halbe Stunde bei 200 Grad backen. Das macht nicht so viel Mühe, und Sie brauchen weniger Öl. Dazu ein pikanter Gemüsesalat.

Auch damit würze ich Kartoffelpuffer: Kümmel, Selleriesalz, Thymian und (oder) Majoran, Koriander und Muskat. In meinem märkischen Heimatdorf Wietstock an der Nuthe aßen wir Apfelmus dazu oder Preiselbeerkompott. Meine Spreewälder Großmutter aber streute sich Salz drauf! Auch so geht's. Als Kind weinte ich, wenn es Kartoffelpuffer gab, weil die Haare meiner Mutter nach Bratfett rochen.

(Mein großer Geheimtip: Beim Braten eine Duschhaube aufsetzen!)

Brabanter Kartoffeln

1 kg Kartoffeln, 1 TL Kümmel,
2 Zwiebeln (oder mehr),
2 EL Öl, 1 Bund Petersilie,
200 g geriebener Gouda-Käse,
Pfeffer, Kräutersalz,
Muskat, 1 EL Kapern,
1 TL Thymian.

Die Kartoffeln mit dem Kümmel kochen, pellen und in dicke Scheiben schneiden. Die Zwiebeln hakken und in dem Öl golden dünsten. Petersilie hacken.

In eine gebutterte, feuerfeste Form eine Lage Kartoffeln geben, darauf einen Teil der Zwiebeln, der Petersilie und des Käses. Würzen. Darauf wieder eine Lage Kartoffeln und so fortfahren, bis alles aufgebraucht ist. Obenauf die Kapern, den Thymian und den restlichen Käse streuen. Im vorgeheizten Ofen bei 200 Grad 30 Minuten überbacken. Dazu Salat.

Kartoffelauflauf mit Sahne

1 kg Kartoffeln, Kräutersalz,
Pfeffer, Muskat,
nach Geschmack Curry,
2 Knoblauchzehen,
1 Bund Petersilie,
6 EL geriebener Parmesankäse,
1/8 l süße Sahne, 1/4 l Milch,
Butterflöckchen.

Die Kartoffeln in der Schale kochen, pellen, abkühlen lassen und in Scheiben schneiden. Mit Salz, Pfeffer, Muskat, Curry, durch die Presse gedrücktem Knoblauch, der kleingehackten Petersilie und dem Käse mischen.

In eine gebutterte Auflaufform füllen und die mit der Sahne gemischte Milch darübergießen, Butterflöckchen draufsetzen. Im auf 200 Grad vorgeheizten Ofen 30 Minuten backen. Dazu Salat.

Ganz besonders wohlschmeckende und schöne Kartoffeln wachsen in Wermelskirchen. Abgesehen von diesem erfreulichen Umstand habe ich das nette Städtchen im Bergischen aber eher in unliebsamer Erinnerung.

Sinn der Theatertourneen ist es, in Orten zu spielen, die über kein eigenes Theater verfügen. So kommt es vor, daß man ab und zu auch in Allzweck-Sälen, Turnhallen oder Kinos auftritt. Das hat sogar einen gewissen Reiz, man glaubt sich in die Zeit der Neuberin zurückversetzt, der Tourneebus wird zum romantischen Thespiskarren. Die Qualität der Aufführungen allerdings läßt manchmal zu wünschen übrig, und das ist nicht immer die Schuld der Schauspieler.

In Wermelskirchen wurde also auch in einem Kino gespielt. »Die ehrbare Dirne« von Sartre, ein brisant politisches Stück. Ich spazierte vorher zufällig in der Nähe der Kasse vorbei und hörte zu meiner Verblüffung folgende Worte: Farrkarrrte bitte. Aha, also auch einige Gastarbeiter, dachte ich erfreut. Der Verkauf war ausgesprochen rege, und auf der Bühne vernahmen wir durch den geschlossenen Vorhang jenes Bienengesumme, das immer ein angeregtes Publikum verrät. Und so war es denn auch. Vielleicht durch das Wort Dirne im Titel animiert, wähnten sich die Leute wohl in einem Sexstück. Als mein Partner und ich in Lizzies armseliges Eisenbett fielen, das ausgerechnet an diesem Abend auch noch quietschte, war der Jubel grenzenlos. Er steigerte sich noch beim Auftritt des verfolgten Negers, der irren Blicks die Dirne Lizzie um Hilfe bitten mußte. Unser Kampf oben auf der Bühne, dem Publikum einen Hauch Tragik zu vermitteln, kam den Bemühungen des Sisyphos gleich. Besonders angesichts des von den Weißen gejagten Negers schlugen sie sich unten auf die Schenkel vor Vergnügen. Mir wurde heiß vor ohnmächtiger

Wut – und als ich dann in einer Szene eine Pistole in der Hand hatte, mit der ich den Neger vor den Weißen beschützen sollte, geschah es: Ich riß die Pistole herum, richtete sie auf das johlende Publikum und schrie: Da gibt's nichts zu lachen, verdammt noch mal! Wer's nicht kapiert, geht nach Hause! Also? – Totenstille. Ich hielt krampfhaft die Pistole auf das Publikum gerichtet (sie war natürlich nicht geladen). Da sagte ein dünnes Stimmchen furchtsam: Bravo! – und der Mutige klatschte zweimal kurz in die Hände. Dann war wieder alles still. Wir spielten weiter, als sei nichts geschehen. Die Leute gaben den ganzen Abend über keinen Mucks mehr von sich. Später saß ich im Restaurant, aß die schönen mehligen Wermelskirchner Kartoffeln und konnte es nicht fassen, daß ich mich derart hatte hinreißen lassen.

Kartoffelauflauf mit Champignons

1 Zwiebel, 2 EL Öl,
250 g Champignons,
Frugola, 1 TL Curry, Petersilie,
1 kg in der Schale gekochte Kartoffeln, Butterflöckchen.

Die kleingehackte Zwiebel in dem Öl golden dünsten. Die in grobe Scheiben geschnittenen Champignons dazugeben, mit Frugola und Curry würzen. Ein paar Minuten dünsten, dann mit kleingehackter Petersilie bestreuen.

Nun lagenweise die gepellten, in Scheiben geschnittenen Kartoffeln und die Champignons in die gebutterte Form legen, mit einer Lage Kartoffelscheiben abschließen.

Butterflöckchen draufsetzen und im auf 200 Grad vorgeheizten Ofen 30 Minuten backen.

Und das sollten Sie unbedingt machen, wenn Sie gekochten Blumenkohl übrig haben und ein paar Tomaten:

Die Kartoffel- und Champignonlagen so schichten, daß Sie in die Mitte den gekochten Blumenkohl setzen können und um ihn herum einen Kranz von abgezogenen ganzen oder halbierten Tomaten. Über den Blumenkohl reiben Sie Muskat, die Tomaten bestreuen Sie mit Kräutersalz und Basilikum – und über das Ganze gießen Sie vier mit 100 g geriebenem Käse verquirlte Eier, die mit Curry abgeschmeckt werden. Ohne Deckel im vorgeheizten Ofen backen. Das gibt eine sehr delikate Kruste.

Kartoffelauflauf mit Spinat

750 g Kartoffeln, 1 Zwiebel,
2 EL Öl, 750 g Spinat,
Kräutersalz, Pfeffer,
Muskat, gehackter Knoblauch,
2 EL süße Sahne,
4 EL geriebener Käse oder mehr,
Butterflöckchen.

Die Kartoffeln kochen, pellen und in Scheiben schneiden. Die Zwiebel fein hacken, in dem Öl golden dünsten. Den gewaschenen Spinat hineingeben und zusammenfallen lassen. Mit Kräutersalz, Pfeffer, Muskat und Knoblauch würzen, die Sahne unterziehen. Die Kartoffelscheiben mit Kräutersalz und Pfeffer abschmecken.
In eine gefettete, feuerfeste Form abwechselnd Kartoffeln, Spinat und geriebenen Käse füllen, letzte Schicht Kartoffeln. Mit geriebenem Käse bestreuen und Butterflöckchen draufsetzen. In vorgeheiztem Ofen bei 200 Grad 30 Minuten überbacken.

Kartoffelpüree mit Knoblauchsauce

1 kg Kartoffeln, 1/2 l süße Sahne,
Kräutersalz, Pfeffer,
Muskatnuß, 2 EL Butter.
Für die Sauce:
12 Knoblauchzehen,
2 EL Butter, 2 EL Milch,
Kräutersalz, Pfeffer.

Kartoffeln kochen, pellen, noch warm durch die Presse drücken. Mit der Sahne verrühren, würzen und zum Schluß die Butter dazugeben.
Die Knoblauchzehen hacken, in der Butter weich dünsten, dann die Milch dazugeben. Weiterdünsten, bis alles breiig wird (ca. 15 Minuten). Salzen und Pfeffern.
Eine Delikatesse!

Wie gesund die Kartoffel ist, beweist folgender Versuch: Man hat 6 Monate lang Menschen ausschließlich mit Pellkartoffeln ernährt und sie nur Wasser trinken lassen. Die Versuchspersonen waren bei kaltem, nassem Wetter bis in den Herbst hinein als Straßenarbeiter tätig – nicht ein einziger ist krank geworden oder hat sich erkältet. Im Gegenteil: Angeblich sollen Schwächliche gestärkt aus dem Experiment hervorgegangen sein.

Kartoffelpüreepuffer

1 kg Kartoffeln, 1 EL geriebener
Käse, 2 Eier,
2 EL Weizenvollkornmehl,
Kräutersalz, Pfeffer,
Muskatnuß, Sonnenblumenöl.

Kartoffeln in der Schale kochen, pellen und noch heiß durch die Presse drücken. Den geriebenen Käse, die Eier und das Mehl dazugeben. Salzen und pfeffern, mit frisch geriebener Muskatnuß abschmecken. 1 Stunde stehen lassen. Dann mit einem Eßlöffel Klöße abstechen und wie Kartoffelpuffer in heißem Öl goldgelb backen.
Variation: Die Masse in eine gebutterte, mit Weizenkeimen ausgestreute Auflaufform füllen und im vorgeheizten Ofen goldgelb backen.

Kartoffelkuchen auf indische Art

Kartoffelpüree von 1 kg Kartoffeln, 2 Eier, 1 EL Weizenvollkornmehl, 1 TL Butter, 1 Zwiebel, $^1/_8$ l süße Sahne, Kräutersalz, Pfeffer, geriebene Muskatnuß, Öl zum Braten, Mango Chutney, Fruchtzucker zum Bestreuen.

Unter das Püree die 2 Eier rühren. Das Mehl und die in Butter gedünstete feingehackte Zwiebel zugeben. Mit der Sahne flaumig schlagen. Würzen.

Tellergroße flache Kuchen aus der Masse formen und in Öl auf einer Seite braten. Dann mit Mango Chutney bestreichen, übereinanderschlagen und mit Zucker bestreuen.

Italienischer Kartoffelpüreekegel

1 kg gekochte Kartoffeln, $^1/_2$ l Milch, 4 Eier, 125 g Butter, Kräutersalz, Pfeffer, 500–750 g Tomatenpüree, 1 feingehackte Zwiebel, 1 Prise Fruchtzucker, gehackter Knoblauch, Butter, 100 g Parmesankäse.

Die durch die Presse gedrückten Pellkartoffeln mit der Milch (eventuell weniger Milch) zu einem festen Brei verrühren. Die Eigelb hinzufügen und die Butter. Alles schaumig rühren. Salzen, pfeffern und steifgeschlagenes Eiweiß darunterziehen.

Das Tomatenpüree mit feingehackter Zwiebel, Zucker, Kräutersalz, Pfeffer und Knoblauch würzen. Kegelförmig auf eine feuerfeste, mit Butter bestrichene Platte abwechselnd eine 4–5 cm dicke Schicht Kartoffelpüree und eine 1 cm dicke Schicht Tomatenpüree geben. Die Kegelspitze bildet Kartoffelpüree. Ein Stück Butter daraufgeben, das Ganze dick mit geriebenem Parmesan bestreuen und im vorgeheizten Ofen bei 200 Grad goldgelb backen.

Variation: Den Kegel so bauen, daß man ins Innere zerbröckelten Gorgonzola (100 g) und Butterflöckchen füllt. Paradiesisch! Man kann auch noch gehobelte Mandeln darüberstreuen und mitbacken.

Käsekartoffeln

4 große Kartoffeln, Kräutersalz, Pfeffer, Butter zum Einfetten, 500 g geriebener Käse, 1 feingehackte Zwiebel, 4 EL feingehackte Petersilie, $^1/_2$ TL Paprika, $^1/_8$ l süße Sahne, $^3/_8$ l Milch.

Die gewaschenen, gut gebürsteten Kartoffeln in dünne Scheiben schneiden. Wenn zuviel Saft entsteht, abtropfen lassen und Saft an-

derweitig verwenden (zu Saucen, Suppen).
Kartoffelscheiben salzen und pfeffern. In eine gut gebutterte Auflaufform eine Lage Kartoffelscheiben legen. Vom Käse 4 Eßlöffel aufheben für später, den Rest mit der Zwiebel, Petersilie und Paprika mischen. Einen Teil dieser Mischung über die Kartoffelscheiben geben, dann wieder eine Lage Kartoffelscheiben, eine Schicht Käsemischung und abschließend eine Lage Kartoffelscheiben.
Zum Schluß Sahne und Milchgemisch drübergießen. Im auf 200 Grad vorgeheizten Ofen 10 Minuten backen. Die restlichen 4 Eßlöffel Käse darüberstreuen und fertig backen (ca. 1 bis 1 1/2 Stunden). Wird der Käse zu braun, mit Alufolie abdecken.
Dazu eine Tomaten- oder Pilzsauce.

Kreolische Kartoffeln

1 kg Kartoffeln, 1 Zitrone (ungespritzt), 4 saftige Orangen (ungespritzt), 500 g Ananas,
5 EL Butter, 1/2 TL Kräutersalz,
1 Tasse Fruchtzucker.
Kartoffeln in der Schale kochen, pellen und in Streifen schneiden. Die abgeriebenen Schalen der Zitrone und Orangen darüberstreuen. Eine Lage der Kartoffeln in eine gut gebutterte Auflaufform schichten. Ananas, Zitrone und Orangen in Scheiben schneiden. Eine Lage davon auf die Kartoffelschicht geben, darauf wieder eine Lage Kartoffeln. Die Butter mit dem Salz, dem Zucker oder Honig und dem Saft, der beim Zerschneiden der Früchte entstanden ist, kurz aufkochen. Diese Sauce über den Auflauf gießen. Im vorgeheizten Ofen bei ca. 180 Grad ca. 30 Minuten backen.

Kartoffel-Spinat-Gnocchi

750 g Kartoffeln, 2–3 EL Öl,
3 Zwiebeln, 500 g Spinat,
2 EL Weizenvollkornmehl,
2 Eier, Kräutersalz, Pfeffer,
Muskat, 2–3 EL geriebener Käse,
1 EL Butter.
Die Kartoffeln in der Schale kochen, pellen und noch warm durch die Presse drücken. Inzwischen in dem Öl 2 gehackte Zwiebeln golden dünsten. Den gewaschenen, roh gehackten Spinat dazugeben, kurz mitdünsten. Abkühlen lassen. Das Mehl dazugeben, die Kartoffeln, das Ei, Salz, Pfeffer und geriebene Muskatnuß. Abschmecken. Eine Weile ruhen lassen. Dann mit einem Eßlöffel die Gnocchi abstechen und in kochendem Salzwasser köcheln lassen (ca. 10 Minuten). Mit dem Schaumlöffel herausnehmen, auf einer heißen Platte anrichten und mit dem Käse und der dritten, in Ringe geschnittenen Zwiebel – in etwas Butter gedünstet – bestreuen. Dazu Tomatensauce.

Hinein ins Getreide!

Durch das Leben auf dem Land habe ich das Getreide neu entdeckt. Roggen und Weizen kannte ich natürlich, doch wußte ich kaum etwas von Hirse und Buchweizen. Und meine Beziehung zum Hafer war durch ein Kindheitserlebnis eher getrübt.

Als Gustl von früher erzählte, wurde mir klar, daß die einfachen Leute damals instinktiv wußten, was wir Zivilisierten erst wieder lernen müssen: nämlich, wie wichtig das volle Getreidekorn für unsere Ernährung ist. Es enthält wunderbar abgestimmt die richtige Menge von Eiweiß, Fetten und Kohlehydraten, reichlich Mineralstoffe und Spurenelemente (Phosphor für den Energiestoffwechsel und Knochenaufbau, Kalium und Magnesium, die wichtige Dienste bei der Entwässerung des Körpers leisten), ferner Eisen, Calcium und Fluor; ebenfalls sind so gut wie alle Vitamine vertreten, besonders die Vitamine der B-Gruppe, wichtig für Haut- und Nervensystem.

Bei den handelsüblichen Mehlsorten hat man die äußere Frucht- und Samenschale des Korns sowie den Keimling abgelöst. Aber gerade in der äußeren Hülle und im Keimling sitzen die kostbaren Vitamine und Minerale. Übrig bleibt dann nur noch der Mehlkern, der aller verdauungsfördernden Ballaststoffe beraubt ist und die dickmachende Stärke enthält. Deshalb sollten Sie – Ihrer Gesundheit und auch Ihrer Linie zuliebe – immer das ganze Korn verwenden, und das vor dem Verbrauch frisch mahlen. Denn der Luftsauerstoff beginnt sofort, die wertvollen Bestandteile des Korns zu zerstören. Gemahlenes Korn ist verderblicher als Milch.

Schaffen Sie sich doch eine Getreidemühle an – es lohnt sich! Sie können sich Ihr Getreide aber auch im Reformhaus frisch mahlen lassen.

Die ursprünglichen Methoden, Getreide zuzubereiten, dürften wohl überall gleich gewesen sein, ob es sich nun um Hirse, Hafer oder Weizen handelte: man zerrieb das Getreide, verrührte es mit Wasser und kochte oder buk es über dem Feuer. An diese Ur-Fladen erinnern heute in Israel die Pitta oder die italienische Pizza oder die indischen Chappaties.

In Schweden wurde bei den »einfachen Leuten« früher nur einmal oder höchstens zweimal im Jahr Brot gebacken. Es bestand aus Roggen mit Hafer gemischt und wurde so groß wie ein Teller geformt, dick wie ein kleiner Finger.

Die Bauern machten ein Loch in die Mitte, fädelten die Fladen zu Hunderten auf und hängten sie zum Trocknen unter die Zimmerdecke. Die Leute müssen tolle Zähne gehabt haben, denn diese Brote wurden sicher im Laufe der Monate steinhart. Ich backe köstliche Fladen immer dann, wenn mir das Brot mal ausgegangen ist, auf der Herdplatte oder auch in der trockenen Pfanne, serviere sie noch heiß, frische Butter drauf und Honig, schmeckt prima!

Israelische Pitta

4 Tassen Weizenvollkornmehl,
1–2 TL Meersalz,
1 1/2 Tassen Wasser.

Das frisch und sehr fein gemahlene Mehl in eine Schüssel geben, Salz zufügen und vorsichtig mit Wasser verkneten. Es hängt vom Mehl ab, wieviel Wasser man braucht. Der Teig muß so fest sein, daß man ihn ausrollen kann.
Teig 30 Minuten ruhen lassen. In 8 Stücke teilen, aus jedem Teigstück einen Ball formen und diesen auf einem bemehlten Brett dünn ausrollen, ca. 2 mm dick. Die Fladen auf der heißen Herdplatte oder in der heißen, trockenen Pfanne unter Schütteln und mehrmaligem Wenden ca. 10 Minuten backen.
Für diese Fladen eignen sich auch: Hafermehl, Maismehl, Roggenmehl.
Variation: Ein paar Eßlöffel zerlassene Butter an den Teig geben, ruhen lassen, dann backen.

In Israel kauft man die Pitta noch warm mit Tomaten, Gurken oder Wurst gefüllt auf der Straße wie bei uns die heißen Würstchen. Oder man stippt sie in Hoummous (s. Seite 66).

In Indien habe ich Fladen aus halb Weizen-, halb Erbsenmehl gegessen – mit Zwiebeln! Hier ist das Rezept!

Fladen mit Erbsenmehl

250 g Erbsenmehl,
250 g Weizenvollkornmehl,
1–2 TL Salz, 1 Zwiebel,
Wasser.

Erbsen- und Weizenvollkornmehl mit Salz mischen, die feingehackte Zwiebel zufügen, langsam Wasser zugeben und kneten, bis ein nicht zu weicher Teig entsteht. Den Teig eine Stunde ruhen lassen. In 12 Teile teilen, jedes Teigstück zu einem Ball formen und auf bemehlter Unterlage ca. 2 mm dick ausrollen.
Diese Fladen in trockener, heißer Pfanne 6–8 Minuten rösten, dabei immer wieder schütteln und alle 2 Minuten wenden. Die fertigen Fladen mit Butter bestreichen.

Die Bundesrepublik ist das Land mit der größten Auswahl an Broten – ungefähr 200 verschiedene Sorten befinden sich

im Handel, und dazu habe ich auch noch eine erfunden – weil mir kein Brot richtig schmeckte.

In einem Rundfunkinterview erzählte ich einmal zufällig von meinem selbstgebackenen Brot. 3500 Hausfrauen – dreitausendfünfhundert! – allein im Raum Köln baten um das Rezept. Der Sender mußte Studenten engagieren zum Beantworten der »Sauerteigpost« – denn noch wochenlang gab es im »Morgenmagazin« erregte mündliche und schriftliche Debatten zwischen Hausfrauen und Bäckern, wie man denn nun richtig Sauerteig macht.

Dieses Interesse angesichts 200 vorhandener Brotsorten gibt zu denken. Irgend etwas ist faul auf dem Brotsektor. Was mich betrifft: waren die gekauften Brote »gesund«, hatten sie keine Kruste und ich fand sie fad – die Holzofenbrote wiederum mit knuspriger Kruste waren aus dem »falschen« Mehl hergestellt.

Ich hörte mich also bei uns auf dem Land um: Wie haben die Bauern früher gebacken?

Ich probierte zuerst ein Weizenvollkornbrot mit Hefe. Das war schon ganz annehmbar, mir aber noch nicht würzig genug. So versuchte ich es mit halb Vollkornweizen, halb Vollkornroggen – schon besser. Schließlich entstand das Superbrot aus reinem Vollkornroggen, das jetzt in der gesamten Bundesrepublik zu kaufen ist. Roggen ist ein besonders zäher Bursche, Hefe schafft es nicht, ihn zum »Gehen« zu bringen – da muß Sauerteig her, das älteste, seit Hunderten von Jahren bekannte Treibmittel.

Wie der erste Sauerteig entstanden ist, kann man nur vermuten. Ich tippe auf eine faule Hausfrau, die sich in die Sonne gelegt hat, vielleicht, statt rechtzeitig ihr Brot zu kneten – und den sauer gewordenen Teig dann trotzdem noch zu Brot geformt hat – »es wird schon gehen«. Es »ging« auch, und wurde lockerer denn je und ganz besonders herzhaft im Geschmack.

Hier haben Sie nun mein Rezept für das von mir erfundene Roggenvollkornbrot, von dem mein Mann schwärmt, es sei das schönste Geschenk, das ich ihm gemacht habe. Im Laufe der Zeit kamen noch ein paar Gewürze dazu, Fenchel, Leinsamen, Kümmel und Koriander, die alle eine heilsame Wirkung auf Magen und Verdauung haben. Mögen Sie eins davon nicht, lassen Sie es weg. Wenn ich Lust habe, tue ich auch mal Sonnenblumenkerne hinein, das gibt einen nußartigen Geschmack, oder ich streue Sesam drauf oder Mohn, oder Kümmel.

Ein Problem ist der Sauerteig. Kennen Sie einen netten Bäcker, gibt er Ihnen vielleicht welchen ab – sonst können Sie ihn auch selbst bereiten. Das kann aber unter Umständen danebengehen, und ob es danebengegangen ist, merkt man leider erst nach einigen Tagen.

Ein gut »geführter« Sauerteig, wie der Fachmann ihn nennt, braucht nämlich 3 Tage, bis er reif ist – dann allerdings kann man immer ein Klümpchen für den nächsten Tag übriglassen. Das tut der Bäcker – da Sie aber nicht jeden Tag backen, wird Ihnen der Sauerteig höchstwahrscheinlich schlecht, wenn Sie ihn über 14 Tage aufheben. Im Kühlschrank geht's zur Not eine Woche – im Frischhaltebeutel oder im Schraubglas aufbewahren. Bei Bedarf dann wieder mit lauwarmem Wasser verdünnen.

Das aller-allerwichtigste für das Gelingen von sowohl Sauerteig-

wie Hefebackwaren: gleichmäßig warme Küche. Damit sie schön »gehen« können, lieben beide zwischen 25 und 35 Grad (also direkt neben die Heizung stellen oder in den Backofen, unterste Hitzestufe, Tür offenlassen). Ziehen darf es auch nicht. Und alle verwendeten Zutaten müssen lauwarm sein.
Und so wird der Sauerteig gemacht:

Sauerteig 1

(Für 2 kg Brot)

500 g Roggenmehl feingemahlen,
knapp 1/2 l lauwarmes Wasser,
2 TL gemahlener Kümmel oder
2 TL geriebene Zwiebel oder
2 EL Buttermilch.

Das feingemahlene Roggenmehl mit dem lauwarmen Wasser und entweder Kümmel, Zwiebel oder Buttermilch (jede Hausfrau schwört auf ihr eigenes Patent) in einem Topf verrühren. An einem warmen Ort (ca. 30 Grad) 3 Tage stehen lassen. (So mache ich es – eine Freundin füllt den potentiellen Sauerteig in ein Schraubglas, verschließt es gut, rührt aber täglich um.) Der Teig beginnt dann, Blasen zu werfen und rissig zu werden, er ist aufgeplustert und schmeckt zart und angenehm säuerlich. Schmeckt er scharf säuerlich und fällt zusammen, ist etwas schiefgegangen (dann hat er meistens zu kalt gestanden) – das Verhältnis zwischen Milchsäure und Essigsäure stimmt nicht, die Essigsäure hat die Hefepilze abgetötet. Ihr Brot wird nicht hochgehen! Ist mir auch schon passiert, dann gibt es leider nur eins: den essigsauren Sauerteig wegwerfen und noch einmal von vorn anfangen (oder gebrauchsfertigen, vakuumverpackten Sauerteig bei der Fa. Ernst Böcker, Postfach 2170, 4950 Minden, zu beziehen).

Sauerteig 2

1 TL Honig (kein Tannenhonig),
1 TL Öl, 50 g Mehl,
50 g Mineralwasser
(30 Grad warm)
Zutaten gut vermengen und in ein während 15 Minuten sterilisiertes Gefäß geben, das man luftdicht abschließen kann. 48 Stunden bei 25–30 Grad stehen lassen.
Nach diesen 48 Stunden
30 g Wasser (30 Grad warm) und
30 g Mehl
zugeben.
Gut vermengen und 3 Tage stehen lassen bei 25–30 Grad. Dann ist der Sauerteig fertig.

Nehmen wir an, alles ist o.k. – dann können wir nun, am Abend des 3. Tages, unser Brot ansetzen.

Mein Brot

1 kg Roggenschrot grob gemahlen, 1 kg Roggenschrot fein gemahlen, 1 l lauwarmes Wasser (wenn Sie etwas mehr nehmen, wird das Brot lockerer, Sie müssen aber länger kneten. Ausprobieren!), Sauerteig (wenn Sie ihn beim Bäcker kaufen, etwa 500 g), 1 EL Salz (ich nehme Meersalz, aber bei den verschmutzten Meeren heute ist es fraglich, ob das Meersalz noch dem Kochsalz vorzuziehen ist), je 1 EL Fenchel, Leinsamen, Kümmel, Koriander, und zwar von allen die ganzen Körner!

Schrot in eine große Schüssel geben, in die Mitte eine Mulde drücken und den gut gegangenen, hoffentlich blasenwerfenden Sauerteig hineinkippen, dazu etwa ein Drittel des lauwarmen Wassers. Von der Mitte aus verrühren Sie Sauerteig und Wasser mit einem Teil des Schrots, so wie man einen Hefevorteig zubereitet, zu einem dickflüssigen Brei, decken ein Tuch drüber und stellen ihn warm.

Bevor Sie schlafen gehen, gießen Sie das zweite Drittel des Wassers dazu und vergrößern den »Vorteig«, indem Sie noch ein bißchen von dem Schrot unterrühren, soviel er aufnimmt. Wieder zudecken und über Nacht warm stellen.

Am nächsten Morgen duftet es schon lieblich. Am besten nach dem Frühstück, auf alle Fälle ohne Hast und schön gemütlich, gießen Sie nun das letzte Drittel Wasser dran und fügen Salz und Gewürze zu. Wir haben einen regelrechten »Drei-Stufen-Sauer« produziert, wie der Bäcker dazu sagt – ich habe das allerdings beim erstenmal instinktiv gemacht. Nun geht's ans Kneten. Ich versuchte es zuerst mit dem Knethaken der Rührmaschine – er schaffte es nicht, er lief heiß, der Teig wurde einem Zementblock immer ähnlicher. Ich stiefelte also schnell mal über den Hügel zur Nachbarin um Rat – und die sagte einfach: »Mit die Händ muaßt knetn!«

Sie kneten also auch mit die Händ, bis sich der Teigballen von der Schüssel löst. Das geht schneller, als Sie vielleicht fürchten (in 10–15 Minuten), und zwar knetet es sich besser, wenn Sie die Hände immer wieder mal in heißes Wasser tauchen. Je länger Sie durchhalten, desto lockerer wird natürlich das Brot, evtl. noch etwas Wasser zufügen.

Der Teig hat die richtige Konsistenz, wenn eine Mulde, die Sie leicht mit dem Finger hineindrükken, sich gleich wieder schließt. Sonst noch etwas Schrot zugeben. Sie kriegen ganz zarte, glatte Hände beim Kneten! Nun formen Sie einen schönen runden Laib und legen ihn auf ein geöltes Backblech. Hier muß er noch einmal gehen, ca. 2 Stunden – vielleicht ritzen Sie noch vorher

ein Kreuzlein in die Mitte? Die frommen Bauern haben das früher getan.
Nach dem Gehen zieren das Brot ein paar wunderschöne Risse. Sie heizen Ihren Backofen auf 250 Grad vor, bepinseln Ihr Brot mit Wasser und schieben es in den Ofen, mittlere Schiene. Auf den Boden stellen Sie noch einen Topf mit heißem Wasser, damit die Kruste nicht zu hart wird – der Bäcker erzielt diesen Effekt mit Dampf. Keinen Topf nehmen, bei dem Henkel usw. schmelzen können!
Das Ganze macht weniger Arbeit als ein Kuchen, man stellt sich die Zubereitung nur immer so schwierig vor, weil sie sich über so lange Zeit erstreckt.
Nun können Sie erst mal verschnaufen, eigentlich kann nichts mehr schiefgehen.
Wie wär's mit einer Übung für die Gesichtsmuskeln? Die Zunge soweit wie möglich herausstrecken und dabei die Augen weit aufreißen, solange wie möglich! Das strafft die Konturen!
Ich mache hinterher gleich noch die Warten-auf-den-Briefträger- oder -auf-das-Kochen-des-Teewassers-Übung: ich stelle mich hinter den Küchenstuhl und schwinge ein Bein mal von rechts, mal von links über die Lehne. Dabei darf das Standbein nicht einknicken! 10mal jedes Bein hin und her ist nicht schlecht für den Anfang. Und gut für Oberschenkel und Po!
Jetzt fängt es schon an, ganz unverschämt gut zu duften. Nach ca. 1 1/2 Stunden ist Ihr Brot fertig – Sie können mit einer Stricknadel hineinpieken, bleibt nichts hängen, ist es gar, oder mit dem Knöchel gegen das Brot klopfen. Wenn es hohl klingt, ist es gut. Das Brot nun mit zwei Topflappen möglichst auf ein Holzbrett heben und ausdampfen lassen. Wenn es glänzen soll, noch mit kaltem Wasser bepinseln.
Wenn Sie auch noch so großen Heißhunger darauf haben, essen Sie das Brot nicht warm und nicht vor dem nächsten Morgen. Am besten ist es nach drei Tagen. Ich habe einmal eins im Keller vergessen, als ich verreiste, nach vier Wochen war es immer noch wunderbar.
Probieren Sie auch einmal folgende Variante: statt der Gewürze 1/2 geriebene Muskatnuß oder 1/2 TL gemahlene Nelken nehmen.

Sie sind doch hoffentlich nicht eine von den Hausfrauen, die beim Brotkauf ihren Zeigefinger in das Brot bohren, um zu prüfen, ob es frisch ist? Weich ist nicht gleich frisch, und frisch muß nicht gleich weich sein! Unser eben aus dem Ofen gezogenes Vollkornbrot zum Beispiel hat eine feste Kruste und ist trotzdem innen nicht hart. Kauen müssen Sie natürlich, und das sollen die Zähne ja. Gut gekaut ist halb verdaut!

Und noch andere köstliche Brote und Brötchen aus Vollkorn:

Roggen-Weizen-Vollkornbrot

1 kg Roggen, 1 kg Weizen,
ca. 500 g Sauerteig,
1 l lauwarmes Wasser,
1 EL Salz.

Am Abend vor dem Backen den Roggen und den Weizen fein mahlen. Mehl in eine Schüssel schütten. In die Mitte eine Mulde machen, da hinein den Sauerteig geben. Zwei Drittel des lauwarmen Wassers zugießen. Sauerteig mit dem Wasser und so viel von dem Mehl verrühren, daß ein noch flüssiger Teig entsteht. An warmem Ort über Nacht gehen lassen.

Am nächsten Morgen den Rest des Wassers zugeben und das Salz. Gut kneten, bis sich der Teig von der Schüssel löst. Ein längliches Brot formen. Das Brot auf einem gefetteten Blech 2 Stunden gehen lassen. Im vorgeheizten Ofen bei 220 Grad 1½ Stunden backen.

Es sieht hübsch aus, wenn man vor dem Gehen des Brotes mit einem Messer ein rautenförmiges Muster in die Oberfläche ritzt.

Beim Verzehr von 100 g Vollkornbrot nehmen wir 40 Kalorien weniger zu uns als beim Verzehr von 100 g »normalen« Brötchen (Semmeln); dafür aber mehr als doppelt soviel Kalium, mehr als dreimal soviel Eisen!

Roggen-Weizen-Vollkornbrötchen

Teig wie Roggen-Weizen-Vollkornbrot bereiten (evtl. nur die Hälfte nehmen, ergibt 25 Stück). Golfballgroße Bälle formen, auf ein geöltes Backblech setzen und Kerben einritzen. 1 Stunde gehen lassen, dann bei 220 Grad 25–30 Minuten backen.

Roggen-Weizen-Vollkornbrötchen mit Hefe

2 Päckchen Hefe (80 g),
½ l Wasser,
500 g Roggenvollkornmehl,
500 g Weizenvollkornmehl,
3 TL Meersalz,
1 TL Fruchtzucker.

Die Hefe mit ein paar Eßlöffeln des lauwarmen Wassers gut verrühren, die übrigen Zutaten mischen und dazugeben und gut durchkneten. Zudecken und etwa 1 Stunde gehen lassen.

Brötchen formen, auf ein gefettetes Blech setzen und eine Kerbe in die

Brötchen ritzen. Zugedeckt noch einmal 30 Minuten gehen lassen. Bei 220 Grad im vorgeheizten Ofen 25 Minuten backen.

Nicht den Topf mit Wasser auf dem Boden des Ofens vergessen, und auch die Brötchen vor dem Backen mit Wasser bepinseln! Und: alle Brote und Brötchen, die Weizen enthalten, schmecken besser frisch als alt.

Gefüllte Vollkornbrötchen

(Resteverwertung!)

8 Brötchen, 100 g Butter, knapp 1 EL frisch geriebener Meerrettich, 1/8 l süße Sahne, 200 g Camembert oder Roquefort oder Blue Castello, Kräutersalz, Pfeffer, Knoblauch, Schnittlauch.

Von den Brötchen längs oder quer einen Deckel abschneiden, Brötchen aushöhlen. Die weiche Butter mit dem Meerrettich verrühren, Sahne schlagen und unterziehen. Den Käse zerkrümeln und dazugeben, alles mit Kräutersalz, Pfeffer und durch die Presse gedrücktem Knoblauch abschmecken. Die Masse in die Brötchen füllen, mit gehacktem Schnittlauch bestreuen, Brötchendeckel draufsetzen und im Ofen bei 180 Grad überbacken, so daß der Käse schmilzt.

Variation: Statt des Käses Quark nehmen, nach Lust und Laune mit Kapern und Oliven anmachen.

Weizenvollkornbrot mit Hefe

1 kg Weizenvollkornmehl, feingemahlen, 2 Päckchen Hefe (80 g), 1/4 l Milch, 1/2 TL Fruchtzucker, 1/4 l Wasser, 1 EL Meersalz.

Das Mehl in eine Schüssel geben, eine Mulde machen und die Hefe hineinkrümeln. Mit 2 EL der lauwarmen Milch, dem Fruchtzucker und etwas Mehl zu einem Hefevorteig verrühren. Zudecken und an einem warmen Ort 1/2 Stunde gehen lassen.

Restliche Zutaten zugeben und 10 Minuten kneten, noch einmal 1 Stunde gehen lassen. Ein längliches Brot, wie eine französische Baguette, oder einen runden Laib formen und mehrmals quer einritzen. Das Brot auf ein geöltes Backblech setzen.

Im auf 225 Grad vorgeheizten Backofen 45 Minuten backen. Wenn das Brot aus dem Ofen kommt, mit zerlassener Butter bepinseln.

Etwas zur angeblich schlechten Verträglichkeit des Vollkorns: Auch schwache, verzärtelte Mägen werden nur am Anfang Umstellungsschwierigkeiten haben. Und gerade sie brauchen Vollkorn.
Der Darm kann erzogen werden!

Weizenvollkornbrötchen

Teig wie Weizenvollkornbrot mit Hefe.

Aus dem gut gekneteten Teig golfballgroße Brötchen formen, einkerben, auf ein geöltes Blech setzen und 30 Minuten gehen lassen. Im vorgeheizten Ofen 30 Minuten bei 200 Grad backen.

Variation: Brötchen vor dem Backen mit Eigelb, das mit wenig Wasser verquirlt ist, bestreichen und dann mit Mohn, Sesam oder Kümmel bestreuen.

Zwiebelbrot

Teig wie Weizenvollkornbrot mit Hefe.
Außerdem:
500 g (oder weniger) Zwiebeln,
6 EL Öl oder Butter.

Die Zwiebeln in Ringe oder Würfel schneiden, in dem Fett hellbraun rösten, abkühlen lassen und an den fertigen Teig geben.

Das Brot formen und weiter verfahren wie bei Weizenvollkornbrot mit Hefe.

Knäckebrot

500 g Weizenvollkornmehl,
500 g Roggenvollkornmehl,
1 EL Meersalz,
2 EL Fruchtzucker,
150 g Butter, 1 l Milch.

Das feingemahlene Mehl mit dem Salz und dem Zucker mischen und mit der Butter verkneten, zum Schluß die lauwarme Milch unterkneten.

Den Teig ca. 2 mm dick ausrollen und in Rechtecke schneiden, diese mit einer Gabel einstechen. Auf ein gefettetes Backblech legen und 45 Minuten bei ca. 200 Grad im vorgeheizten Ofen backen.

Knäckebrot trocken aufbewahren!

Variation: Halb Weizen-, halb Hafermehl nehmen.

Schlemmerbrötchen

nach Brecht

450 g Steinmetzmehl,
50 g frisch geschroteter Weizen,
3/8 l Milch, 100–150 g Butter,
35–40 g Hefe, 1 TL Salz.

Mehl und Schrot in eine große Schüssel geben. Von der Milch 1 Tasse abnehmen, mitsamt der Butter erhitzen, bis die Butter zergeht. Dann die restliche Milch zugeben. Dahinein die Hefe krümeln und rühren, bis sie aufgelöst ist.

Das Gemisch zu dem Mehl gießen, Salz zufügen und alles verkneten und so lange schlagen, bis sich der Teig von der Schüssel löst.

Brötchen formen und auf ein gefettetes Blech setzen, an einem warmen Ort 35–40 Minuten gehen lassen. Dann bei 200 Grad im vorgeheizten Ofen 30–40 Minuten backen. Sollen die Brötchen glänzen, vor dem Backen mit Milch oder Eiweiß bestreichen.
Variation: Eine Handvoll geriebene Haselnüsse, Kümmel oder Mohn unter den Teig rühren oder die Brötchen vor dem Backen damit bestreuen.
Diesen Teig kann man natürlich auch als Fladen backen oder als Pizzaboden – oder daraus Dampfnudeln machen.

Schnelle Quarkbrötchen

500 g Weizenvollkornmehl, 2 TL Backpulver, 2 TL Meersalz, 2 EL Fruchtzucker, 500 g Quark, 2 Eier.

Das frisch gemahlene Weizenvollkornmehl mit dem Backpulver, Salz und Zucker mischen, den Quark und die Eier drunterkneten. Ist der Quark sehr trocken, evtl. mit etwas Milch sämig machen.
Brötchen bei 180 Grad im vorgeheizten Backofen 15–20 Minuten backen.

Was man über Brot noch wissen sollte:
Roggenbrote werden nicht so schnell alt wie Misch- oder Weizenbrote.
Brot schimmelt am ehesten bei Wärme und hoher Luftfeuchtigkeit, also Brot kühl und trocken aufbewahren und nicht von der Luft abschließen. Brot muß »atmen« können.
Angeschnittene Brotlaibe mit der Schnittfläche auf Holzbrettchen stellen.
Brotbehälter mit Holzrosten auslegen, das Brot kann dann besser atmen.
Brot nicht im Kühlschrank aufbewahren, es trocknet schneller aus (dann lieber in Alufolie oder Wachspapier.)
Verschimmeltes oder angeschimmeltes Brot nicht essen! – Manche Schimmelpilze sind sehr gesundheitsschädlich. Beim Backen zerstört ein langer, mäßiger Erhitzungsprozeß mehr Vitamin B_1 als eine kurze hohe Backtemperatur. (Vitaminverlust bei Pumpernickel ist daher besonders hoch.)
Hefeteig muß sich beim Gehen verdoppeln, mit Sauerteig angesetzter Teig dagegen vergrößert sich nur um ca. 1/3. Wenn man leicht mit dem Finger auf den Teig drückt, muß sich die Delle sofort wieder glätten (gilt für beide Teigarten).
Ein Treibmittel sei noch erwähnt: ein Spezial-Backferment, mit dem man Weizen- und Roggenbrote backen und das man sich per Post zuschicken lassen kann. Damit wäre auch das Sauerteigproblem gelöst.

Brotrezepte werden gleich mitgeliefert. Die Adresse:
Forschungsring für Biol.-Dynamische Wirtschaftsweise
Getreidelabor
Baumschulenweg 11
6100 Darmstadt

Buchweizenbrei

250 g Buchweizen,
1/2 l Gemüsebrühe (Frugola),
1 Zwiebel, 2 EL Öl,
Koriander (gemahlen),
Muskat, Selleriepulver,
Oregano, Kräutersalz,
Pfeffer, Knoblauch,
geriebener Käse.

Buchweizen grob schroten und 2 Stunden in der Gemüsebrühe einweichen. Die kleingehackte Zwiebel in dem Öl golden dünsten, an den Buchweizen geben und mit den Gewürzen abschmecken. Bei kleiner Hitze garen (25 Min.). Mit geriebenem Käse bestreuen. Dazu Salat oder Gemüse.

Wenn jemand plötzlich Bauer wird, so kann er was erzählen! (Frei nach Matthias Claudius.)
Unsere Haflingerpferde Lotti und Liwei waren gerade eingetroffen. Der Stall, frisch gekalkt mit blankgeputzten Fenstern, ähnelte zwar noch einem sterilen Hospitalzimmer – aber eine Batterie von Mistgabeln und Reisigbesen wartete schon auf die Pferdeäpfel, die das Ganze sicher bald gemütlicher machen würden.
Vom ungewohnten Reiten und Striegeln und überhaupt vom Landleben todmüde, waren wir bereits um 9 Uhr abends in tiefen Schlaf gefallen. Um 6.30 Uhr am nächsten Morgen sollte der Zimmermann Toni kommen. Wir wollten die Umbauarbeiten unseres heute so schmucken Häuschens besprechen, das damals noch gar nicht schmuck, sondern – 300 Jahre alt – recht baufällig aussah.
In jener Nacht schrecke ich hoch; blinzle, was der Wecker sagt: kurz nach 6 Uhr. Wir haben verschlafen! Also schnell aufgestanden, Stall ausgemistet, Pferde gestriegelt. Kalt ist es am Misthaufen, der ja noch sehr minimale Ausmaße hat. Die armen Städter, denke ich, verschlafen den schönen Morgen! und recke mich der Mistgabel entgegen. Die Pferde fressen jedes seinen Liter Hafer und seine Gabel voll Heu; die Hunde Rüpel und Amina, genannt Minchen, und die Katzen Yuko und Fettucini Haferflocken und Milch; das Zwerghuhnpärchen Herr und Frau Nebbich pickt seinen Mais. Zum Schluß kommen Herrchen und Frauchen dran. Der grüne Kachelofen bullert. Wir verspeisen den neuentdeckten Buchweizenbrei und trinken Tee. Immer noch ist es stockdunkel draußen. Wir fangen an uns zu wundern: wo bleibt der Toni?

Ich schaue auf die Uhr und weiß nicht, wie sag ich's meinem Manne: die Uhr zeigt 2. Und der Wecker war nicht einmal stehengeblieben. Nein! Er hatte auf dem Kopf gestanden, was ich in meiner Verschlafenheit nicht bemerkte. Wir waren gegen halb ein Uhr aufgestanden und hatten alle mitten in der Nacht ausgiebig gefrühstückt. Und keiner, nicht Hund noch Katz, hat sich darüber gewundert. Wir stiegen alle wieder in die Federn bzw. krochen ins Heu und hüpften auf die Stange. Und als der Toni um 6.30 Uhr kam, schliefen wir wie die Murmeltiere.

Buchweizen-Käseauflauf

500 g fertiger Buchweizenbrei (s. Seite 143), 3 Eigelb, Kräutersalz, Pfeffer, 3 Eiweiß, 200 g geriebener Käse.

Den fertigen Buchweizenbrei mit den Eigelb legieren, mit Kräutersalz und Pfeffer abschmecken. Steifgeschlagenes Eiweiß unterziehen. Den Brei in eine gefettete Auflaufform füllen, mit dem Käse bestreuen und bei 200 Grad im vorgeheizten Ofen goldbraun überbakken.

Der Buchweizen gehört zu den Knöterichgewächsen, falls Ihnen das etwas sagt. Seine dreieckigen Früchte sehen aus wie Bucheckern und sind stark eisenhaltig.

Buchweizenklöße

geriebener Käse nach Geschmack, fertiggekochter Buchweizenbrei (s. Seite 143), evtl. 1 Eigelb, Kräutersalz, Pfeffer.

Käse unter den erkalteten Buchweizenbrei rühren, evtl. noch ein Eigelb zum Binden. Mit Kräutersalz und Pfeffer abschmecken.

Klöße abstechen, in kochendem Wasser ziehen lassen. (Wenn sie hochkommen, noch 5 Minuten.) Mit zerlassener Butter servieren oder mit einer Tomaten- oder Pilzsauce und dazu natürlich Salat.

Kascha

Buchweizenbrei marokkanisch

250 g Buchweizenkörner, Wasser, 1 TL Salz.

Die ganzen Buchweizenkörner trocken in einem Tuch abreiben, dann im Topf ohne Fett goldgelb rösten (Topf ab und zu schütteln). 2 Finger breit kochendes Wasser zugießen, salzen, aufkochen und den Topf in den vorgeheizten Backofen stellen, ausquellen lassen, bis die Kascha völlig trocken ist (ca. 25 Min.).

Kascha mit Artischockenherzen

1 Zwiebel, Knoblauch, 1 Möhre, 2 rote Paprikaschoten, 1 Sellerieherz, 1/2 Tasse Kastanien (evtl. Dose), 6 Pilze, 1/4 Tasse Petersilie, 1 Paket gefrorene Artischockenherzen, 1/2 TL Kräutersalz, 3 EL Sesamöl (oder anderes Öl), Pfeffer, Sojasauce, 2 Tassen gekochte Kascha, 1–2 EL Ananaswürfel, 1 EL Sesamsamen.

Zwiebel und Knoblauch fein hakken, Möhren, Paprikaschoten, Sellerieherz, Kastanien, Pilze in Scheiben schneiden, Petersilie hacken, aufgetaute Artischockenherzen ganz lassen.

Alles mit Kräutersalz in dem Öl garen (ca. 20 Min.), evtl. etwas Wasser zugeben. Die Artischockenherzen herausnehmen. Gemüse mit Pfeffer und Sojasauce abschmecken. Kascha und Gemüse mischen, auf heißer Platte anrichten, die Artischokkenherzen obenauf legen. Mit den Ananaswürfeln verzieren und Sesam drüberstreuen.
Schmeckt noch besser, wenn man den Sesam ganz kurz in trockener Pfanne röstet!

Mit dem Hafer konnte ich mich nur langsam anfreunden, denn ich hatte ihn in grausliger Erinnerung. Meine vier jüngeren Geschwister und ich mußten während der Kriegsjahre auf den Getreidefeldern der Bauern »stoppeln«, das heißt liegengebliebene Ähren auflesen. Vater schlug dann die Haferkörner heraus, Mutter mahlte sie in der Kaffeemühle, und aus dem so entstandenen Mehl wurde – Milch, Honig oder Zucker gab's schon längst nicht mehr – mit Wasser und Salz eine ziemlich scheußliche Suppe gekocht, die wir Kinder haßten, weil die ganzen Getreidespelzen mit drin waren.
Eine Panne werde ich nie vergessen: Wir entdeckten ein Feld mit so viel liegengebliebenen Haferhalmen, daß wir schnell nach Hause liefen, Säcke holten und Vater freudestrahlend unsere Ausbeute präsentierten. Der, stutzig geworden, hörte sich bei dem Eigentümer des Haferfeldes um – der Bauer hatte noch gar nicht geerntet! Vater, Lehrer in einem kleinen Dorf von 300 Einwohnern, Wietstock an der Nuthe, konnte und wollte – Krieg hin, Krieg her – nicht riskieren, daß es im Dorf hieß: Lehrers Kinder klauen Hafer. Als es dunkel wurde, mußten wir unsere Säcke wieder auf das Feld zurückschleppen. Beschämt haben wir die Haferhalme wieder sorgsam verteilt.
Heute gibt es spelzenlosen Hafer, Nackthafer, und spelzenlose Gerste, Nacktgerste, und für die pikanten Klöße, die man daraus herstellen kann, möchte ich Sie gewinnen.

Haferklöße

nach Brecht

2 Tassen ungemahlener Nackthafer, 1 knappe Tasse Milch,
2 Eigelb, 250 g Quark,
2 Eiweiß, Kräutersalz,
Frugola, Muskatblüte,
Knoblauch, Thymian,
1 l Frugolabrühe,
Petersilie, Schnittlauch,
evtl. geriebener Käse,
Butter.

Den Nackthafer fein mahlen (ergibt 4 Tassen, davon verwenden wir 3). Die Milch mit den Eigelb verquirlen, an das Hafermehl rühren und den Quark dazugeben. Die Eiweiß steif schlagen, unter die Masse ziehen und mit den Gewürzen abschmecken.

Die Frugolabrühe zum Kochen bringen. Mit einem Löffel Klöße aus der Hafermasse abstechen und in die kochende Brühe geben. Löffel jedesmal vor dem Abstechen in die heiße Brühe tauchen. Wenn die Klöße hochsteigen, noch einige Minuten leise köcheln lassen, dann mit einer Schöpfkelle herausnehmen und auf eine angewärmte Platte legen. Mit gehackter Petersilie und gehacktem Schnittlauch, evtl. noch mit geriebenem Käse bestreuen und mit zerlassener Butter servieren.
Vorher immer einen Probekloß kochen. Bei zu festem Teig mit Quark oder Milch verdünnen, bei zu dünnem Teig Hafermehl zurühren.
Sie können auch kleinere Klößchen abstechen und in einer Gemüsesuppe garen.
Oder daraus Puffer machen: Klöße flachdrücken und in der Pfanne auf beiden Seiten in Öl braten. Dazu eine pikante Sauce: Tomaten-, Zwiebel-, Oliven- oder Käsesauce.

Beim Verzehr von Hafer kann man eine fast augenblickliche Zunahme von sowohl geistiger wie körperlicher Leistungsfähigkeit beobachten. Die Richtigkeit mindestens letzterer Behauptung bestätigen unsere Pferde: eine zusätzliche Portion Hafer, kurz vor dem Reiten gefüttert – und sie gehen ab wie die Teufel, »als hätte sie der Hafer gestochen«.

Hirse enthält besonders viel Kieselsäure – wichtig für Knochen, Haare, Haut und Zähne.

Hirsebrei

300 g Hirse, 1 l Wasser (oder Gemüsebrühe), 2 Zwiebeln, 2 EL Öl, gehackte Kräuter, evtl. Knoblauch, Majoran, Muskat, Kräutersalz, Pfeffer, gehackte Petersilie.

Die Hirse unter Rühren in das kochende Wasser (oder Brühe) einstreuen. Auf kleiner Flamme ausquellen lassen (20–30 Min.). Die gehackten Zwiebeln in dem Öl goldgelb dünsten und zugeben. Hirsebrei mit den Gewürzen und Kräutern abschmecken und mit der gehackten Petersilie bestreuen.
Variation: Unter den Hirsebrei geriebenen Käse mischen. Und (oder) Curry.
Sie können auch Piroggen, Paprikaschoten, Tomaten, sogar Kohlrouladen mit Hirsebrei füllen.

Hirse mit Gemüse

Den fertigen Hirsebrei mit fertig gedünstetem Gemüse mischen, z. B. einem Quer-durch-den-Garten-Gemüse: Möhren, Lauch, Blumen-, Rosenkohl, Kohlrabi, Sellerie.

Zum Schluß mit einem Stück Butter und 2 EL süßer Sahne verfeinern und evtl. durch die Presse gedrücktem Knoblauch und gehackte Petersilie drüberstreuen.

Hirseklöße

fertiger Hirsebrei (s. Seite 147), 2 Eigelb, gehackte Kräuter nach Geschmack, evtl. Sojamehl zum Binden.

Den Brei mit den angegebenen Zutaten vermischen. Aus der dicken Masse Klöße abstechen, in kochendes Salzwasser legen, kurz aufkochen und dann 15 Minuten ziehen lassen. Dazu zerlassene Butter und Salat oder Gemüse.

Übrigens: Wußten Sie, daß eine Frau bei der Monatsregel zwischen 10 und 30 Milligramm (mg) Eisen verliert? Eisenmangel macht schlapp und blaß! Bereits 50 Gramm Hirse sichern den täglichen Eisenbedarf!

Hirsepuffer

fertiger Hirsebrei (s. Seite 147), gehackte Kräuter und Gewürze nach Geschmack (ruhig auch mal Rosmarin oder Salbei und Paprika), Weizenkeime zum Panieren, Öl zum Braten.

Aus der fertigen, herzhaft abgeschmeckten Hirsemasse Puffer formen, mit Weizenkeimen panieren und in Pflanzenöl goldgelb braten. Dazu Salat essen.

Saucen, die alle Hirse-, Mais- und auch Reisgerichte zu einer wahren Gaumenfreude machen: Pilzsauce, Tomatensauce, Currysauce, Mangochutneysauce, Käsesauce.

Den Leinsamen, den Samen des blaublühenden Leins oder Flachses, hat man wahrscheinlich bereits vor tausenden von Jahren gekannt. Denn sogar in Pfahlbauresten der jüngeren Steinzeit, ca. 3000–4000 Jahre vor Christi, wurden Leinfasergewebe gefunden. Der erste Bericht über den Genuß von Leinsamenkörnern aber geht auf die Zeit um 425 vor Christi zurück. Damals soll ein Trupp von den Athenern eingeschlossener Spartaner durch einen Brei aus gemahlenem Leinsamen, Mohnsamen und Honig gerettet worden sein, der, in Schläuche gefüllt, von schwimmenden Sklaven zu den Eingeschlossenen auf die Insel Sphakteria gebracht wurde.

Spätestens seit dieser Zeit schätzt man den Leinsamen auch als Lebens- und Arzneimittel. Er enthält ein besonders kostbares essentielles Fett, Eiweißstoffe, Lezithin, Pflanzenzucker, Schleim und Pektin, an Vitaminen besonders die Vitamine A und E, denen man Wirkung auf Wachstum und Fortpflanzung nachsagt, und das in jedem Samen vorkommende Auxin, ebenfalls von großer Bedeutung für das Wachs-

tum. Der Leinsamen-Schleim pflegt die Schleimhäute, und zwar alle Schleimhäute des Körpers.
Leinsamen ist *das* Mittel bei Verstopfung, im Brot verbacken oder – abends mit Wasser eingeweicht – morgens auf nüchternen Magen genossen (ca. 1–3 EL voll auf 1 Tasse Wasser). Aufgrund seiner hohen Quellfähigkeit schiebt er sich wie ein gut putzender Besen durch das verstopfte Gedärm. Er kuriert einen übersäuerten Magen, die Leber profitiert, und die Bauchspeicheldrüse freut sich; die Lymphflüssigkeit wird von ihm zum Fließen gebracht, Drüsen und Nieren werden angeregt, der gesamte Körper wunderbar entschlackt – Harnsäureablagerungen, Gicht und Rheuma wird vorgebeugt. Ein Wundermittel, die kleinen glänzenden Körner! Leinsamenschrot muß natürlich auch immer frisch gemahlen werden. Aus ihm lassen sich zwei tolle Gewürzmischungen zubereiten. Ich stelle sie auf den Tisch, und jeder würzt sich sein Essen selbst.

Leinsamenschrot süß

3 TL Leinsamenschrot, frisch gemahlen, 1 TL Fruchtzucker,
1 Prise echter Vanillezucker,
abgeriebene Zitronenschale (ungespritzt), 1 TL Kakaopulver,
1 EL gemahlene Nüsse oder Mandeln oder Kokosraspel.

Alle Zutaten miteinander vermischen. Über Müslis, süße Suppen oder Obstsalate streuen. Besonders beliebt bei Kindern!

Leinsamenschrot pikant

3 TL Leinsamenschrot, frisch gemahlen, Selleriesalz, gemahlener Kümmel, gemahlener Thymian,
gemahlener Majoran,
evtl. gehackte Kräuter, Kräutersalz.
Alle Zutaten miteinander vermischen. Die Gewürzmischung streue ich auf Butterbrote, über Salate und in Suppen.

Eingeweichter Leinsamenschrot kann kombiniert werden mit eingeweichten Rosinen oder anderem eingeweichten Trockenobst, frisch gemahlenen oder gehackten Nüssen und Mandeln, mit Apfelmus, frisch geriebenen Äpfeln, Bananen, Apfelsinen, frischen Früchten. Man kann einen tollen Fitmacher aus ihm bereiten: Leinsamenschrot kurz in beliebigem Saft – Apfel-, Trauben- oder frischem Erdbeer- oder Himbeersaft – ziehen lassen und trinken. Bringt (fast) jeden wieder auf die Beine!

Der Mais hat einen Haken: er ist im Verhältnis zu anderen Getreidesorten arm an Vitaminen der B-Gruppe. Bevölkerungsschichten, die sich ausschließlich von ihm ernährten, litten

häufig an der Pellagra, einer Krankheit, bei der der Patient u.a. an rauher Haut, »agra pella«, leidet. Da wir ja aber nicht nur von Mais leben, können wir uns an ihm frohgemut mit Kalium, Magnesium, Phosphor, Eisen und Kieselsäure auftanken. Der Magnesiumgehalt ist ganz besonders hoch.
Mais quillt beim Kochen weniger auf als die anderen Getreide, pappt auch weniger zusammen, weil er kleberfrei ist. Bei Maisfladen z.B. kann es nötig sein, etwas Soja- oder Weizenmehl zum Binden zuzugeben. Mais immer frisch vor dem Verbrauch in der Getreidemühle mahlen.

Maisbrei

1 l Wasser (oder halb Wasser, halb Milch oder Frugolabrühe),
250 g Maismehl, 1–2 TL Salz.

Flüssigkeit zum Kochen bringen, Maismehl unter Rühren einstreuen, Salz zugeben, aufkochen und 20 Minuten auf kleiner Flamme ausquellen lassen.

Polenta

500 g Maismehl, 1 l Wasser,
1–2 TL Salz.
Außerdem:
Butter, Käse (z. B. Butterkäse oder Gorgonzola),
geriebener Parmesankäse.

Maismehl in das kochende Wasser streuen, salzen, mit einem Holzlöffel rühren. Nach 10 Minuten wird die Polenta dick. Bei kleiner Flamme noch ca. 20 Min. ausquellen lassen, evtl. auf einer Asbestplatte, damit der Brei nicht anbrennt.
Die Polenta auf eine Platte kippen, glattstreichen und davon Stücke abschneiden, oder mit einem Glas runde Scheiben ausstechen, was sehr hübsch aussieht. Auf jede Scheibe geben Sie ein Stückchen Butter und ein Stückchen Käse und streuen noch geriebenen Parmesan drüber, alles wird zart schmelzen.
Variation: Auf eine dicke Scheibe Polenta eine Mischung aus Gorgonzola und Butter geben (ca. 250 g Gorgonzola und 100 g Butter gut vermischen). Obendrauf kommt wieder Polenta, das Ganze wie einen runden Turm formen. Im heißen Backofen ein paar Minuten überbacken und den Turm aufschneiden.
Herrlich! Wenn Sie dazu noch eine Tomatensauce möchten – bitte!

Für die Mamaliga, das rumänische Nationalgericht, kocht man den Maisbrei genauso steif wie die Polenta und mischt darunter mit saurer Sahne verrührten Quark (500 g Quark, $1/2$ l saure Sahne). Die Mamaliga für ein paar Minuten in den heißen Backofen stellen.

Maisbrei mit Gemüse

500 g Gemüse nach Vorrat (Möhren, Lauch, Sellerie, Kohlrabi, Petersilienwurzel etc.), 1–2 Zwiebeln, Knoblauch, Kräutersalz, Pfeffer, Thymian, Majoran, Spur Salbei, Rosmarin, Muskat, 2 EL Öl, 1 Rezept Maisbrei mit Frugolabrühe gekocht (s. linke Seite), Stich Butter, 1 EL Sahne, Petersilie.

Das in kleine Stücke geschnittene Gemüse, die gehackten Zwiebeln und die Gewürze und Kräuter in dem Öl und wenig Wasser garen (20 Min.). Mit dem fertigen, nicht zu dicken Maisbrei mischen, Butter und Sahne drunterrühren und gehackte Petersilie drüberstreuen.

Maisschnitten

1 l Wasser (oder Frugolabrühe), evtl. Kräutersalz, Pfeffer, Curry, Selleriesalz, Majoran, Muskat, Koriander (gemahlen), Knoblauch, 250 g Maismehl, Öl zum Backen.

In die kochende Frugolabrühe die Gewürze geben (den Knoblauch durch die Presse drücken) und unter Rühren das Maismehl einstreuen. Zu einem Kloß kochen.

Die Masse zentimeterdick auf ein mit kaltem Wasser abgespültes Brett oder Blech streichen, abkühlen lassen. Dann rautenförmige Stücke schneiden und in heißem Öl golden backen. Dazu ein Salat – mir ist am liebsten ein Salat aus rohem gewürfeltem Gemüse.

Weizenspeise aus Marokko

2 Tassen Weizenkörner, 1 1/2 l Wasser, 2–3 TL Kräutersalz, 1 TL schwarzer gemahlener Pfeffer, 1 TL gemahlener Kümmel, 1 TL (oder weniger) Chilipfeffer, 3 EL Öl, 4 Tomaten, 1 Prise Kräutersalz, 1 Prise Pfeffer, Basilikum, Butterflöckchen.

Die ganzen Weizenkörner in dem Wasser über Nacht einweichen.

Weizenkörner im Einweichwasser zum Kochen bringen (evtl. etwas Wasser zugeben, es soll 2 Fingerbreit über dem Weizen stehen). Hitze drosseln, auf kleiner Flamme eine halbe Stunde garen. Nun Kräutersalz, Pfeffer, Kümmel, Chilipfeffer (Vorsicht, ist sehr scharf!) und das Öl zugeben. Auf kleiner Flamme noch ca. 15 Minuten schmoren. Der Weizen soll knackig sein.

Nun die halbierten Tomaten auf die Oberfläche der Weizenspeise setzen. Tomaten mit Kräutersalz, Pfeffer und Basilikum bestreuen, Butterflöckchen draufsetzen. Deckel draufgeben. Bei niedriger Hitze ziehen lassen, bis die Tomaten gar sind.

Reis – aufs Korn genommen.

Wissen Sie, daß sich etwa die Hälfte der Erdbevölkerung von Reis ernährt? Er ist tatsächlich ein vollwertiges Lebensmittel, wenn man ihn ungeschält verzehrt – und das ist bei der armen Bevölkerung Asiens heute noch der Fall. Weil die »zivilisierte« Menschheit aber dem Zwang unterworfen scheint, alles weißmachen und bleichen zu müssen, wurde seine Randschicht entfernt, das »Silberhäutchen« und der Keim, und das Reiskorn wurde außerdem noch mit Talkum poliert. Mit der äußeren Randschicht aber, Sie ahnen es bereits, bleiben auch wieder wertvolle Spurenelemente und Vitamine, besonders der B-Gruppe, die eine wichtige Rolle beim Kohlenhydratstoffwechsel spielt, auf der Strecke. Der Kaliumgehalt des Vollreises ist siebenmal so groß wie sein Natriumgehalt. Das macht ihn zu *der* Entwässerungsdiät für Leute mit hohem Blutdruck, Gefäß- und Herzkrankheiten sowie Rheuma.

Das Absurde: der naturbelassene Reis schmeckt viel besser als der polierte, viel herzhafter, würziger. Er braucht nur länger zum Garen, ca. 45 Minuten, und etwas mehr Wasser. Und er ist nicht so schneeweiß wie sein »kastrierter« Bruder.

Wie kocht man Vollreis?

Jeder macht's anders. Ich wasche ihn, bringe sehr viel gesalzenes Wasser (»nach Schnauze«) zum Kochen, streue den Reis hinein, lasse ihn kurz sprudelnd kochen, stelle die Hitze zurück und lasse bei niedriger Hitze und geschlossenem Topf garen. Umrühren höchstens mal mit der Gabel. Schon vor Ende der wahrscheinlichen Garzeit (45 Minuten) immer wieder probieren, eine Minute zuviel, und der Reis ist nicht mehr körnig, sondern klumpig. Ich gieße den Reis dann in ein Sieb (Kochwasser anderweitig verwenden, zu Suppen, Saucen), spüle ihn kurz unter fließendem kaltem Wasser ab, gebe ihn zurück in den Topf, in dem ich ein Stückchen Butter schmelzen lasse, und schmecke ihn mit Salz, Pfeffer, Curry, Safran, Käse etc. ab. Genausogut kann man ihn im Sieb über Wasserdampf wieder erhitzen.

In Indien habe ich gesehen, daß der Koch ein Handtuch zusammenfaltete und über den leise kochenden Reis legte, und darauf erst den Deckel. Diesem Reis war ein Stückchen Butter zugesetzt. Sehr gute Wir-

kung tut ein Eßlöffel Öl, gleich zu Anfang ans Kochwasser gegeben. Dieser kleine Trick macht auch alle Teigwaren wie Nudeln und Spaghetti schön glitschig, so daß sie nicht zusammenkleben.
Für Reisgerichte mit Wasser oder Gemüsebrühe verwende ich Langkornreis, für Reisgerichte, die mit Milch gekocht werden, Rundkornreis.

Reis mit Gemüse

2–3 Zwiebeln, 2 EL Öl,
Gemüse nach Wahl, insgesamt ca. 750 g: Möhren, Kohlrabi, Blumenkohl, Sellerie, Lauch, Petersilienwurzel etc.,
1/4 l Frugolabrühe, Kräuter und Gewürze nach Geschmack: 1 Lorbeerblatt, Salbei, Rosmarin, Piment, ein paar Pfefferkörner, Curry, Safran.
Außerdem:
400 g Vollreis, 1 Stich Butter, Sahne nach Geschmack, Knoblauch, Petersilie, Schnittlauch.

Die kleingehackten Zwiebeln in dem Öl golden dünsten. Das in Stücke geschnittene Gemüse kurz mitdünsten. Die Frugolabrühe zufügen und fertig garen (ca. 20 Minuten). Den Reis in sprudelndem Salzwasser garen (ca. 45 Minuten) und abgießen.
Das Gemüse mit dem Reis mischen. Einen Stich Butter zugeben und, wenn man es sich linien- und cholesterinspiegelmäßig leisten kann, noch etwas Sahne. Nach Geschmack durch die Presse gedrückten Knoblauch unterziehen. Evtl. noch mit Kräutersalz nachwürzen. Mit gehackter Petersilie und Schnittlauch bestreuen.
Auf dieses Gericht können Sie auch geriebenen Käse geben. Oder mal hauptsächlich mit Curry würzen. Das schmeckt ganz exotisch, sehr indisch!

Reis mit Lauch

400 g Vollreis, 500 g Lauch, 1 Zwiebel, Majoran, Thymian, etwas Öl oder Butter, evtl. Kräutersalz, Knoblauch, Stich Butter, Petersilie.

Reis in Salzwasser ca. 45 Minuten gar kochen. Lauch in Stücke schneiden, mit der gehackten Zwiebel, Majoran und Thymian in etwas Öl oder Butter dünsten.
Dann den Reis mit dem Lauch mischen, mit Kräutersalz abschmekken. Durch die Presse gedrückten Knoblauch und einen Stich Butter zugeben. Mit gehackter Petersilie bestreuen.

Reis mit Pilzen

400 g Vollreis, 400 g Pilze, 1 Zwiebel, Petersilie, Muskat, Kräutersalz, etwas Öl, Knoblauch, Stich Butter, Petersilie.

Den Reis in Salzwasser ca. 45 Minuten gar kochen. Pilze schneiden, mit gehackter Zwiebel, gehackter Petersilie, etwas Muskat und Kräutersalz in Öl dünsten. Fertiggegarten Reis mit den Pilzen mischen. Durch die Presse gedrückten Knoblauch und einen Stich Butter zugeben. Mit gehackter Petersilie bestreuen.

Risotto

1 Zwiebel, 2 EL Öl,
400 g Vollreis, ca. 3/4 l Gemüse oder Frugolabrühe, Knoblauch, Curry, geriebener Käse, Petersilie.

Die Zwiebel fein hacken und in dem Öl golden dünsten. Den nicht gewaschenen, nur trocken mit einem Tuch geriebenen Reis dazugeben, golden werden lassen, dann die Brühe zugießen und den Reis bei kleiner Hitze garen. Durch die Presse gedrückten Knoblauch und Curry druntermischen, nach Geschmack mit Käse und gehackter Petersilie bestreuen.

Risotto kann auch mit Erbsen, Spargelstückchen, Pilzen, grünen Bohnen und (oder) abgezogenen gewürfelten Tomaten gemischt werden. Reste schmecken wunderbar als Reissalat, mit ein paar Löffeln einer meiner Salatsaucen angemacht.

Oder Sie machen aus so einem Rest ein neues Mittagessen, indem Sie ein paar verquirlte Eier drübergießen und bei kleiner Hitze stocken lassen.

Mit pikant abgeschmecktem Risotto können Sie Tomaten, Paprikaschoten, Auberginen, Gurken oder Kohlrouladen füllen. Eventuell noch mit etwas Tomatenmark nachwürzen.

Sehr hübsch sieht ein Risotto aus, wenn Sie es in eine mit kaltem Wasser ausgespülte Ringform pressen, sofort auf eine heiße Platte stürzen und mit einer Sauce servieren (Tomaten-, Oliven-, Zwiebel-, Käse- oder Mangochutneysauce).

Reis mit Eiern und Käse

3–4 Tassen gekochter Vollreis,
2 EL Öl, Pfeffer, Prise Chilipfeffer, 1/2 TL gestoßener Kümmel,
1 Zwiebel, 4 Tomaten,
1 Tasse gekochter Vollreis,
4 Eier, Kräutersalz,
1 Tasse geriebener Käse.

Öl mit Pfeffer, Chilipfeffer, Kümmel und der kleingeschnittenen Zwiebel heiß werden lassen. Die in Stücke geschnittenen Tomaten zugeben, kurz dünsten.

Alles pürieren, dann den fertigen Reis zugeben und 10 Minuten leise köcheln lassen. Mit einem Ei 4 Vertiefungen in den Reis drücken, in jede ein Ei schlagen, Deckel draufgeben und die Eier zu verlorenen Eiern stocken lassen (5–8 Minuten). Salzen und pfeffern, geriebenen Käse drüberstreuen, Käse schmelzen lassen. Im Topf auf den Tisch bringen.

Ich serviere die meisten Gerichte in den Töpfen und Pfannen, in denen ich sie zubereitet habe. Verzinnte Kupfertöpfe und -pfannen sehen nicht nur hübsch aus – Sie haben so auch weniger Abwasch.

Wie wär's mit einer Übung für die Augen, während die verlorenen Eier stocken? Im Alter zwischen 40 und 50 beginnt die Sehkraft unweigerlich nachzulassen, weil die Elastizität des Augenmuskels abnimmt. Wie jeden Muskel können wir aber auch den trainieren – und wenn Ihre Augen sonst gesund sind, können Sie das Brilletragen hinausschieben, wenn Sie diese Übungen regelmäßig machen.

Bei allen Übungen bewegen sich nur die Augen, das übrige Gesicht bleibt unbeweglich. Nach jeder Übung Augen schließen und ausruhen.

1) Augen in einer Linie so weit wie möglich nach oben bewegen. Augen in einer Linie so weit wie möglich nach unten bewegen. Dreimal wiederholen, Augen schließen, ausruhen.

2) Augen in einer Linie so weit wie möglich nach links bewegen. Augen in einer Linie so weit wie möglich nach rechts bewegen. Dreimal wiederholen, Augen schließen, ausruhen.

3) Augen diagonal nach links oben bewegen, dann in einer Linie nach rechts unten. Dreimal wiederholen, Augen schließen, ausruhen.

4) Augen diagonal nach rechts oben bewegen, dann in einer Linie nach links unten. Dreimal wiederholen, Augen schließen, ausruhen.

5) Mit den Augen Kreise drehen: nach oben, nach rechts, nach rechts unten, nach links unten, nach links oben, bis zur Mitte. Dreimal wiederholen, Augen schließen, ausruhen.

6) Und dasselbe umgekehrt: Augen nach oben bewegen, nach links oben, nach unten, nach rechts unten, nach rechts oben, zur Mitte. Dreimal wiederholen, Augen schließen, ausruhen.

7) Auf die Nasenspitze schauen, dann auf einen entfernten Punkt, wieder auf die Nasenspitze, wieder auf den entfernten Punkt etc., insgesamt viermal. Augen schließen, ausruhen.

Zum Schluß die geschlossenen Augendeckel zart massieren. Fertig!

Während einer Theatertournee zeigte ich einer Schauspielerin, die seit Jahren eine Brille trug, diese Übungen. Ein paar Wochen später konnte sie ihre Brille weglegen.
So, das Ganze hat nicht länger gedauert, als die verlorenen Eier zum Stocken brauchten!

Orientalisches Reisgericht

2 Tassen Vollreis, 4 Tassen Wasser, 1/2 TL Kräutersalz,
2 EL Weizenschrot,
4 Möhren, 4 Kartoffeln,
je 1 Handvoll kleingeschnittene, getrocknete Bananen,
Äpfel und Aprikosen,
1 Handvoll Rosinen,
1 Prise Safran, Pfeffer,
2 EL Kürbiskerne,
2 EL Pinienkerne,
2 EL Sonnenblumenkerne, Sojaöl,
frisch geriebene Ingwerwurzel (oder gemahlener Ingwer),
gemahlener Kümmel,
1 EL Sesamsamen,
1 Handvoll Ananasstücke.

Den Reis in das kochende Salzwasser einstreuen, Hitze herunterstellen und ca. 20 Minuten köcheln lassen. Dann Weizenschrot, die kleingeschnittenen Möhren und Kartoffeln, die Trockenfrüchte, Rosinen, Safran, Pfeffer und die Samenkerne zugeben, fertig garen.

In einer Pfanne das Sojaöl erhitzen, die frisch gemahlene Ingwerwurzel zugeben, den gemahlenen Kümmel, Sesamsamen und die Ananasstücke. Alles heiß werden lassen und zu dem fertigen Reis geben.
Variation: 2 Sellerieherzen und 2 Birnen mitschmoren. Mit 1 TL Honig abschmecken.

Reis marokkanisch

2 Tassen Vollreis, 4 Tassen Wasser, 1/2 TL Kräutersalz,
je 1 Handvoll getrocknete Bananen, Äpfel und Aprikosen,
1 Zwiebel, 1 Handvoll Pilze,
2 rote Pfefferschoten,
2 Stangen Bleichsellerie, 2 Möhren,
1 Stückchen Fenchel, 1 Zucchini,
1 EL gehackte Petersilie,
6 EL Sesam- oder Maisöl,
je 2 EL Kürbiskerne, Pinienkerne und Sonnenblumenkerne,
Sojasauce.

Den Reis in das kochende Salzwasser einstreuen, Hitze herunterschalten und ca. 20 Minuten köcheln lassen. Dann die kleingeschnittenen Trockenfrüchte zugeben und den Reis fertig garen.
Die gehackte Zwiebel, das kleingeschnittene Gemüse und die gehackte Petersilie in dem Öl andünsten. Etwas Wasser zugeben und gar dünsten.
Reis und Gemüse mischen und die Samenkerne zugeben. Alles noch einmal erhitzen und mit Sojasauce abschmecken. Wer mag, schmeckt auch noch mit Knoblauch ab.

Reis in Kokosmilch

300 g Kokosflocken, 1 l Wasser, 400 g Vollreis, 1–2 TL Kräutersalz, 2 Lorbeerblätter, abgeriebene Zitronenschale.

Die Kokosflocken mit dem kochenden Wasser überbrühen und 30 Minuten ziehen lassen. Dann die Masse mit den Händen durchkneten und abseihen. In der so entstandenen Kokosmilch den gewaschenen Reis mit den restlichen Zutaten garen (45 Min.).

Dazu Salat oder ein Gemüsegericht, zum Beispiel aus Paprika, Tomaten oder Auberginen.

Rosinenreis

1 Handvoll Rosinen, 400 g fertiggegarter Vollreis, Stich Butter.

Rosinen eine Stunde in etwas Wasser quellen lassen, unter den fertigen Reis rühren, erhitzen und einen Stich Butter drangeben.

Varianten: Eine halbe Handvoll Rosinen, 3 zu Mus zerdrückte Bananen zugeben. Stich Butter zufügen und 1 Prise Ingwer.

Reisklöße

500 g Vollreis, 3/4 l Frugolabrühe, 3 Eier, 6 EL geriebener Käse, 2 Zwiebeln, 4 Tomaten, 3 EL Öl, Kräutersalz, Pfeffer, Oregano, Muskat, Öl zum Braten.

Den Vollreis ca. 45 Minuten in der Frugolabrühe garen. Die verquirlten Eier und den geriebenen Käse unterrühren.

Die gehackten Zwiebeln und die enthäuteten, gewürfelten Tomaten in dem Öl golden dünsten, mit der Reismasse mischen. Mit den Gewürzen abschmecken.

Klöße abstechen, in heißem Öl goldbraun braten oder kleine Puffer davon backen.

Dazu eine Kapern-, Tomaten-, Curry-, Pilz-, Zitronen- oder Knoblauchsauce.

Nudeln, Pizza, Quiche & Co.

Teigwaren sind als Dickmacher verpönt. Sie müssen aber nicht dick machen – wenn sie nämlich aus Vollkorn- bzw. Vollsojamehl hergestellt werden. Sind Sie diesem herzhaften Geschmack erst einmal verfallen, rühren Sie gar keine bleichen, faden, dickmachenden »normalen« Nudeln mehr an.

Haben Sie auch immer geglaubt, die Heimat der Makkaroni und Spaghetti sei Italien? Irrtum! Die Chinesen sind ihre Väter, und erst Marco Polo hat sie nach Italien mitgebracht. Die italienischen Hausfrauen haben es allerdings beim Nudelmachen zu ganz besonderer Meisterschaft gebracht und bereiten auch heute ihre Nudeln oft noch selbst. Wollen Sie es versuchen? Nudelmachen macht Spaß, sogar den Männern. Meiner ist auch verrückt nach den Selbstgemachten.

Kann es da noch verwundern, wenn unser Lieblingskater »Fettucini« heißt?

Übrigens: Sie haben vielleicht auch schon gelesen, daß Sie Ihr Bewußtsein um »Joule« (sprich: Dschaul) erweitern müssen – und sicher ist Ihnen auch schon aufgefallen, daß in

meinem Buch so gut wie nie von Kalorien die Rede ist. Bei einem durch Vollwertkost sensibilisierten Körper tritt nämlich eine Art »Eßbremse« in Aktion, die alles lästige Kalorienzählen oder Joulerechnen überflüssig macht.

Selbstgemachte Nudeln 1

500 g Vollkornweizenmehl oder halb Vollkornweizenmehl, halb Sojamehl (feingemahlen), 5 Eier, 5 EL Wasser oder Milch, 1 TL Salz.

Mehl in eine Schüssel schütten, in die Mitte die Eier geben und das Wasser (oder die Milch) und das Salz. Nun alles verkneten, der anfangs dünnflüssige Teig wird dabei immer fester. Ordentlich mit dem Handballen bearbeiten und schlagen, bis er ganz elastisch ist und nichts mehr an der Schüssel klebt. 30 Minuten ruhen lassen.
Dann auf einem bemehlten Blech dünn ausrollen (einige Millimeter dick), den ausgerollten Teig zu einer Rolle zusammenrollen und von dieser quer die Nudeln abschneiden. Nudeln 30 Minuten trocknen lassen und dann in kochendem Salzwasser garen. Sie sollen »al dente«, also bißfest gekocht werden. Am besten machen Sie nach ca. 10 Minuten eine Probe. Schmeckt die Nudel, obwohl noch knackig, nicht mehr roh, ist sie auch schon richtig.

Selbstgemachte Nudeln 2

(ohne Eier)

250 g Weizenvollkornmehl,
80 g Sojamehl,
80 g Weizenkleie, 80 g Weizenkeime,
8–10 EL Wasser,
2 TL Salz.

Alle Zutaten verkneten, weiter verfahren wie Nudeln 1. Mit einer Nudelmaschine geht's natürlich noch einfacher.

Wenn Sie dem Kochwasser einen Eßlöffel Öl zugeben, kleben die Nudeln nicht zusammen.

Nudelauflauf italienisch »Lasagne«

300 g Möhren, 300 g Sellerie oder Bleichsellerie, 300 g Lauch, 2 Zwiebeln, Knoblauch, 2–3 EL Öl, 3 EL Tomatenmark, 1 TL Curry, Kräutersalz, Pfeffer, 1 Prise zerstoßene Nelken, Muskat, 1 Lorbeerblatt, 1/4 l Frugolabrühe, 1/8 l Weißwein, 500 g fertiggekochte grüne Lasagne, Béchamelsauce (s. Seite 74), geriebener Käse, Butterflöckchen.

Das Gemüse, Zwiebeln und Knoblauch fein hacken, in dem Öl andünsten. Tomatenmark und die Gewürze zugeben, Brühe und Weißwein zugießen, 20 Minuten dünsten. Abschmecken.
In eine gebutterte, feuerfeste Form schichtweise Lasagne, Gemüsemasse, Bechamelsauce und geriebenen Käse geben, als oberste Schicht Lasagne. Darauf noch einmal Käse streuen und Butterflöckchen setzen. Bei 200 Grad im vorgeheizten Backofen ca. 30 Min. backen.

Natürlich können Sie die Lasagne verde auch selbst bereiten. Dafür brauchen Sie:
2 Eier, etwas Butter, 100 g Spinat, Kräutersalz, 300 g Vollkornweizenmehl oder 250 g Vollkornweizenmehl und 50 g Sojamehl.
Die Eier mit dem kurz in Butter gedünsteten und gehackten, abge-

tropften Spinat mischen. Salz zugeben und so viel Mehl, daß ein ausrollbarer Teig entsteht. Evtl. mehr Mehl nehmen als angegeben, das hängt davon ab, wie feucht der Spinat ist. Natürlich geht auch Tiefkühlspinat.
1 Stunde ruhen lassen, dann auf bemehltem Brett dünn ausrollen, Quadrate von 10×10 oder 8×8 cm schneiden, nochmals 1/2 Stunde ruhen lassen. Etwas vom Brett abheben, damit die Lasagne trocknen können. In sprudelndes Salzwasser schütten, garen.

Nudeln in Butter mit Käse und Sahne

100 g (oder mehr) zerlassene Butter, 400 g fertiggekochte Nudeln, 200 g Käse, 1/4 l (oder weniger) süße Sahne, Kräutersalz, Pfeffer.
Die zerlassene Butter über die heißen Nudeln gießen. Den Käse zerkrümeln, mischen und daruntermengen. Die Sahne zugießen, mit Kräutersalz und Pfeffer abschmekken. Noch einmal erhitzen, aber nicht mehr kochen lassen.
In Italien *muß* es eine Mischung aus den 4 Käsesorten Gruyere, Parmesan, Fontina und Provolone sein. Mir schmeckt auch sehr gut Gorgonzola oder Blue Castello, und – ich wage es kaum zu sagen – eine Winzigkeit Knoblauchsaft macht dieses lukullische Mahl noch betörender!

Wenn Sie mal in Rom sind: unbedingt die Fettucine Alfredo versuchen! (Bei Alfredo). Sie sind unnachahmlich, allerdings aus »normalem« Nudelteig gemacht, und ich nehme jedesmal 1 Pfund zu, wenn ich sie esse. Die Mär sagt, daß Alfredo in 1 Kilo Mehl 10 kleine Eier schlägt. Wieviel Sahne und wieviel Butter er dann aber noch zufügt, diese Prognose wage ich gar nicht zu stellen. Es muß enorm sein. Alfredos Fettucine bringen einen allerdings auch (fast) um den Verstand.
Den (geriebenen!) Käse mischt der cameriere erst bei Tisch mit ungeheurer Geschwindigkeit unter die Fettucine. So flockig ist die Käsemasse, daß man an Frau Holles Betten denkt.
Unbedingt einen Wein dazu trinken, das Essen ist trotzdem billig. Mit einem frischen Salat und etwas Obst hinterher eine vollständige Mahlzeit.

Nudel-Lauch-Auflauf

500 g fertiggegarte Nudeln, Tomatenmark, Knoblauch, Paprika, Muskat, 1 kg Lauch, 2–3 EL Öl, etwas Frugolabrühe, einige Korianderkörner, Kräutersalz, Pfeffer, Petersilie, geriebener Käse, Butterflöckchen.
Die fertigen Nudeln mit dem Tomatenmark mischen und mit Knoblauch, Paprika und Muskat abschmecken.

Den gut gewaschenen Lauch in Stücke schneiden, diese in dem Öl andünsten. Dann ganz wenig Frugolabrühe zugeben (nur so viel, daß nichts anbrennt), ein paar Korianderkörner, evtl. noch etwas Kräutersalz und Pfeffer.
Lauch nicht zu weich schmoren (10 Minuten). In eine feuerfeste, gebutterte Form eine Schicht Nudeln geben, darauf gehackte Petersilie, darauf Lauch, wieder Nudeln usw., oberste Schicht Nudeln. Dick mit geriebenem Käse bestreuen, Butterflöckchen draufsetzen, im vorgeheizten Backofen bei 200 Grad in 30 Minuten goldgelb überbacken.

Nudeln mit Trüffelsauce

2 EL Butter, 100 g Käse in Streifen, möglichst Gruyère,
1 Prise Salz,
1 Prise Pfeffer,
ein paar Löffel Frugolabrühe,
viele Trüffeln (je nach Geldbeutel)
500 g fertiggegarte Nudeln.

In der zerlassenen Butter den Käse schmelzen lassen, salzen und pfeffern. Frugolabrühe zugießen und aufkochen. Die gehackten Trüffeln zugeben, noch einmal erhitzen und durchziehen lassen. Sauce über die Nudeln gießen.
Variation: Die gekochten Nudeln in zerlassener Butter und süßer Sahne anmachen, mit Kräutersalz und Pfeffer würzen und die dünn gehobelten Trüffeln daruntermischen. Vorsichtig erhitzen.
Ein Aphrodisiakum!

Nudel-Champignon-Auflauf

500 g fertiggegarte Nudeln,
2 EL Tomatenmark,
1 EL süße Sahne, Kräutersalz,
500 g Champignons, 1 Zwiebel,
2 EL Öl, Pfeffer, Muskat,
Liebstöckel, Petersilie,
Knoblauch, geriebener Käse,
Butterflöckchen.

Die Nudeln mit Tomatenmark und Sahne und evtl. Kräutersalz abschmecken.
Die geputzten Champignons in dicke Scheiben schneiden. Die gehackte Zwiebel in dem Öl golden dünsten, Champignons dazugeben, mit Kräutersalz, Pfeffer, Muskat und Liebstöckel abschmecken. Die gehackte Petersilie und den durch die Presse gedrückten Knoblauch dazugeben, alles kurz dünsten (5–10 Min.). In eine gebutterte Auflaufform eine Schicht Nudeln legen, darauf Champignons, wieder Nudeln, oberste Schicht Nudeln. Obenauf geriebenen Käse streuen, Butterflöckchen draufsetzen. Im vorgeheizten Ofen (200 Grad) 30 Minuten überbacken.
Auch eine Aioli, eine Knoblauchsauce, schmeckt wunderbar zu Spaghetti und Makkaroni und Nudeln! Und ein paar Kapern und Oliven in eine Aioli hineingehackt, macht's noch feiner.

Nudelauflauf mit Tomatensauce

500 g fertiggegarte Nudeln, 2 EL Butter, 1 Rezept Tomatensauce (s. Seite 79), Käsescheiben, wenn möglich Mozzarella, Basilikumblätter, geriebener Käse, Butterflöckchen.

In eine gebutterte, feuerfeste Form eine Lage in zerlassener Butter geschwenkte Nudeln geben, darauf Tomatensauce, darüber dick Mozzarellascheiben, darauf die Basilikumblätter, geriebenen Käse usw. Oberste Schicht Nudeln, darauf die restliche Sauce gießen, geriebenen Käse drüberstreuen und Butterflöckchen draufsetzen. Ein paar Minuten im heißen Ofen überbacken.

Nudel-Puffer

Nudelreste, gleiche Menge Quark, 2–3 Eigelb, abgeriebene Zitronenschale, Rosinen, Honig nach Geschmack, 1 EL Sojamehl (oder mehr, kommt auf die Feuchtigkeit des Quarks an), 2–3 Eiweiß, Öl zum Braten, Zimt.

Die Nudeln kleinschneiden, den Quark mit dem Eigelb, der Zitronenschale, den Rosinen, dem Honig und dem Sojamehl mischen. Eiweiß steifschlagen und drunterziehen. In einer Pfanne das Öl heiß werden lassen, Häufchen von ungefähr vier Eßlöffeln der Nudeln hineingeben, flachdrücken und von beiden Seiten knusprig braten. Mit Zimt bestreuen.

Dazu Pflaumen- oder Apfelmus.

Nudelauflauf mit Quark

250 g Sahnequark, 4 Eigelb, 70 g Fruchtzucker, 1 Prise Salz, 500 g fertiggegarte Nudeln, 4 Eiweiß, gehackte Mandeln, Butter für die Form, Weizenkeime oder -kleie.

Den Quark mit den Eigelb vermischen, Zucker und Salz unterrühren, mit den gekochten Nudeln mischen. Zum Schluß steifgeschlagenes Eiweiß drunterziehen, gehackte Mandeln drüberstreuen. In gebutterter, mit Weizenkeimen oder -kleie ausgestreuter, feuerfester Form 45 Minuten bei 200 Grad backen.

Dazu Himbeer- oder eine andere Fruchtsauce.

Kärntner Quarknudeln

1 Rezept Nudelteig (s. Seite 159), 4 EL Weizenkeime- oder -kleie, 50 g Butter, 2 Handvoll Kerbel, 500 g Quark, 4 EL saure Sahne, 1 Ei, 1 Eigelb, Kräutersalz, Pfeffer, 1 Eiweiß.

Den gut gekneteten Nudelteig 1/2 Stunde ruhen lassen. Inzwischen die Weizenkeime oder -kleie in der Butter mit dem gehackten Kerbel anrösten, abkühlen lassen.
Dann mit dem Quark, der Sahne, dem ganzen Ei, dem Eigelb, Salz und Pfeffer gut mischen. Den Nudelteig in zwei Teile teilen, diese dünn auf einem bemehlten Brett ausrollen.
In Abständen von ca. 5 cm Klößchen der Quarkmasse auf die eine Teigplatte setzen. Die Zwischenräume mit Eiweiß bepinseln. Zweite Teigplatte drüberlegen, um jedes Klößchen herum obere und untere Teigplatte zusammendrükken und die Kloßtäschchen herausschneiden. 1/2 Stunde ruhen lassen, dann in kochendem Salzwasser 5 Minuten garen.
Dazu zerlassene Butter oder saure Sahne oder eine Fruchtsauce.

Etwas zur Weizenkleie: englische Ärzte haben Gesunde und Kranke über 4–8 Wochen täglich 40 g Weizenkleie verzehren lassen und meldeten Erfolge bei chronischer Verstopfung, ferner Senkung der schädlichen Blutfette, günstige Wirkung auf die Gallenproduktion, ja sogar Abbau bereits vorhandener Gallensteine.
Ich verwende Weizenkleie überall da, wo sonst Semmelbrösel benutzt werden – zum Ausstreuen von Auflauf-, Kuchenformen usw., zum Binden von Suppen und Saucen, da Weizenkleie über eine hohe Quellfähigkeit verfügt. – Man kann sie aber auch über jedes Müsli streuen. Viel Mineralwasser zwischen den Mahlzeiten trinken und wenn man mal nachts aufwacht auch, damit die Weizenkleie ihre Funktion als Darmbesen optimal erfüllen kann.

Nudeln chinesisch

250 g Nudeln, 100 g Spinat, 100 g Champignons oder Pfifferlinge, 100 g Bambus-Schößlinge, 100 g Gurke, 1 Zwiebel, 2 EL Öl, 100 g chinesische Mixed pickles in Sojasauce, 1 TL Sojamehl, 1/2 Tasse Wasser, 1/2 TL Glutamin (kann auch weggelassen werden), 2 EL Sherry, 2–3 EL Mangochutney, Sojasauce, Kräutersalz, Pfeffer.

Nudeln ca. 10 Minuten in sprudelndem Salzwasser kochen, abgießen. Spinatblätter ganz lassen, Pilze, Bambus, Gurke (mit Schale) und die Zwiebel in Scheiben schneiden.
Das Öl erhitzen. Zuerst den Bambus zugeben und kurz dünsten, dann das andere Gemüse und die Mixed pickles. Alles etwa 5 Minuten dünsten. Das im Wasser aufgelöste Sojamehl zufügen und die Nudeln. Alles noch 5 Minuten köcheln lassen. Mit Glutamin, Sherry, Mangochutney, Sojasauce, Kräutersalz und Pfeffer abschmecken.
In Hongkong tranken wir dazu Jasmintee. Gekrönt wurde unser Mahl stilecht mit einem Lycheepudding.

Eine Pizza mit einem Boden aus Vollkornmehl ist ein Gedicht! Hier mein Lieblingsrezept:

Pizza

500 g Vollkornweizenmehl, 20 g Hefe, 1/2 TL Fruchtzucker, 1/4 l Milch, 2 Eier, 1 TL Salz, 60 g Butter oder Öl (mit Öl wird der Teig geschmeidiger).

Eine gute Pizza braucht ihre Zeit. So wird der Teig gemacht: das frisch gemahlene Mehl in eine Schüssel schütten, in die Mitte eine Mulde machen, dahinein die Hefe brökkeln, den Zucker drüberstreuen und ein paar Eßlöffel lauwarme Milch (die Sie von dem viertel Liter abnehmen) zugießen. Hefe, Zucker und Milch mit wenig vom Mehl zu einem geschmeidigen Vorteig verrühren. Mit einem Tuch zudecken und 1/2 Stunde an warmem Plätzchen gehen lassen.

Dann langsam die restliche Milch unterrühren, die Eier, das Salz und das Öl (oder die etwas angewärmte Butter). Nun kräftig mit dem Knethaken schlagen, bis der Teig Blasen wirft und nicht mehr an der Schüssel klebt. Teig nochmals zugedeckt gehen lassen, bis er sich verdoppelt hat (1 Stunde).

Auf einem bemehlten Brett mit einer Nudelrolle entweder tellergroße Scheiben ausrollen (oder kleinere von 15 cm) oder, noch einfacher, den Pizzaboden so ausrollen, daß er wie ein Blechkuchen gebacken werden kann. Da er noch aufgeht, möglichst nicht dicker als 3 Millimeter ausrollen. Den Rand etwas hochdrücken und die Pizza reichlich mit Öl bepinseln.

Für den Belag schlage ich vor:

Tomaten in Scheiben, Paprikaschoten in Streifen, Champignons, gedünstete Artischockenhälften, grüne Peperonischoten, viel, viel gehackten Knoblauch, Käse in dünnen Streifen (ideal ist Mozzarella), Oliven (ganz lassen!), Kapern, viel Oregano oder Majoran, Thymian.

Außerdem: Kräutersalz und evtl. etwas Pfeffer zum Würzen, Öl.

Und nun tun Sie von den angegebenen Zutaten drauf, was Ihnen Spaß macht. Es darf kein leeres Plätzchen mehr hervorlugen, eine Pizza muß üppig sein! Nun verschwenderisch Oregano oder Majoran und Thymian drüberstreuen und etwas Öl drübersprenkeln. Und dann hinein in den vorgeheizten Ofen. Auf der unteren Schiene bei 250 Grad 20 Minuten backen (evtl. am Schluß Alufolie drüberdecken, damit die Pizza nicht austrocknet).

Wenn Sie einzelne runde Pizzas backen, diese auf das gefettete Blech so legen, daß sie sich nicht berühren.

Eine große Schüssel Salat dazu und ein Rosé-, Weiß- oder Rotwein.

Wenn die Tomaten rar sind: Tomatenmark aus der Dose nehmen (evtl. mit etwas Sahne verdünnen) oder italienische Dosentomaten.

Sollte sich jemand wundern, daß es bei mir so oft Wein gibt: was sagen Sie zu folgender (allerdings unverbürgter) Meldung: eine 103jährige Frau wurde gefragt, wie sie es geschafft habe, so gut in Form zu sein, in ihrem Alter. Die Antwort soll gewesen sein: sie trinke jeden Morgen nach dem Frühstück einen Cognac, im Kühlschrank stehe immer eine Flasche Sekt für sie bereit, nach dem Mittagessen genehmige sie sich wieder einen Cognac, und am Abend einen leichten Weißwein!

Pizza mit Quark

500 g Quark, 1 Zwiebel, Knoblauch, Oliven, 2 Eier, Kräutersalz, Pfeffer, Kapern, Petersilie, $^1/_8$ l süße Sahne, 1 Rezept Pizzaboden (s. Seite 165).

Quark mit der gehackten Zwiebel, gehacktem Knoblauch und entsteinten, gehackten Oliven, den Eiern, Salz und Pfeffer, Kapern und gehackter Petersilie mischen. Die geschlagene Sahne unterziehen. Die Masse auf den Pizzaboden streichen und bei 200 Grad im vorgeheizten Ofen 30 Minuten backen.

Spinatpizza

500 g Tomaten, 1 Rezept Pizzaboden (s. Seite 165), Kräutersalz, Pfeffer, Basilikum, 1000–1500 g gedünsteter Spinat (s. Seite 111), 200 g Käse.

Die Tomaten in Scheiben schneiden, auf dem geölten Pizzaboden auslegen, mit Kräutersalz, Pfeffer und Basilikum bestreuen. Eine Lage Spinat drübergeben (der ja mit einer Spur Knoblauch und Muskat gewürzt ist). Obendrauf kommen die Käsewürfel – oder auch Käse gerieben, wenn man das lieber hat. Im vorgeheizten Backofen bei 200 Grad 20 Minuten backen.

Übrigens wird eine Pizza auch sehr gut, wenn man $^2/_3$ Hefeteig nimmt und $^1/_3$ heiß durch die Presse gedrückte Pellkartoffeln. Wenn Hefeteig und heiße Kartoffeln gut verknetet sind, muß der Teig noch einmal 1 Stunde Ruhe haben (an einem warmen Ort natürlich). Dann nicht zu dünn ausrollen, mit Öl bepinseln und den Belag draufgeben.

Schnelle Pizza

wenn Sie nicht extra den Backofen heizen wollen

1 Rezept Pizzaboden (s. Seite 165), etwas Öl zum Braten, 1 Rezept Tomatensauce (s. Seite 79), Käse (möglichst Mozzarella), geriebener Parmesan, Knoblauch, Basilikum (möglichst frisches).

Die Pizzas (die Mehrzahl von Pizza heißt Pizzas, italienisch Pizze), die man teller- oder handtellergroß ausgerollt hat, in heißem Öl auf bei-

den Seiten braten. Pizzas auf die Teller legen, auf jede einen Klacks Tomatensauce, ein paar Stücke Mozzarella und 1 EL geriebenen Parmesan geben. Gehackten Knoblauch und gehackte Basilikumblätter drüberstreuen. Noch einmal erhitzen. Die Pizzas wie ein Sandwich zusammenklappen und auch so, gleich aus der Hand, essen.
Variation: Die Füllung auf die ungebackenen Pizzas geben, Pizzas zusammenklappen und wie Piroggen zusammendrücken, in reichlich Öl braten.

Als ich den Film »Operation Crossbow« mit Sophia Loren drehte, habe ich eins ihrer Lieblingsrezepte kennengelernt: Pizza mit gefüllten Salatköpfen gebacken. Hier ist es:

Pizza mit gefüllten Salatköpfen

1 Salatkopf pro Person, schwarze Oliven, Kapern, Pinienkerne, Kräutersalz, Pfeffer, Öl, 1 Rezept Pizzaboden (s. Seite 165).
Die ganzen Salatköpfe gut waschen, Blätter auseinanderbiegen und zwischen die Blätter ein Gemisch aus Oliven, Kapern, Pinienkernen, Kräutersalz und Pfeffer füllen. Blätter wieder zusammenlegen und mit einem Faden wie eine Roulade zubinden.

Salatköpfe in Öl 10 Minuten dünsten. Pizzateig in 2 Teile teilen, ausrollen. Mit dem einen Teil den Boden einer gut gefetteten Tortenform auskleiden, darauf die Salatköpfe setzen (vorher Fäden ziehen!). Den zweiten Pizzaboden drauflegen, mit etwas Öl beträufeln und 20 Min. bei 200 Grad backen.
Sehr praktisch, wenn man plötzlich zuviel Salat im Garten hat!

Zwiebelkuchen

1 Rezept Pizzaboden (s. Seite 165), 2 kg Zwiebeln, 150 g Butter oder Öl, 3–4 Eier, 3–4 EL saure Sahne, Kräutersalz, Pfeffer, 1 TL Kümmel.
Den Pizzaboden ausrollen (in eine Springform geben oder auf ein Backblech. Nicht den Rand vergessen!). Die Zwiebeln in Ringe schneiden oder grob hacken, in dem Öl oder der Butter golden dünsten. Abkühlen lassen und auf dem Tortenboden verteilen. Die Eier mit der Sahne verquirlen, würzen und drübergießen. Im vorgeheizten Ofen bei 200 Grad ca. 40 Minuten backen.

Haben Sie schon einen Zwiebelschneider mit einem Plastikdeckel? Als ich noch keinen hatte, habe ich eine Badekappe und eine Sonnenbrille beim Zwiebelschneiden aufgesetzt, und trotzdem noch geweint, bis mein Mann mir einen schenkte.

Am besten trinken Sie während des Zwiebelschneidens schon 1 oder 2 Gläschen von dem Wein – Weißwein, der unbedingt zu einem zünftigen Zwiebelkuchen gehört. Da, wo er herstammt, im Schwabenland, ißt man ihn nämlich, um einen Vorwand zu haben, viel von dem jungen Wein zu trinken.
Übrigens können Sie natürlich auch einen Mürbeteigboden verwenden, wenn Sie keine Hefe im Haus haben oder wenig Zeit. Nehmen Sie dafür den Mürbeteigboden, den ich für die Quiche verwende (s. rechte Spalte).

Pikante Zwiebeltorte

250 g gehackte Zwiebeln,
1–2 EL Öl, 250 g Champignons,
Schnittlauch, Petersilie,
Muskat, Kräutersalz,
Pfeffer, 2–3 EL süße Sahne,
2 Eier, 4 Tomaten,
200 g Käse, 1 Rezept Mürbeteigboden (s. Quiche, rechts).
Die Zwiebeln fein hacken, in dem Öl golden dünsten. Die in grobe Stücke geschnittenen Champignons dazugeben, gehackten Schnittlauch, gehackte Petersilie, geriebene Muskatnuß, Kräutersalz, Pfeffer und die mit Sahne verquirlten Eier. Alles gut vermischen.
Die Tomaten brühen, abziehen und würfeln, den Käse würfeln oder reiben. Tomaten und Käse auf den Tortenboden geben, die Zwiebel-Champignonmasse drübergießen. 30 Minuten im vorgeheizten Ofen bei 220 Grad backen.

Eine Quiche (ausgesprochen kisch) ist ein französisches Bauernessen. Quiche heißt Torte. Der Boden einer Quiche besteht aus Mürbe- oder Blätterteig, obendrauf kommt ein Gemisch aus Eiern und Sahne, je nach Lust und Laune kann man Pilze, Käse und alle möglichen Sorten von Gemüse unterziehen. Im Ofen backen und heiß oder kalt servieren – mit Salat dazu und einem Glas Wein.

Quiche Marseille

Für den Mürbeteigboden:
250 g Weizenvollkornmehl,
150 g kalte Butter, 1 Ei,
2 EL Wasser oder Sahne,
1 TL Salz.
Für den Belag:
500 g Zucchini, 1 große Aubergine, 2 Paprikaschoten,
Majoran, Thymian.
Für den Guß:
1 Zwiebel, 1 EL Öl, Knoblauch,
Kräuter nach Geschmack,
200 g geriebener Käse, 1/4 l Milch oder süße Sahne, 3 Eier,
1 Prise Salz, Pfeffer, Paprika,
Muskatnuß.
Für den Mürbeteigboden alle Zutaten miteinander verkneten und den Teig 30 Minuten kalt stellen.
In der Zwischenzeit für den Belag das Gemüse in Streifen oder Würfel schneiden.

Eine gut gefettete Tortenform (∅ 28 cm) mit dem Teig belegen und einen Rand drücken, damit nichts auslaufen kann. Dann das kleingeschnittene Gemüse drauflegen und Majoran und Thymian drüberstreuen.
Für den Guß die Zwiebel hacken und in dem Öl golden dünsten. Knoblauch durch die Presse drükken, die Kräuter hacken. Alles mit den übrigen Zutaten mischen und den Guß über das Gemüse gießen.
Die Quiche im vorgeheizten Backofen bei 200 Grad 35–40 Minuten backen. Wenn die Oberfläche zu schnell braun wird, die Form mit Alufolie abdecken. Wer die Quiche duftiger möchte, schlägt die Eiweiß für den Guß schaumig und zieht sie am Schluß unter.

Die Quiche Marseille habe ich zum erstenmal gegessen, als ich den Film »Das Zweite Leben« mit Michel Auclair drehte. Die Franzosen haben sehr humane Drehzeiten, zweifellos aus Rücksicht auf die Schönheit der Frauen: da muß man nicht morgens um fünf aufstehen wie bei uns – wir begannen um 11.30 Uhr, und zwar gleich mit einem üppigen Mittagessen: lange Tische waren auf einer Wiese aufgestellt, es duftete nach wildem Thymian und Lavendel und Knoblauch. Der Koch Maurice servierte diese köstliche Quiche – und einen wunderbaren Landwein –, gearbeitet wurde trotzdem oder gerade deshalb vergnügt und bis in die Nacht hinein. Denn so ein Essen ist schnell verdaut.
Auf Sardinien gab's eine Mangold-Quiche. Dafür Mangold grob hacken oder die Blätter ganz lassen, auf den Quiche-Boden legen und Guß drübergießen. Die Mangold-Quiche wurde für jeden extra gebacken, in einer kleinen feuerfesten Form, und auch so, dampfendheiß, serviert. Sie können eine Quiche auch mit gedünsteten Champignons, gedünstetem Blattspinat, den ich natürlich mit Knoblauch und Muskat abschmecke, oder mit gedünsteten Artischocken belegen.

Für die echte russische Pirogge bereitet man einen Hefeteig und bäckt die Pirogge in schwimmendem Fett aus wie Berliner Pfannkuchen. Man kann die Pirogge aber auch aus einem Nudelteig herstellen und sie in Salzwasser kochen. Oder, ganz fein, aber auch zeitraubend – einen Blätterteig als Hülle verwenden und die Piroggen auf mit kaltem Wasser abgespültem Blech im Ofen backen.

Russische Piroggen

500 g Weizenvollkornmehl, 20 g Hefe, ½ EL Fruchtzucker, ¼ l Milch (knapp bemessen) oder Wasser, 2 EL Butter, 1 Ei, Salz, Fett zum Ausbacken.

Aus den Zutaten einen Hefeteig bereiten und ihn gut gehen lassen. Dann golfballgroße Bällchen formen und daraus runde Plätzchen ausrollen (1/2 cm dick). Darauf eine Füllung streichen, ein zweites Plätzchen obenauf legen, Ränder zusammendrücken und das Ganze zu einer ovalen Form drücken. Noch einmal 15 Min. gehen lassen. Dann in schwimmendem Fett knusprig backen.

Variation: Piroggen mit Eigelb bestreichen und im vorgeheizten Ofen in ca. 20 Minuten goldbraun bakken. Noch heiß mit Butter bestreichen. Heiß oder kalt essen.

Oder: Den Hefeteig in 2 Hälften teilen und zu zwei runden Platten ausrollen. Die eine auf ein gefettetes Blech legen, die Fülle drauftun, die zweite Platte drauflegen und an den Seiten festdrücken. Mit Eigelb bepinseln und mit einer Stricknadel einstechen, damit der Dampf entweichen kann. In heißem Ofen bei 200 Grad 30–45 Minuten backen. Mit zerlassener Butter begießen, heiß essen.

Weißkohlfüllung für Piroggen

375 g Weißkohl, 1–2 EL Butter, 2–3 Eier, Kräutersalz, Pfeffer, 1 Prise Zucker, Schnittlauch, Dill.

Kraut feinschneiden, mit kochendem Wasser überbrühen, ausdrükken. In der zerlassenen Butter das Kraut 10–15 Minuten garen. Die Eier hartkochen, feinhacken, unter das Kraut mischen. Mit Salz, Pfeffer, Zucker und feingehackten Kräutern abschmecken.

Pilzfüllung für Piroggen

1 Zwiebel, 1 EL Butter, 500 g Pilze (Steinpilze, Pfifferlinge, Champignons, auch Dosenpilze), Kräutersalz, Pfeffer, 2 EL saure Sahne, Petersilie, Dill.

Die feingehackte Zwiebel in der Butter golden dünsten, die in Scheiben geschnittenen Pilze dazugeben und 5 Minuten köcheln lassen. Dann mit Salz und Pfeffer abschmecken, die saure Sahne und die feingehackten Kräuter zugeben.

Und hier noch weitere Vorschläge, was Sie in Piroggen füllen können:

Reis, gedünstet oder gebraten, mit hartgekochten, kleingehackten Eiern gemischt.

Möhren, grob gerieben, kurz in Butter geschwenkt und mit Kräutersalz, Pfeffer, Fruchtzucker, hartgekochten, gehackten Eiern, gehackter Petersilie, Dill und Schnittlauch gemischt.

Lauch, in Sahne gedünstet und kleingehackt.

Spinat, gedünstet, mit Knoblauch und Muskat gewürzt, mit geriebenem Käse gemischt.

Apfelmus und saure Kirschen.

Sie sehen, so gut wie alles ist möglich. Lassen Sie Ihrer Phantasie freien Lauf!

Nachspeisen – süß und pikant.

Frische Früchte, Feigen und Nüsse, ein Stück Käse – das kann ein wunderbarer Abschluß eines gelungenen Essens sein. Wenn die Zunge sich aber mal nach raffinierteren Genüssen sehnt, sollte man sie ruhig damit verwöhnen – auch wenn die ganz strengen Gesundheitsapostel nur Sauermilchprodukte als Nachtisch gelten lassen.

Verwende ich Mehl für meine Nachtische – und auch für Kuchen –, ist das selbstverständlich frisch gemahlenes Weizenvollkornmehl. Und meine Desserts – und auch Kuchen – süße ich selbstverständlich nicht mit raffiniertem Kristallzucker, sondern mit Honig oder Fruchtzucker. Das Mehl aus dem vollen Weizenkorn läßt den Teig etwas dunkler aussehen – aber jeder, der hineinbeißt, schwärmt von seinem makronenähnlichen Aroma. Honig und Fruchtzucker werden wie Traubenzucker direkt in die Blutbahn aufgenommen, spenden also unmittelbar Energie. Und die in den Nachtischen – und Kuchen – verwendeten Früchte liefern Vitamine, Mineralstoffe und die Magen und Darm anregenden Fruchtsäuren und Ballaststoffe.

Raffinierten Kristallzucker hat meine Küche noch nicht gesehen. Am Anfang des Buches habe ich erklärt, warum. Und doch ist in den letzten Jahren sein Verbrauch pro Person um das Elffache gestiegen: Laut Statistik verzehrt der Bundesbürger im Jahr ca. 33 Kilo Kristallzucker. Das sind 90 Gramm pro Tag, etwa doppelt soviel, wie der menschliche Körper überhaupt verkraften kann. Die Folgen sind nicht nur Zahnkaries, sondern auch Herz- und Stoffwechsel-, Kreislauf- und Gelenkkrankheiten, die Zukkerkrankheit und – natürlich – Übergewicht.

Interessant ist eine Meldung, mit der der ADAC die weitverbreitete Anschauung widerlegt, süße Sachen wie Zucker und Schokolade machten fit.

»Zucker (ich zitiere) ist sogar ein ganz gefährlicher Unfallstifter! Etwa 1 1/2 bis 4 Stunden nach dem Zuckerkonsum kommt es als Folge vermehrter Insulinausschüttung der Bauchspeicheldrüse zu einem Zukkermangel im Blut. Der aber führt zur Unterversorgung des Gehirns und damit zu Müdigkeit, Unaufmerksamkeit und Nachlassen der Reaktionsfähigkeit. Darüber hinaus tritt infolge mangelnder Durchblutung auch eine gewisse Sehschwäche auf. Also keine Süßigkeiten als Muntermacher! Lieber alle zwei bis drei Stunden kurze Pause machen und gegebenenfalls etwas Vollkornbrot oder Obst essen.« Soweit der ADAC.

Eine phantastische Wegzehrung, die genau die gegenteilige Wirkung von Zucker hat, nämlich durch einen regelrechten Schub an B-Vitaminen die Leistungsfähigkeit steigert, haben die Indianer erfunden. Die Indianer nehmen – oder nahmen wenigstens früher – auf lange Wanderungen kleine Kugeln mit, die aus frisch gemahlenem Weizenschrot und Wasser bereitet waren. Der schon mehrfach erwähnte Ernährungswissenschaftler Eduard Brecht hat diese Indianerkugeln sozusagen gesellschaftsfähig gemacht, er hat sie verfeinert: mit Nußmus und Honig. Sie schmecken betörend, und Kinder sind verrückt nach ihnen. Wenn ich Kinderbesuch bekomme, ist die erste Frage: Hast du Indianerknödel?

Zwei Gläser Honig pro Jahr durchschnittlich ißt der Bundesbürger. Bei uns zu Hause vertilgt jeder einen Eimer Honig und einen halben. Wir bekommen ihn aber auch frisch geschleudert vom Gustl.

Honig ist mein Leib- und Magenmittel. Kann ich abends nicht einschlafen, trinke ich Honig in heißem Wasser aufgelöst; auch wenn ich mal nervöse Herzschmerzen habe. Ja, kommt vor – trotz gesunden Lebens. Mein Beruf ist ja äußerst ungesund. Und heiße Milch mit Honig hilft bei den ersten Anzeichen einer Erkältung.

Der Honig liefert uns nicht nur die ideale Mischung aus Trauben- und Fruchtzucker, Mineralstoffen, Spurenelementen, Hormonen und Fermenten; die Bienen haben ihn noch mit einem Drüsensekret ausgestattet, das unsere Abwehrbereitschaft gegen Krankheitskeime verstärkt. Allerdings habe ich manchmal ein schlechtes Gewissen, daß man den fleißigen Bienen die Früchte ihrer immensen Arbeit raubt und ihnen statt dessen fades, ungesundes Zuckerwasser vorsetzt.

Die Skala der Honigsorten geht durch das ganze Alphabet: von Akazien- über Eukalyptus- und Rosmarin- bis Tannenhonig. Er kommt uns lieblich als Linden- und herb als Salbeihonig. Für jeden Geschmack ist etwas dabei. Aber er sollte möglichst nicht über 60 Grad erhitzt werden, sonst büßt er gleich ein Großteil seiner guten Sachen ein. Manche Sorten kristallisieren leicht – wie Wiesenblüten- und Lavendelhonig. Akazienhonig dagegen ist eher zu flüssig. (Will man ihn aufs Brot streichen, im Eisschrank aufbewahren. Zu festen Honig in warmem – nie heißem! – Wasserbad leicht erwärmen; zum Backen, zu Desserts, Obstsalaten etc. in etwas warmem Wasser auflösen.)

Wie schnell ein Honig kristallisiert, hängt von seinem Trauben- und Fruchtzuckergehalt ab. Enthält er überwiegend Traubenzucker, kristallisiert er schneller, überwiegt dagegen der Fruchtzuckeranteil, kristallisiert er langsamer oder gar nicht.

Und nun probieren Sie mal meine

Indianerknödel

250 g frisch geschroteter Weizen, Honig, soviel der Weizen aufnimmt, Nußmus nach Geschmack.

Ich vermenge alles gut und drehe daraus Kugeln, so groß wie Murmeln. Manchmal wälze ich sie in Kakao, manchmal mische ich auch gleich etwas Zimt oder Naturvanille drunter, ehe ich sie forme.

Nun sollten sie eigentlich trocknen. Dazu kommt es aber nie, weil irgendeiner sie vorher aufißt . . . Probieren Sie die Honigmenge aus, bis Sie – und vor allem Ihre Kinder! – zufrieden sind.

Apfelrohkost

4 Äpfel, Zitronensaft, 1 EL Honig, Vanillezucker,
1/4 l süße Sahne,
2 EL gehackte Mandeln (oder Walnüsse, Haselnüsse oder Pinienkerne).

Die Äpfel mit Schale und Kernhaus grob reiben, sofort mit Zitronensaft beträufeln, damit sie nicht dunkel werden. Honig zugeben und die mit Vanillezucker steifgeschlagene Sahne. In Weingläser füllen. Die gehackten Mandeln (Nüsse oder Pinienkerne) trocken in der Pfanne oder mit etwas Butter rösten und darüberstreuen.
Variation: Die Äpfel mit 2 schaumig geschlagenen Bananen mischen.

Wie wär's im Winter mal mit Bratäpfeln? Es gibt zwar kaum noch bullernde Kachelöfen, aber in einem elektrischen oder in einem Gasofen werden sie auch fein.
Wenn ich Bratäpfel mache, muß ich an meine Lieblingsoma denken. Sie besaß noch so einen grünen Kachelofen. Sie trug ihr, seit ich denken kann, schneeweißes und immer duftiges Haar zu einem Krönchen

oben auf dem Kopf gewunden. Sie war immer wie aus dem Ei gepellt, in schwarze Seide gekleidet, ihren Hals zierte ein schwarzes Samtband. Sie lachte viel; obwohl von der Gicht krummgebeugt, lachte sie oft Tränen. Sie liebte es, auf dem Klavier Straußwalzer zu spielen. Und als ich ihre feinste porzellanene Waschschüssel zerschlug und furchtbar weinte, bekam ich von ihr Schokolade.

Oma Minna Loths Bratäpfel

4 Äpfel, 1 EL Rosinen, 1 EL gehackte Mandeln oder Nüsse,
4 TL Marmelade (Erdbeer-, Himbeer-, Preiselbeer- oder Aprikosenmarmelade),
1 EL Honig, 1 EL Rum, Butter,
1/4 l Milch, 1 Prise Salz, 2 Riegel Kochschokolade oder 2 EL Kakao,
1 EL Agar-Agar, Vanillezucker,
2 EL Honig.

Äpfel waschen und das Kernhaus herausstechen. Rosinen, Mandeln oder Nüsse, Marmelade, Honig und Rum mischen. Masse in die ausgehöhlten Äpfel füllen, auf jeden Apfel ein Butterflöckchen setzen. Äpfel in eine feuerfeste, gefettete Form setzen und 45 Minuten bei 200 Grad im vorgeheizten Ofen backen.

Für die Sauce Milch mit Salz, Schokolade oder Kakao zum Kochen bringen. Agar-Agar, Vanillezucker und Honig zugeben.

Die Schokoladensauce heiß oder kalt über die Bratäpfel gießen.

Obwohl ich nach dem Krieg fünf Jahre in Kopenhagen als Korrespondentin lebte und sogar dänisch stenografieren lernte, habe ich aus der dänischen Küche nur sehr wenige Rezepte in meinen Speiseplan übernommen. Die dänische Küche ist mir zu schwer und fett und wirklich nur mit einigen Aquavits hinterher zu bewältigen. Aber ab und zu mache ich mal

Aebleskiver

übersetzt: Apfelscheiben

500 g Weizenvollkornmehl
1/2 TL Salz, 1 TL Honig oder Fruchtzucker, abgeriebene Schale einer Zitrone 1 TL Kardamom,
4 Eier, 1/2 l süße Sahne,
50 g Butter.

Mehl, Salz, Honig oder Zucker, abgeriebene Zitronenschale und Kardamom mischen. Die ganzen Eier und die Sahne schaumig schlagen und nach und nach unter das Mehl rühren. Teig 30 Min. ruhen lassen. Was Sie nun brauchen, ist eine Aebleskivepande, eine Pfanne mit mehreren Vertiefungen, wie man sie noch in alten Bauernhäusern oder in Antiquitätengeschäften findet. Pfanne heiß werden lassen, in jedes Loch ein Stückchen Butter geben. Wenn die Butter schmilzt, jedes Loch 3/4 mit Teig füllen. Wenn

sich die Aebleskiver bräunen, bitte wenden, und zwar mehrmals, die Küchlein müssen schön rund werden. Mit der Stricknadel reinpieken, wenn nichts mehr klebenbleibt, sind sie fertig. Warm servieren, mit einer heißen Fruchtsauce oder mit Kompott.
God appetit – und nach dem Essen sagt man paa dansk, auf dänisch: tak for mad, danke fürs Essen!

In meiner Wahlheimat Österreich heißen die Klöße Knödel, und der Quark heißt Topfen, und die Aprikosen heißen nicht Aprikosen, sondern Marillen.

Aprikosen- oder Marillenknödel

500 g Kartoffeln, 2 EL Butter,
125 g Weizenvollkornmehl,
1 EL Sojamehl, 1 Ei, 1 Prise Salz,
500 g Aprikosen (eventuell aus der Dose), so viele Mandeln wie Aprikosen, beliebige Marmelade zum Füllen, Salzwasser,
100 g Butter oder Nußmus,
2 EL Honig, 2 EL Weizenkeime.

Die Kartoffeln in der Schale kochen, pellen, noch warm durch die Presse drücken. Butter, Mehl und Sojamehl, das Ei und das Salz zugeben, alles gut verkneten und zu einer Rolle formen. Rolle 30 Minuten ruhen lassen.
Dann Scheiben davon abschneiden. Auf jede Scheibe eine Aprikose legen, die man entsteint und mit je einer Mandel und einem Klacks Marmelade gefüllt hat. Den Teig um die Aprikose gut zusammendrücken. Er darf nicht zu dick sein, aber auch nicht reißen.
Salzwasser zum Kochen bringen, Knödel hineinlegen. 10 Minuten leise sieden lassen. Mit einem Schöpflöffel herausnehmen.
Inzwischen die Brösel bereiten: Butter oder Nußmus zerlassen, Honig und Weizenkeime zugeben. Brösel über die Knödel geben oder die Knödel darin wälzen.

Einer meiner ersten Filme ist mir immer noch der liebste: »Die letzte Brücke«.
»Poslednij Most« wurde im Jahre 1953 in Jugoslawien gedreht. Als Partisanin Miliza mußte ich die deutsche Ärztin Maria Schell kidnappen.
Bei einer dieser Szenen hatte ich allerdings ein trauriges »Aha-Erlebnis«. Das Thermometer war auf fast 60 Grad geklettert. Ich stand in meiner Männeruniform, Käppi auf dem Kopf, eine Maschinenpistole umgeschnallt, schweißüberströmt in der Sonne auf einem glühenden Felsen und mußte mich an meiner eigenen MP festhalten, so zitterten mir die Hände: Ich sollte laut Drehbuch rauchen und hatte noch nie geraucht. Wie bei einem Schlachtenroß auf einem alten Stich entwich mir der Rauch durch beide Nasenlöcher.

Alles lachte. Hilfesuchend schaute ich nach einem arrivierten Kollegen. Der aber machte sich nur lustig und sagte: Mir hat früher keiner geholfen – jetzt helfe ich auch keinem. Damals nahm ich mir vor: Sollte auch ich jemals zu den »Arrivierten« gehören und jemand braucht meine Hilfe – ich werde ihn nicht im Stich lassen.
Nach Drehschluß saßen wir alle zusammen am Lagerfeuer, Freund und Feind. Die »echten« Jugoslawen tanzten Kolo, diesen wilden, schwermütigen Stampf-Tanz. Nie vergesse ich den Text des Liedes, das der Partisan Bernhard Wicki der Ärztin Schell ins Deutsche übersetzte: Bin gegangen mit meine Lämmchen nach Bembashu.
In dieser Nacht flossen gewaltige Mengen Rotwein und Sliwowitz. Das Mahl war frugal: Schafskäse und Baklava. Baklava ist eigentlich türkischen Ursprungs. Wollen Sie mal probieren?

Baklava

Für den Strudelteig:
300 g Weizenvollkornmehl (superfein gemahlen, Kleie aussieben), eventuell 8 EL lauwarmes Wasser, 2 Prisen Salz, 1 EL Essig, 6 EL Öl.
Alle Zutaten gut mischen und tüchtig kneten, bis der Teig glatt ist. An einem warmen Plätzchen mit etwas Öl bestrichen 30 Minuten ruhen lassen. Dann den Teig auf ein bemehltes Tuch legen, ausrollen und vorsichtig mit den Händen papierdünn ausziehen.
Für die Füllung:
300 g geriebene Nüsse, 200 g Rosinen, 150 g Honig (oder mehr), 1 TL Zimt, abgeriebene Schale einer Zitrone, 1/8 l Öl, 200 g Butter.
Die geriebenen Nüsse, Rosinen, Honig, Zimt und abgeriebene Zitronenschale mischen. Öl und Butter zurückbehalten.
Für den Sirup:
150 g Honig, warmes Wasser, Saft einer Zitrone.
So viel Wasser auf den Honig gießen, daß er sich auflöst. Zitronensaft zufügen.
Den Strudelteig der Form der Backform entsprechend (ich nehme eine Kastenform) in 10 Teile schneiden. Backform ausfetten. 3 Strudelblätter mit dem Öl bepinseln und übereinander in die gefettete Form legen. Die Hälfte der Füllung draufgeben, darüber die Hälfte der zerlassenen Butter gießen. Darauf wieder 3 mit Öl bepinselte Strudelblätter legen. Die restliche Füllung draufgeben, restliche zerlassene Butter drübergießen. Als Abschluß die übrigen mit Öl bepinselten Strudelblätter drauflegen. Mit einem scharfen Messer die Baklava in der Form in recht- oder viereckige Stücke schneiden. Im vorgeheizten Ofen bei ca. 200 Grad 40 Min. backen.
Wenn die Baklava aus dem Ofen kommt, mit dem heißen Sirup begießen und im noch warmen Ofen eine Viertelstunde ziehen lassen.

Eine Banane ist in 105 Minuten verdaut (zum Vergleich: Schweinebraten braucht 320 Minuten). Die Banane ist fabelhaft geeignet zur Diät bei Magenunstimmigkeiten besonders mit Säureüberschuß. Ihr hoher Kaliumgehalt wirkt wasserausschwemmend. Ich mache gelegentlich einen Schlankheitstag mit Bananen und Buttermilch. Regelmäßiger Genuß von Bananen pflegt die Magenschleimhaut und soll sogar Erfolge bei Magengeschwüren gezeitigt haben (durch den hohen Anteil an Vitamin U).
Wieso heißt die Banane Banane? Im arabischen bedeutet »banan« »Finger«. Wahrscheinlich hat sie dort ihre Taufe erhalten. Ihr Ursprungsland dürfte aber das Himalayagebiet sein. Alexander der Große soll sie bei seinem Feldzug in Indien gesehen und seinen Soldaten als ungesund verboten haben. Ein Franziskanermönch hat sie von Portugal nach Südamerika gebracht, wo sie dann – ziemlich spät erst, um 1900 herum – ihren Siegeszug auch zu uns antrat.

Bananenmus

4 Bananen, 1–2 EL Honig, 1–2 EL Zitronensaft, 1/4 l süße Sahne, Vanillezucker, Schokoladenraspel oder Kokosflocken.

Bananen pürieren. Mit dem Honig und dem Zitronensaft verrühren. Sahne mit Vanillezucker steif schlagen und drunterziehen. Oder das Bananenmus in Gläser füllen und ein Schlagsahnehäubchen obenaufsetzen. Mit Schokoladenraspel oder Kokosflocken bestreuen.
Dieses Bananenmus, mit etwas Schlagsahne verrührt, gibt eine fabelhafte Sauce zu rohen oder gedünsteten Früchten wie Pfirsich, Aprikosen oder Weintrauben.

Bananen in der Schale gebacken

4 Bananen, 1 EL Butter, Zitronensaft, Vanillezucker.

Die Bananen waschen und der Länge nach aufschneiden. Jede Hälfte mit Butter bestreichen und im heißen Ofen bei 200 Grad 10–15 Minuten backen. Mit Zitronensaft beträufeln und mit Vanillezucker bestreuen. Auf heißen Tellern servieren und aus der Schale löffeln.
Diese Zubereitungsart lohnt sich nur, wenn sowieso der Ofen heiß ist. Sonst mache ich es so: Ich schneide die geschälten Bananen in Scheiben, lasse in einer Pfanne die Butter heiß werden und brate darin die Bananen 5–10 Minuten. Schmecke sie mit Zitronensaft und Vanillezucker ab, fülle die Masse in Gläser und setze obenauf ein Schlagsahnehäubchen, und darauf rasple ich auch noch Schokolade.
Ein Blitz-Nachtisch. Und beliebt bei groß und klein.

Noch eine Variante: Die geschälten ganzen Bananen in der Butter von allen Seiten braten, Honig und einen Schuß Rum zugeben, noch ein paarmal in der Sauce wenden und mit gehackten Mandeln oder Pistazien bestreut auf gut angewärmten Tellern servieren.

Bananeneis mit Ingwerpflaumen

4 Bananen, 2 Eigelb, Saft von 3 Zitronen, 2 EL Honig, ½ l süße Sahne, Vanillezucker, 4 Ingwerpflaumen.

Bananen pürieren und mit dem Eigelb, dem Zitronensaft und dem Honig schaumig rühren. Sahne mit Vanillezucker steif schlagen und unter die Bananenmasse ziehen. Zum Schluß die kleingeschnittenen Ingwerpflaumen drunterheben. In Portionsschälchen füllen und im Gefrierfach nicht zu fest gefrieren lassen (1–2 Stunden).

Ich mag's halbgefroren am liebsten nach 1–1 ½ Stunden. Wenn ich keine Ingwerpflaumen im Haus habe, nehme ich Pflaumen aus meinem Rumtopf.

Zu dem Bananeneis paßt prima eine

Schokoladensauce

Dafür 150 g Schokolade mit ¼ l süßer Sahne im Wasserbad schmelzen und heiß über das Eis gießen.

Die berühmte »Bavaroise«, zu deutsch: die »Bayrische«, habe ich umwerfend gut in einem Schweizer Landgasthof gegessen.

Bavaroise

200 g Fruchtzucker, 6 Eigelb, ½ l Milch, ½ TL Salz, 2 Päckchen Agar-Agar (16 g), ½ l süße Sahne.

Fruchtzucker mit dem Eigelb schaumig rühren. Milch mit Salz und dem Agar-Agar bis kurz vor dem Siedepunkt erhitzen. Die Eiermasse unter die heiße Milch rühren. Im Wasserbad zu einer dicken Creme schlagen. Nicht kochen lassen. Creme etwas abkühlen. Die steifgeschlagene Sahne unterziehen. In eine Glasschüssel oder in Portionsschälchen füllen und im Kühlschrank fest werden lassen.

Die »Frau Stirnimaa« servierte uns dazu heiße, in Rum gedünstete Sauerkirschen!

Nach Kriegsende 1945 stand ich mutterseelenallein mit meinem Rucksack auf dem Rücken und sonst nichts auf dem Marktplatz in Flensburg.

Das Rote Kreuz teilte mich einer dänischen Familie als Dienstmädchen zu. Bei Mommsens lernte ich nicht nur dänisch sprechen, sondern auch dänisch kochen, denn »hustruen var en god kok«. Sie erraten es – die Hausfrau war eine gute Köchin. In der Sprache Andersens klingt sogar das Wort Hausfrau reizend!

Dieses Gedicht in Käse komponierte der Küchenchef des »Frankfurter Hofs« in Frankfurt, José Dobler.

Dänische Buttermilchspeise

4 Eigelb, 2 EL Fruchtzucker, 2 l Buttermilch, 2–3 Zitronen.

Die Eigelb mit dem Fruchtzucker schaumig rühren. Die Buttermilch und den Zitronensaft unterrühren. Kalt stellen und mit Anisgebäck servieren.

Camembert Surprise

250 g Camembert, 40 g Butter, 1 Tasse süße Sahne, Salz nach Geschmack, Pfeffer nach Geschmack, 4 gekochte und entsteinte Backpflaumen, 4 Mandeln, gehackte Pistazien, 4 Ananasscheiben, Kirschwasser.

Den Camembert mit der Butter, Sahne, Salz und Pfeffer zu einer geschmeidigen Creme rühren. Je eine gekochte, entsteinte Backpflaume mit einer abgezogenen Mandel füllen. Jede Backpflaume in eine Portion Käsecreme drücken, eine Kugel draus formen und in Pistazien wälzen. Die Ananasscheiben mit Kirschwasser beträufeln und in die Mitte je eine Käsekugel setzen.

Russische Buchweizenbliny

20 g Hefe (1/2 Würfel), 1/4 l Milch, 1/2 TL Fruchtzucker, 150 g Buchweizenmehl, 1 Ei, 1 EL Butter oder Öl, 1/2 TL Salz, 150 g Weizenvollkornmehl, Butter zum Braten.

Außerdem:
zerlassene Butter und saure Sahne.

Hefe in der lauwarmen Milch glattrühren, Zucker und Buchweizenmehl hineinschütten, gut verrühren und an einem warmen Ort zugedeckt 1 Stunde gehen lassen.

Dann das Eigelb, Butter oder Öl, Salz und das Weizenvollkornmehl unterrühren, weitere 30 Minuten zugedeckt gehen lassen.

Diese Prozedur (Teig rühren und wieder gehen lassen) möglichst mehrmals wiederholen, damit der Teig schön locker wird. (Eventuell 1–2 Eßlöffel Wasser zugeben.) Zum Schluß das steifgeschlagene Eiweiß unterziehen.

In einer kleinen Pfanne Butter heiß werden lassen. Je eine Schöpfkelle voll Teig hineingeben und die Bliny wie dünne Puffer auf beiden Seiten goldbraun backen.

Am besten gleich aus der Pfanne essen, mit zerlassener Butter und saurer Sahne begossen.

Birnen mit Roquefort gefüllt

4 Birnen, 100 g Roquefort, 1/8 l süße Sahne, Kräutersalz, Pfeffer, Walnüsse.

Die Birnen halbieren. Kerngehäuse herausschneiden. Roquefort mit Sahne, Kräutersalz und Pfeffer schaumig rühren. Auf jede Birnenhälfte ein Roqueforthäufchen setzen und zwei halbe Walnüsse.

Birnen in Portwein

8 halbe gedünstete Birnen (eventuell Dose), 1/2 l Portwein, 1/4 l süße Sahne.

Die gedünsteten Birnenhälften 1 Stunde im Portwein ziehen lassen. Mit flüssiger Sahne servieren.

Die Cherimoya, eine tropische Frucht mit erdbeerähnlichem Aroma, schmeckt wunderbar, wenn man sie einfach durchschneidet, mit Zitronensaft beträufelt und auslöffelt. Aber sehr delikat ist auch die Cherimoya-Bananen-Creme, die ich in Kairo gegessen habe.

Cherimoya-Bananen-Creme

2 große reife Cherimoyas, 2 große Bananen, 1 Tasse Milch, 4 Eier, 1 Prise Salz, 1 TL kleingeschnittene Ingwerwurzel (oder Ingwerpulver), zerstoßene Nelken nach Geschmack.

Cherimoyas durchschneiden. Die Kerne entfernen, Fleisch herauslösen und im Mixer mit Bananen, Milch, Eiern und Gewürzen pürieren. Masse in eine feuerfeste, gebutterte Form füllen und 15–20 Minuten bei 200 Grad backen.

Eierkuchen können, an einem schönen Sommertag, durchaus ein Hauptgericht sein. »Salzige« Eierkuchen fülle ich wie Piroggen – mit pikant angemachtem Quark, geriebenem Parmesan, Tomaten und Zwiebeln etc., »süße« Eierkuchen serviere ich mit rohen Früchten oder Kompott, einer Frucht- oder Schokoladensauce.
Gewürze für die »salzigen«: Kräutersalz, Pfeffer, Muskat, Curry, Cayennepfeffer, gehackte Kräuter, feingehackte Zwiebeln, Knoblauch, gebratene Zwiebelwürfel.
Gewürze für die »süßen«: gemahlene Naturvanille oder der echte Vanillezucker aus dem Reformhaus, Zimt, Rosinen, gehackte Mandeln, gehackte Nüsse, gehackte Pinien- und Pistazienkerne, die abgeriebene Schale von ungespritzten Zitronen oder Orangen, Sanddornsaft, Rum, Barack, Cointreau, Kirschwasser, Himbeergeist.

Mein Grundrezept für Eierkuchen

3 Eier, 1/2 TL Salz, 1/4 l Milch, 1/4 l Wasser, 250 g Weizenvollkornmehl, 100 g Butter.

Eier, Salz, Milch und Wasser verquirlen, in das Mehl rühren. Teig 30 Minuten ruhen lassen. Etwas Butter in der Pfanne erhitzen.

Je eine Schöpfkelle voll Teig hineingeben. Goldgelb backen, wenden, andere Seite ebenfalls goldgelb backen.

Warm stellen.

Eierkuchen mit gedünsteten Früchten, Apfelmus oder Quark füllen.

Griechische Eierkuchen

Eierkuchen-Grundrezept, 10 getrocknete Feigen, 3 EL Rosinen, 3 EL grobgehackte Mandeln, Fruchtzucker und Zimt.

In den Eierkuchenteig, der eine halbe Stunde geruht hat, die in Stücke geschnittenen Feigen, die Rosinen und die Mandeln geben. Davon einen dicken Eierkuchen auf beiden Seiten goldgelb backen. Mit Fruchtzucker und Zimt bestreuen. Dazu geschmortes Obst.

Eierkuchen mit Kokosflocken

Grundrezept Eierkuchen, 100 g Kokosflocken, 1/8 l Wasser, 100 g Honig, 1 Prise Salz.

Die Kokosflocken mit dem Wasser kochen, bis die Masse dicklich wird. Honig und Salz zugeben.

Aus dem Eierkuchenteig dünne Eierkuchen ausbacken. Kokosmasse auf die Eierkuchen füllen. Eierkuchen zusammenklappen.

Wenn man mag, mit Rum übergießen und flambieren. Oder mit Fruchtzucker bestreuen und mit saurer Sahne übergießen.

Eierkuchen mit Joghurt

zum Abnehmen! (aus Amerika)

4 Eier, 1/2 TL Salz, 6 Tassen Joghurt, 4 Tassen Weizenvollkornmehl (oder fettarmes Sojamehl), Öl zum Backen, 4–6 EL Honig oder Ahornsirup.

Die Eier, Salz und 4 Tassen Joghurt gründlich mischen. Mehl zugeben. Öl in der Pfanne heiß werden lassen. Je eine Schöpfkelle voll Teig hineinfüllen. (Menge ergibt 4 Eierkuchen.) Eierkuchen backen, bis er Blasen wirft, dann wenden, andere Seite ebenfalls backen.

Restlichen Joghurt mit Honig oder Ahornsirup mixen und über die Eierkuchen gießen.

Eierkuchenpyramide

Jeder bekommt seine eigene Pyramide: 3 etwa handtellergroße Eierkuchen pro Person lege ich aufeinander, und dazwischen gebe ich rohes, etwas angewärmtes, mit Honig gesüßtes oder kurz in Butter und Honig gedämpftes Obst, wie halbe Pfirsiche, saure Kirschen, Bananenscheiben etc. Man kann auch jede Lage aus anderem Obst zusammenstellen.
Die Pyramiden schön heiß servieren, mit einer Bananen-Schokoladen-Sauce zum Beispiel.

Eierkuchen bekommen Sie besonders locker, wenn Sie etwas Wasser unter das Eigelb rühren und schaumig quirlen, dann die übrigen Zutaten und zuletzt das geschlagene Eiweiß zugeben.

Mein Palatschinkenrezept

2 Eier, 1 Eigelb, 1 Tasse Milch, 1/2 Tasse Wasser, 1 TL Fruchtzukker, 1 Prise Salz, 150 g Weizenvollkornmehl, Öl zum Backen, Erdbeer- oder Marillenmarmelade oder Honig, Fruchtzucker zum Bestreuen.

Eier und Eigelb mit Milch und Wasser verrühren, Fruchtzucker und Salz zugeben und das Mehl. Teig 30 Minuten ruhen lassen.
Öl in einer Pfanne erhitzen und aus dem Teig 12 Palatschinken backen. Mit Marmelade oder Honig bestreichen, zusammenrollen und mit Fruchtzucker bestreuen.
Variation: Die mit Marillenmarmelade bestrichenen Palatschinken zusammenrollen und in heißer zerlassener Butter wenden. Mit grob geriebenen Mandeln bestreuen. Dazu heiße Schokoladensauce.

Ungarische Palatschinken

Grundrezept Palatschinken,
1 Eigelb, 1 EL Butter,
2 EL Honig, 100 g Quark,
2 EL süße Sahne, 2 EL Rosinen,
1 Prise Salz, 1 Orange.

Eigelb mit Butter und Honig schaumig rühren. Quark, Sahne, Rosinen und Salz zufügen, zum Schluß die abgeriebene Orangenschale und den Orangensaft. Die Masse im Wasserbad zu einer Creme rühren. Auf hauchdünne Palatschinken streichen. Palatschinken zusammenrollen. Mit Fruchtzucker und Zimt bestreuen.
Dazu gedünstetes Obst.

Schokoladenpalatschinken

Grundrezept Palatschinken,
2 Eigelb, 2 EL Fruchtzucker,
3 Riegel Schokolade,
1 Glas Milch, 1 Prise Salz,
Vanillezucker, geriebene Mandeln oder gehackte Pistazien.

Die Eigelb mit dem Fruchtzucker schaumig rühren. Die Schokolade mit der Milch im Wasserbad schmelzen lassen. Den Eischaum, Salz und Vanillezucker zugeben. Zu einer dicken Creme rühren. Auf die warmgestellten Palatschinken streichen.
Palatschinken zusammenrollen und mit geriebenen Mandeln oder gehackten Pistazien bestreuen.

Mein Crèpes-Rezept

aus Frankreich
(ergibt 8 Stück)

2 Eier, 1/2 Tasse Weizenvollkornmehl, 1/2 Tasse Milch, 1 EL Wasser, 1 Prise Salz, 2 EL zerlassene, abgekühlte Butter.
Außerdem:
Butter oder Öl zum Backen.
Alle Zutaten im Mixer gut verrühren, durchseihen. Zwei Stunden kalt stellen.
Butter oder Öl in einer Pfanne erhitzen. Eine halbe Schöpfkelle voll für jede Crèpe in die Pfanne geben. Sehr dünn zerlaufen lassen. Auf jeder Seite eine Minute backen.

Crèpes Suzettes

8 hauchdünne Crèpes, 60 g Butter, 2 EL Honig, 4 Orangen, 1 Zitrone, Kirschwasser.

Die hauchdünn gebackenen Crèpes zusammenrollen und in eine Pfanne legen.
In anderer Pfanne die Butter zergehen lassen, darin den Honig auflösen, das Abgeriebene einer Orange, den Saft von allen Orangen und den Saft der Zitrone zugeben. Heiß werden lassen.
Sauce über die Crèpes gießen und auf heißem Herd oder Réchaud etwas durchziehen lassen.
Am Tisch das erwärmte Kirschwasser drübergießen und anzünden.

Crèpes mit geriebenem Parmesan gefüllt

8 hauchdünne Crèpes,
125 g geriebener Parmesan,
1/2 l süße Sahne.
Geriebenen Parmesan und Sahne mischen. Die Hälfte davon in die Crèpes füllen. Crèpes zusammenrollen und in eine gebutterte Auflaufform legen. Restliche Parmesan-Sahnemasse drübergießen. Im vorgeheizten Ofen ca. 20 Minuten bei 200 Grad goldbraun backen.

Crèpes gefüllt mit Ingwerpflaumen

8 hauchdünne Crèpes, soviel Ingwerpflaumen, wie man mag, Vanillezucker.
Ingwerpflaumen kleinschneiden und in die Crèpes füllen. Mit Vanillezucker bestreuen. Noch einmal heiß werden lassen.

Feigen in Wein griechisch

12 getrocknete Feigen, 1/4 l Weißwein oder Rotwein, abgeriebene Schale einer Zitrone, 1/8 l süße Sahne, 1 TL Frucht- oder Vanillezucker, Walnüsse oder Haselnüsse.

Die gewaschenen Feigen in dem Wein mit der Zitronenschale 5–10 Minuten leise köcheln, dann abkühlen lassen.

Feigen in kleine Stücke schneiden. In Gläser füllen. Sahne mit Frucht- oder Vanillezucker steif schlagen. Je ein Häubchen Schlagsahne auf die Feigen setzen. Mit ganzen oder gehackten Nüssen verzieren. Verdauungsfördernd!

Als wir anfingen, unser altes Bauernhaus umzubauen, war gerade der Holunder reif.

Im ersten Rausch des gesunden Landlebens aßen wir die Holunderbeeren direkt vom Strauch, was eine sehr unerwartete Wirkung zeitigte. Denn wir schafften es kaum mehr bis zum Häusel.

Der Gustl lachte, als wir ihm die Geschichte erzählten. Er wußte, daß Holunderbeeren, roh genossen, stark brechreizfördernd sind.

Aber Gustl weiß auch um die guten Dinge, die im Holunder stecken: »Was der alles gegen das Fieber tut und gegen den bösen Geist.« Gustls Mutter hat gesagt: »Vor dem Holler muaßt den Hut zian, Buab, weil da soviel Gesundheit drinsteckt!«

Mit dem heißen Schmalztopf sind die Bäuerinnen aus der Küche zum Holler gelaufen, haben seine duftenden Sternchenblüten ins heiße Schmalz getaucht, und das »ist dann gut gewesen für die Gesundheit«. Gustls Mutter hat auch die Hollerdolden in heißem Eierkuchenteig ausgebacken, oder sie hat einen Hollerkuch gekocht.

Hollerkuch

wie Gustls Mutter ihn gemacht hat

1 kg Holunderbeeren, 250 g Zwetschgen, 250 g Äpfel, 4 Scheiben Roggenvollkornbrot, 2 Nelken, Saft einer Zitrone, Honig nach Geschmack.

Die Holunderbeeren mit den kleingeschnittenen Zwetschgen und Äp-

feln in wenig Wasser 30 Minuten garen. Die letzten 10 Minuten die Brotscheiben mitkochen und die Nelken. Alles durch ein grobes Sieb streichen (oder auch nicht, ganz nach Geschmack). Mit Zitronensaft und Honig abschmecken.
Statt der Brotscheiben kann man 1 Eßlöffel Sojamehl mitkochen.

Unter dem Hollerstrauch hat Gustls Mutter Krankheiten besprochen. Den Zauberspruch weiß Gustl noch auswendig:

Zweig ich biege dich
Fieber du lasse mich
Hollerstrauch ich hebe dich auf
Fieber ich setze mich drauf
Du hast es einen Tag
ich hab es Jahr und Tag
Gott der Vater
und der Sohn
und der Heilige Geist.

Hier schlug Gustls Mutter ein Kreuz und nannte den Namen der kranken Person, die sie gesundbeten wollte. Die ganze Zeremonie wurde dreimal wiederholt und am Schluß ein »Amen« gesprochen.
Ob das Beten nun was genutzt hat? Manchmal hat's nichts genutzt, aber manchmal hat's schon genutzt, meint der Gustl; zum Beispiel als alle seine Kinder Scharlach hatten und mit 42 Grad Fieber im Bett lagen. Da sind sie alle am nächsten Tag fieberfrei gewesen.

Holunderblüten in Eierkuchenteig gebacken

Pro Person 1–2 Holunderblütendolden mit ganz kurzem Stengelchen direkt unter der Dolde abgeschnitten, Eierkuchenteig wie Grundrezept für Crèpes (s. Seite 183), Öl zum Ausbacken, Fruchtzucker zum Bestreuen.
Die gewaschenen, abgetropften Blütendolden in den Eierkuchenteig tauchen, jede einzeln in heißem Pflanzenöl schwimmend ausbacken (5–10 Minuten).
Auf Küchenkrepp abtropfen lassen und warm stellen. Leicht mit Fruchtzucker bestreuen.
Wenn Sie diese Holunderblüten, hübsch auf einer Kuchenplatte angerichtet, zum Tee servieren, werden Ihre Gäste in Entzückensrufe ausbrechen.
Genauso kann man Akazienblüten backen.

Und nun die Holundersuppe, die es bei Lehrers in Wietstock gab:

Mutters Holundersuppe

1 kg Holunderbeeren,
3 Nelken, etwas Wasser,
Zimt, Zitronensaft,
Honig nach Geschmack, Grießklößchen oder Schneeklößchen aus mit Fruchtzucker steifgeschlagenem Eiweiß.

Holunderbeeren mit den Nelken in ganz wenig Wasser kochen, bis sie zerfallen. Durch ein Sieb streichen. Den Saft mit Zimt, Zitronensaft und Honig abschmecken. Suppe wieder erhitzen, aber nicht mehr kochen lassen. Heiße oder kalte Grießklößchen oder Schneeklößchen auf die Suppe setzen.
Das ist ein ausgezeichnetes Herbst-Süppchen zum Vorbeugen gegen Erkältungen. Holunder enthält viel Vitamin C, der Honig wirkt zusätzlich bakterientötend.

Kastanienpüree

1 kg Kastanien, 1/2 l Milch,
1 Prise Salz, 1 EL Fruchtzucker,
1 Vanilleschote,
1/4 l süße Sahne, 1 TL Frucht- oder Vanillezucker.

Kastanien auf der runden Seite kreuzweise einschneiden. Im heißen Ofen erhitzen, bis die Schale sich entfernen läßt (oder sie in kochendes Wasser legen). Schale ablösen. Kastanien in kochendes Wasser legen, bis sich auch die innere Haut löst. Kastanien in der Milch mit Salz, Fruchtzucker und der Vanilleschote in ca. 20 Minuten weich kochen. Durch den Fleischwolf drehen, und zwar möglichst gleich auf die Dessertteller, auf denen das Kastanienpüree serviert wird.
Sahne mit dem Frucht- oder Vanillezucker steif schlagen. Mit dem Spritzbeutel einen Kranz von Sahne um die »Kastanienwürstchen« spritzen.
Wenn ich nicht soviel Zeit habe, backe ich die eingeritzten Kastanien im Ofen, bis sie weich sind, serviere sie auf einem großen Teller, und jeder ißt sie aus der Hand.
Das heizt schön ein an einem kalten Wintertag.

Kokoscreme

1 EL Sojamehl oder Weizenvollkornmehl, 2–3 Tassen Milch,
200 g Kokosflocken, 2 EL gehackte Mandeln, 1/2 TL Salz, 2 EL gehackte Pistazien, 1 EL Honig,
2 EL weißer Rum.

Das Sojamehl in der Milch anrühren. Milch zum Kochen bringen, Kokosflocken unter Rühren einstreuen. Einmal aufkochen lassen. Die anderen Zutaten zugeben. Eventuell mit etwas Sahne verdünnen, wenn die Creme zu dick wird. In Dessertgläser füllen und kalt stellen.

Süße Latkes aus Tel Aviv

eine Art Kartoffelpuffer auf israelisch.

500 g Kartoffeln, 2 Eier,
1/8 l Milch, 1 Prise Salz,
1/2 EL Fruchtzucker, Zimt nach Geschmack, Öl zum Braten,
Fruchtzucker zum Bestreuen.

Die Kartoffeln kochen und pellen. Noch heiß durch die Presse drücken. Mit den Eigelb, Milch, Salz, Fruchtzucker und Zimt mischen und die steifgeschlagenen Eiweiß unterziehen. In heißem Öl dünne Latkes backen. Mit Fruchtzucker bestreuen.

Leinsamenkekse

1/4 kg Weizenschrot, 1/8 kg Leinsamen, fein gemahlen, 2 EL Honig, 1 Prise Salz, Wasser oder Milch.

Alle Zutaten mit so viel Wasser oder Milch vermischen, daß ein fester Teig entsteht, den man ausrollen kann. Mit einem Glas runde Kekse ausstechen und bei 200 Grad goldbraun backen (ca. 20 Minuten). Man kann vor dem Backen noch ganze Leinsamenkörner oder Sesamkörner auf die Kekse streuen.

Leinsamen-Haferflocken-Plätzchen

150 g Leinsamen, grob gemahlen, 150 g Vollkornhaferflocken, 100 g Butter, 100 g Honig, Vanillezucker, 1 Ei, 1 Prise Salz, abgeriebene Zitronenschale, 1 Prise Zimt.

Alle Zutaten miteinander verkneten. Mit einem Teelöffel kleine Häufchen auf ein gefettetes Backblech setzen, eventuell Alufolie drunterlegen. Bei 200 Grad 10–15 Minuten backen.

Lycheepudding mit Agar-Agar

1 Dose Lycheefrüchte (250 g), 1/8 l Wasser, 1/4 l Lycheesaft aus der Dose, 1 Päckchen Vanillezukker, 70 g Honig, 1 Päckchen Agar-Agar (8 g).
Außerdem:
3/4 l Wasser, 7 EL Milch,
1/2 TL Salz, 2 Päckchen Vanillezucker, 2 EL grob gehackte Mandeln, 4 Eigelb, 150 g Honig,
1 Päckchen Agar-Agar (8 g).

Die Lycheefrüchte in eine mit kaltem Wasser ausgespülte Puddingform legen. Wasser mit Lycheesaft, Vanillezucker, Honig und Agar-Agar unter Rühren bis kurz vor den Siedepunkt erhitzen, dann in die Puddingform über die Lychees gießen.

Inzwischen 3/4 Liter Wasser, die 7 Eßlöffel Milch, Salz, Vanillezukker, Mandeln, Agar-Agar und Honig unter Rühren bis kurz vor den Siedepunkt erhitzen. Nach und nach die Eigelb unterrühren. Die Masse darf nicht kochen. Masse über den inzwischen etwas erstarrten Pudding gießen. Im Kühlschrank ganz fest werden lassen. Sieht gestürzt entzückend aus.

Dazu eine Fruchtsauce, zum Beispiel aus rohen Erdbeeren oder Himbeeren, oder eine Orangensauce.

Mangofrüchte mag ich am liebsten »natur«, mit etwas Zitronensaft beträufelt – oder mit etwas Fruchtzucker bestreut und einem Hauch Cognac drüber. Raffiniert schmeckt aber auch Mango-Sorbet, das ich in Australien gegessen habe:

Mango-Sorbet australische Art

3 Tassen Wasser, 1/2 Tasse Honig, 4 Tassen Mangopüree, Saft einer Zitrone, 3 Eiweiß.

Wasser aufkochen, Honig hineingeben und das Mangopüree. (Dafür so viele Mangofrüchte pürieren, daß sie 4 Tassen voll ergeben.) Mit dem Zitronensaft abschmecken. Kalt stellen, bis die Masse halbgefroren ist (etwa 45 Minuten). Dann die steifgeschlagenen Eiweiß unterziehen und fertig frieren.

Die Nüsse sind in der fleischlosen Küche von besonderer Wichtigkeit, weil sie hochwertiges Eiweiß enthalten, Vitamine, Spurenelemente und Mineralien (Eisen und Magnesium!). Nur wenn man zuviel von ihnen ißt, machen sie dick, wie letzten Endes alles.

Nüsse immer frisch mahlen.

Nußpudding

4 Eier, 70 g Fruchtzucker, abgeriebene Schale und Saft einer Zitrone, 200 g feingemahlene Haselnüsse, 1 Prise Salz, Weizenkeime oder -kleie.

Die Eigelb mit dem Fruchtzucker schaumig rühren. Abgeriebene Zitronenschale, Zitronensaft und die Haselnüsse zugeben. Die Eiweiß mit dem Salz steif schlagen, unter die Nußmasse ziehen.

Eine Puddingform ausfetten und mit Weizenkeimen oder -kleie ausstreuen. Die Nußmasse hineinfüllen. Eine Stunde im Wasserbad garen.

Dazu eine heiße Frucht- oder Weinschaumsauce.

Variation: 2 EL Rum, Cognac oder Barack in den Teig geben, nach Geschmack Zimt und 1/8 Liter steifgeschlagene Sahne unterziehen.

Kurz vor Kriegsende gab es in unserer Familie noch einmal Nachwuchs – unsere vierköpfige Kinderschar wurde um gleich zwei weitere Köpfe bereichert: Mutter bekam Zwillinge.

Ich, die Älteste, und einziges Mädchen unter lauter Brüdern, mußte notgedrungen mit meinen fünfzehn Jahren Hausfrau und Säuglingsschwester spielen. Um Mutter und die Zwillinge zu feiern, wollte ich einen Kuchen backen. Das war gar nicht so einfach, denn damals kochten wir Suppen aus Kartoffelschalen und machten Marmelade aus Ebereschen, Sirup aus Zuckerrüben. An Mehl oder gar Fett für den Kuchen war nicht zu denken. Ich kratzte ein paar Kartoffeln und Möhren zu

sammen, tat Sirup dran, und es kam eine Art Sandkuchen zustande, der uns damals ungeheuer delikat vorkam.
Seit meinem Möhrenkuchen sind ungefähr 30 Jahre vergangen. Viele Kuchen habe ich inzwischen selbst gebacken und in aller Welt gekostet; und ich muß sagen, auf dem Kuchensektor unterscheiden sich die Nationen weniger voneinander als im übrigen kulinarischen Bereich. Ein Obstkuchen ist ein Obstkuchen und eine Quarktorte ist eine Quarktorte etc., frei nach Gertrude Stein.

Hier eine phänomenale

Russische Nußtorte

7 Eier, 250 g Fruchtzucker, 250 g gemahlene Wal- oder Haselnüsse, 1 EL gemahlene Weizenkeime, 1 Prise Salz.

Die Eigelb schaumig rühren. Fruchtzucker, Nüsse, Weizenkeime und Salz zugeben, zum Schluß die steifgeschlagenen Eiweiß.
In einer gebutterten Springform 45 Minuten bei 200 Grad backen.
Dazu Schlagsahne.

Wer kennt nicht den Obstsalat aus Äpfeln, Birnen, Orangen, Feigen, Datteln, Nüssen? Alle Früchte kleingeschnitten und gemischt, mit Honig oder Sanddornsaft gesüßt, mal mit Zimt oder Ingwerpulver, mal mit einer Spur Nelken oder Muskat oder Kardamom abgeschmeckt – ein köstliches Dessert.
Haben Sie aber auch schon die Exoten probiert, die in unseren Küchen noch nicht so heimisch sind? Die Kiwis, Papayas, Mangofrüchte, Lychees, die Cherimoyas?
Nehmen wir die Kiwis: Sie stammen aus China und ähneln im Geschmack unserer Stachelbeere. Ißt man sie »natur«, schneidet man sie quer durch und löffelt sie, eventuell mit Zitronensaft beträufelt, aus.
Papayas gibt es in Brasilien bereits zum Frühstück. Die Frucht längs durchschneiden, Kerne herausnehmen, die Papaya mit Zitronensaft oder Limettensaft beträufeln und auslöffeln. Die Limette ist eine kleinere, grüne, kernlose und sehr saftige Zitronenart.
Den chinesischen Lychees begegnet man in chinesischen Restaurants. Dort werden sie meistens aus Dosen serviert. Frische Lychees schälen und den harten Kern entfernen.

Die Cherimoya, die aus Lateinamerika zu uns kommt, schmeckt ähnlich wie die Erdbeere. Der Länge nach aufschneiden, die Kerne entfernen, mit Zitronensaft beträufeln, auslöffeln.
Alle diese Früchte lassen sich aber auch wunderbar miteinander und mit den uns bekannteren in einem Obstsalat vereinen. Würde ich Ihnen alle meine Obstsalat-Kombinationen aufzählen, das Buch nähme nie ein Ende. Man kann praktisch alles miteinander mischen: Melone mit Mangos, Kiwis und Erdbeeren; oder Äpfel, Mandarinen, Feigen, Datteln mit in Honig geröstetem Sesam; Orangen, Avocados, Kiwis und Lychees. Lassen Sie Ihrer Phantasie freien Lauf. Ich schaue meistens nach, was ich vorrätig habe – und mixe dann je nach Eingebung die Früchte tollkühn untereinander.
In Sektkelche oder Weingläser füllen oder in die ausgehöhlten Hälften von Melonen, Orangen, Grapefruits, Ananas – und vielleicht noch ein Schlagsahnehäubchen obendrauf setzen.
Apropos Limettensaft: In dem amerikanischen Film »Operation Crossbow«, der das tragische Kapitel der Bombardierung Englands durch die V2-Geschosse zum Thema hatte, spielte ich die deutsche Fliegerin Hanna Reitsch. Nach Beendigung der Dreharbeiten besuchte ich Hanna Reitsch in Ghana. Sie leitete in Accra zur Zeit von Kwame Nkrumah die Segelfliegerschule. Hanna Reitsch stieg nicht nur mit mir in die Luft – sie lud mich auch zum Essen ein, und bei ihr lernte ich Limettensaft trinken, in Mineralwasser und mit – Salz! Das schmeckt gar nicht so übel, wie es klingt, und ist in einem heißen Klima ein überaus erfrischendes Getränk: Das Salz bindet Wasser im Körper, was in den Tropen von großer Wichtigkeit ist.

Aus einem Obstsalat wird im Handumdrehen ein delikater

Obstauflauf

Früchte nach Wahl, insgesamt 500–750 g (Ananasstücke, saure Kirschen, Aprikosen, Pfirsiche, Orangen, Pflaumen etc.),
1 Zitrone, Honig nach Geschmack,
1 Hauch geriebene Muskatnuß,
1 Prise oder mehr gemahlener Ingwer oder Nelken, 1 Spur Zimt, evtl. 1 Gläschen Cointreau, Barack oder Kirschwasser.

In eine gebutterte Auflaufform lagenweise die Früchte füllen. (Orangen und die Zitrone schälen und in dünne Scheiben schneiden.) Den Honig mit den Gewürzen mischen. Wenn er zu fest ist, mit etwas warmem Wasser flüssiger machen. Etwas Honigsauce über jede Obstschicht geben. Eventuell noch ein Gläschen von einem der obengenannten Schnäpse über den Auflauf gießen. 20–30 Minuten bei 200 Grad backen.

Warm mit gesüßter Schlagsahne oder saurer Sahne servieren.

Pudding aus rohen Früchten

1 Päckchen Agar-Agar (8 g), $1/2$ l Wasser oder Traubensaft, 1 EL Honig, gemahlene Vanille, frische Früchte: Erdbeeren, Himbeeren, Heidelbeeren, Weintrauben etc.

Agar-Agar in dem Wasser oder Traubensaft auflösen und heiß werden, aber nicht kochen lassen. Honig und Vanille zugeben. Die Früchte wenn nötig zerkleinern, in eine Glasschale oder in Portionsgläser füllen. Die Agar-Agar-Masse drübergießen. Kalt stellen.
Dazu eine Vanille- oder eine Weinschaumsauce.

Mit Quark bereite ich im Nu die köstlichsten Nachtische. Jede kleingeschnittene Frucht verträgt sich mit ihm, jedes Dörrobst. Er mag eine Prise Ingwer, Zimt oder Vanille, die Gesellschaft von gehackten Nüssen, Mandeln, Pinien- und Pistazienkernen, ganz oder gehackt – auch Kokosraspel geht mit ihm eine harmonische Verbindung ein oder etwas Schokoladenraspel. Und – natürlich – der liebliche Honig.

Leider schmeckt mir der fette Quark – möglichst auch noch mit Sahne angerührt – am besten. Gesünder ist natürlich der magere! Mageren oder fetten Quark, das entscheidet bei uns die Waage im Badezimmer.
Ich serviere meine Quarkspeisen in Sektkelchen oder Weingläsern – auch wenn sie aus dem 10prozentigen gemacht sind, dann gerade! Oder in einer Glasschale oder in Grapefruit-, Orangen- oder Melonenhälften.

Quarkspeise mit Obst

500 g Quark, 500 g Obst, 2 EL Honig, 1 EL Rosinen, 1 EL grob gehackte Nüsse, Vanille oder Zimt, Spur geriebener Ingwer, eventuell (siehe Waage!!!) $1/4$ l süße Sahne.

Quark schaumig rühren. Das kleingeschnittene Obst zugeben (Beeren ganz lassen) sowie Honig, Rosinen, Nüsse und Gewürze. Wer möchte, zieht zum Schluß die steifgeschlagene Sahne unter.
Oder das Obst und den mit den übrigen Zutaten angemachten Quark abwechselnd in Portionsgläser schichten und obenauf eine hübsche Frucht, zum Beispiel Scheiben von Kiwis, Pfirsichspalten, Brombeeren oder Himbeeren, setzen.

Quark enthält so viel biologisch hochwertiges Eiweiß, daß ein 70 Kilo schwerer Mensch seinen halben Tagesbedarf an Eiweiß mit nur

250 Gramm Magerquark decken kann. Quark enthält weiter wichtige Mineralstoffe, vor allem Calzium. Quark hilft der Leber beim Entgiften. Und – er ist billig!

Quarkkäulchen russisch, »Tworoshniki«

500 g Quark, 1 Ei, ca. 100 g Weizenvollkornmehl oder Sojamehl (eventuell weniger, kommt auf die Feuchtigkeit des Quarks an),
1 Prise Salz, 1 EL Fruchtzucker, Vanillezucker, Weizenkeime, Butter zum Braten.

Den Quark sämig rühren, mit dem Ei, Mehl, Salz, Fruchtzucker und Vanillezucker gut verkneten. 1 Stunde ruhen lassen. Dann auf bemehltem Nudelbrett aus der Masse eine Wurst formen, und die in ein Dutzend Scheiben schneiden. Die Scheiben in Weizenkeimen wenden und in heißer Butter auf beiden Seiten goldbraun braten. Mit saurer Sahne oder einer Fruchtsauce servieren.

Tanja, von der auch dieses russische Rezept stammt, hat mir, als sie mich am Abend vor einem für mich wichtigen Drehtag ganz und gar nicht schön fand, eine Quarkmaske angedeihen lassen: Quark (ruhig fetten) mit einem Eigelb, etwas Sahne und viel feingehackter Petersilie anrühren und dick auf das Gesicht streichen. 20 Minuten einwirken lassen, dann mit Wasser abwaschen.

Und hier die göttlichste Quarkspeise der Welt, die Passcha. In Rußland ißt man sie zu Ostern, und im Vergleich zu anderen russischen Ostergenüssen ist sie noch geradezu »mager«. In alten Kochbüchern findet man Mehlspeisen mit hundert Eiern. Diese Rezepte stammen allerdings noch aus der Zarenzeit. Unsere Passcha begnügt sich bescheiden mit 3 Eiern.

Russische Passcha

500 g Quark, 3 Eier, 100 g Butter, 200 g saure Sahne, 1 Prise Salz, 200 g Fruchtzucker, Vanillezucker, 125 g Mandeln.

Den Quark schaumig rühren. Die Eier, die Butter und die saure Sahne zugeben, auf dem Herd unter Rühren erwärmen, aber nicht kochen lassen. Sobald sich Blasen bilden, vom Herd nehmen. Unter Rühren abkühlen lassen.

Salz, Fruchtzucker, Vanillezucker und die abgezogenen, gehackten Mandeln drunterrühren. In eine Glasschale füllen.

Verfährt man ganz orthodox, füllt man die Passcha über Nacht in ein Holzkästchen mit durchlässigem Boden, so daß die Feuchtigkeit abtropfen und man die Passcha stürzen kann. Muß man aber nicht!

Aus Vollkornreis lassen sich herrliche Desserts zaubern. Ich verwende dafür den Rundkornreis und koche ihn wie Milchreis (1 Tasse Reis, 5 Tassen Milch, Garzeit ca. 40 Min.

Reisauflauf mit Quark

2 Eigelb, 2 EL Fruchtzucker, 200 g Quark, abgeriebene Schale einer Zitrone, 1 Prise Salz, 2 EL Rosinen, 2 EL grobgehackte Nüsse oder Mandeln, Vanillezukker, fertiger Milchreis, 2 Eiweiß, Butterflöckchen.

Die Eigelb mit dem Fruchtzucker schaumig rühren. Quark, Zitronenschale, Salz, Rosinen, Nüsse oder Mandeln, Vanillezucker und zum Schluß den abgekühlten Milchreis zugeben. Alles gut verrühren und die steifgeschlagenen Eiweiß unterziehen. In eine feuerfeste, gebutterte Form füllen. Butterflöckchen draufsetzen. Bei 200 Grad ca. 30 Minuten backen.

Dazu eine Fruchtsauce oder Kompott.

Variation: Den Reis schichtweise mit einer Lage getrockneter, eingeweichter Aprikosen (250 g) und in Schnitzeln geschnittener, eingezukkerter Äpfel (250 g) in die Auflaufform füllen. Oberste Schicht ist Milchreis. Diesen Auflauf 1 Stunde im Ofen backen.

Roquefort-Trüffeln

200 g Roquefortkäse, 50 g Butterkäse, 100 g Butter, Salz nach Geschmack, Pfeffer nach Geschmack, 1/2 feingehackte Zwiebel, Pumpernickel.

Mit einer Gabel den Roquefortkäse mit dem Butterkäse, Butter, Salz und Pfeffer zerdrücken und verrühren. Die feingehackte Zwiebel zugeben. Kugeln daraus drehen und in feingeriebenem Pumpernickel wälzen.

Roquefort-Trüffeln im Kühlschrank fest werden lassen. Dazu ein paar knackige Radieschen.

In den Monaten Januar und Februar, wenn wir eingeschneit sind und uns morgens aus dem Haus herausschaufeln müssen, bricht in unserem Dorf die Hoch-Zeit der Frauen an: Da rächen sich die Sommerholzer Bäuerinnen für die sonntäglichen Wirtshausbesuche ihrer Männer – sie ziehen zur Weiberroas, zur Weiberreise.

Heute bei der einen, morgen bei der nächsten findet ein ausgedehntes Gelage statt, das mittags mit Leberkas und Würschtln beginnt, im Laufe des Nachmittags riesige Kuchenberge das Zeitliche segnen läßt und abends bei belegten Broten seinen Höhepunkt erreicht.

Es gibt Unmengen von Wein und genausoviel Gelächter. Männliche Wesen sind nicht zugelassen. Die müssen inzwischen den Haushalt besorgen und die »Weiberarbeiten«

verrichten. Weiß einer nicht weiter und kommt ratlos fragen, ob denn nun die Kuh Emma gemolken werden soll oder nicht, kriegt er unter großem Hallo eine Strafe aufgebrummt: Er muß ein paar Flaschen Wein ausgeben.
Weiber unter sich – da findet Wichtiges statt: Da wird das Eingemachte begutachtet und der neugekaufte Stier und das neugeborene Baby; da werden die neuesten Dorfereignisse erörtert, wie zum Beispiel, daß »der Fuchs-Bauer sich das Schlüsselbein gebrochen hat, als er den Speck-Bauern auffangen wollte, wie der vom Kirschbaum fiel«.
Wenn sie die abendliche Stallarbeit geschafft haben, dürfen auch die Männer mitmachen. Der Gruber spielt die Zither und der Hirse-Bauer die Gitarre, und dazu singen wir alle so gut wir können. Und dann geht's an die Spiele.
Ich muß sagen, ich war vor »meiner« ersten Weiberroas nicht weniger aufgeregt als vor einer Premiere. Fast zwei Tage Vorbereitungen waren vorausgegangen. Ich hatte Kuchen gebacken wie für eine ganze Dorfhochzeit, riesige Berge von Kartoffelsalat und einen Topf mit 30 Liter Bohnensuppe zubereitet – aber: Würde auch die richtige Stimmung aufkommen, bei mir, dem »zugreistn« Weib?
Die Stimmung wurde bombig. Und dazu mitgeholfen hat sicher auch mein Rumtopf-Dessert. Aber meine wirkliche Bewährungsprobe sollte noch kommen, beim »Strangkoatznziagn«, was man eigentlich gar nicht schreiben sondern nur aussprechen kann: Wo nämlich eine Katze die andere am Strang zieht. Die zwei Katzen waren ich – und ausgerechnet die sehr kräftige Brunnkehrerin. Wir zwei Koatzn mußten uns im Vierfüßlerstand einander gegenüber auf den Boden knien. Um unser beider Hälse knotete der Toni, unser Zimmermann, ein Bettlaken – und nun ging's los: Jede mußte versuchen, die andere vornüber zu ziehen.

Ich mußte siegen, ich mußte einfach – und ich schaffte es: Ich brachte die Brunnkehrerin zu Fall. Und als ich dann noch einen Yoga-Kopfstand vorführte und mir dabei die Hose platzte, war ich endgültig in die Gemeinschaft der Weiberroas-Reisenden aufgenommen. Und im Dorf heißt es seitdem: Die Stadljakl-Bäuerin, die is zah! (zäh).

Stadljakl-Bäuerins Rumtopf-Früchte-Dessert

½ l süße Sahne, Vanillezucker, ca. 8 EL Rumtopffrüchte.
Sahne mit dem Vanillezucker steif schlagen. Rumtopffrüchte je nach Größe zerkleinern oder ganz lassen. Beides mischen und in einer Glasschale servieren.

Sahnepudding aus der Schweiz

100 g Butter, 6 Eigelb, 50 g Fruchtzucker, abgeriebene Schale 1 Zitrone, 2 Tassen süße Sahne, 300 g Weizenvollkornmehl, 100 g Rosinen, 1 Prise Salz, je eine Spur Nelken, Muskat und Ingwer. 4 Eiweiß, geraspelter Ingwer.
Die Butter schaumig rühren. Nach und nach die Eigelb, Fruchtzucker, Zitronenschale, Sahne, Mehl, Rosinen, Salz und Gewürze zugeben, zuletzt die steifgeschlagenen Eiweiß.
Eine Stoffserviette gut einfetten und mit geraspeltem Ingwer ausstreuen. Masse hineinfüllen, Serviette zusammenknoten und an einem Kochlöffel in einen Topf mit kochendem Wasser hängen. 90 Minuten lang leise kochen lassen. Dazu:

Makronen-Rahmsauce

100 g bittere Makronen, ca. 50 g Fruchtzucker, ¼ l süße Sahne, 2 Eigelb.
Die Makronen zerstoßen, mit dem Fruchtzucker und der Sahne aufkochen. Die Eigelb drunterrühren.
Ich habe diesen Pudding auch schon in der Puddingform im Wasserbad zubereitet. Er läßt sich allerdings nicht stürzen.
Eine Weinschaumsauce schmeckt ebenfalls gut dazu – aber die Makronensauce ist einfach betörend.

Australische Scones

2 Tassen feingemahlenes Weizenvollkornmehl (Kleie im Mehlsieb aussieben), 2–3 EL Honig, 1 TL Salz, 3 TL Backpulver, ½ TL kohlensaures Natron, 40 g Butter, 1 Ei, 1 Tasse Buttermilch, evtl. 2–3 EL Rosinen.
Mehl, Honig, Salz, Backpulver und das Natron gut vermischen. Dann die Butter in Flöckchen unterkneten, das Ei zugeben und die Buttermilch. Zum Schluß (wenn man mag) Rosinen.
Gut eingefettete kleine Backförmchen zu zwei Drittel mit dem Teig füllen. Bei 220 Grad im vorgeheizten Ofen 20–25 Minuten backen.
Die Menge ergibt 12 Scones. In Australien aßen wir sie warm, mit Butter und Erdbeermarmelade bestrichen und dazu noch Schlagsahne nachmittags zum Tee. Denn – very

very british – der Australier verzichtet natürlich nicht auf seinen five o'clock tea. Eine schöne Sitte, besonders wenn es draußen kalt ist.

Israelisches Sesamkonfekt

200 g fester (kristallisierter) Honig, 100 g Walnußkerne, 100 g Sesamsamen.

Den Sesamsamen in trockener heißer Pfanne kurz rösten. Honig und die gehackten Walnußkerne zugeben. Etwas abkühlen lassen.

Wenn die Masse fest zu werden beginnt, kleine Kugeln formen oder auf ein mit kaltem Wasser abgespültes Backblech streichen, ca. 2 mm dick.

Mit einem spitzen Messer in Würfel (2 × 2 cm) oder Rechtecke (2×4 cm) schneiden. Das Messer zwischendurch immer wieder in heißes Wasser tauchen. Fertig abkühlen und trocknen lassen.

Fein zum Nachmittagstee!

In Anlehnung an die Zuppa Romana habe ich einmal, als sich plötzlich Besuch anmeldete und ich aus »Nichts« einen Kuchen machen wollte, die »Zuppa Sommerholza« kreiert. Sie wurde ein solcher Hit, daß ich seither immer die dafür nötigen Ingredienzien im Gefrierfach habe. Mürbeteigböden, Apfelmus, Schlagsahne, Nüsse – dazu Vanille- oder Fruchtzucker, ein bißchen was im Rumtopf und Schokolade zum Drüberraspeln.

Zuppa Sommerholza

250 g Weizenvollkornmehl, 2 gestrichene TL Backpulver, 1 Ei, 60 g Fruchtzucker, 1 Prise Salz, 60 g Butter, Vanillezucker, abgeriebene Schale einer halben Zitrone, Rum aus dem Rumtopf, 1/2 l süße Sahne, Vanille- oder Fruchtzucker, ca. 250 g Apfelmus, ca. 500 g grob gehackte Nüsse, ca. 500 g Rumtopffrüchte, Schokoladenraspel.

Das Weizenmehl mit dem Backpulver mischen. Mit dem Ei, Fruchtzucker, Salz, Butter, Vanillezucker und der Zitronenschale zu einem Mürbeteig kneten. Den Teigkloß mindestens eine halbe Stunde kalt stellen.

Dann in einer gefetteten Springform (Ø 28 cm) ausrollen. Rand etwas hochdrücken. Im vorgeheizten Ofen bei 200 Grad 20 Minuten backen.

Den Mürbeteigboden abkühlen lassen. Dann gut mit Rum aus dem Rumtopf befeuchten, eventuell mehrmals, der Boden muß gut durchfeuchtet sein, darf aber nicht so weich werden, daß er sich auflöst. Möglichst einige Stunden durchziehen lassen.

Erst wenn ich schon das Teewasser aufsetze, besorge ich den Rest: schlage die Sahne mit dem Vanille- oder Fruchtzucker steif. Und gebe auf den Tortenboden eine dicke

Schicht Apfelmus, eine Schicht Schlagsahne, eine Schicht grob gehackte Nüsse, eine Schicht abgetropfte, wenn nötig etwas zerkleinerte Rumtopffrüchte, wieder eine Schicht Schlagsahne. Obendrauf rasple ich dick Schokolade.
Falls etwas übrigbleibt, was unwahrscheinlich ist, schmeckt's am nächsten Tag fast noch besser – sieht aber nicht mehr so hübsch aus.

Gustls Schafe weiden in der kleinen Fichtenschonung neben unserem Haus. Kommt der Gustl abends zum Melken, laufen sie ihm blökend entgegen.
Wenn der Gustl seine Schafe schert, bittet er mich manchmal: »Geh, Barbara, hilfst mir den Franzi auffilegn?« Der Franzi ist sein schwerster Schafsbock. Er wiegt 90 Kilo. Wir legen gemeinsam den Franzi auf einen aus Brettern improvisierten Tisch. Da liegt der Franzi geduldig und läßt sich alles gern gefallen. Der Gustl handhabt die Schere aber auch so liebevoll und mit einer solchen Hingabe, als gäbe es nichts Wichtigeres auf der Welt als dem Franzi die warme Wolle abzuscheren.
Wenn wir fertig sind, sagt der Gustl: »Magst a Mili?« Im Laufe der Zeit hat sich eine stillschweigende Übereinkunft zwischen dem Gustl und mir entwickelt. Der Gustl bringt mir den Topf mit der warmen Schafsmilch, dafür kriegt er ein kaltes Bier oder auch zwei. Da sitzen wir dann, schauen auf den nackten, vergnügt vor sich hin grasenden Franzi, trinken unser Gläschen, und der Gustl erzählt mir, wo ich die Arnika pflükken muß, und daß deren gelbe Sternblüten, in Alkohol eingelegt, alles lindern, was einem auf dem Lande an Quetschungen, Prellungen und sonstigen Blessuren so zustößt.
Haben Sie das Glück, auf dem Lande zu leben, und ein Bauer in der Nähe besitzt Schafe, so schmeicheln Sie ihm ein paar Liter Schafsmilch ab! Sie können einen phantastischen Käse daraus machen, der jedem gekauften den Rang abläuft.

Stadljakl-Bäuerins Schafskäse

2 l Schafsmilch, 1/2 gestrichener TL Lab, 1 l Wasser, 1 EL Salz, 1 EL Kümmel.

Aus der Molkerei habe ich mir Lab besorgt. Lab ist ein aus Kälbermagen hergestelltes Ferment, das den Käsestoff der Milch zum Flocken bringt.
Zuerst seihe ich die Schafsmilch durch ein Haarsieb, in das ich ein sauberes Leinentuch von der Größe eines Taschentuchs gebreitet habe, in einen Kochtopf. Den Topf stelle ich auf den Herd, kleinste Stufe.
Nun schütte ich Lab in die Milch, rühre mit einem hölzernen Koch-

löffel um und erhitze langsam auf 40 Grad. Sind Sie vornehm, besitzen Sie vielleicht ein Speisethermometer? Ich hab's noch nicht dazu gebracht. Ich stecke den Finger hinein: 40 Grad ist etwas mehr als die Körpertemperatur. Empfinde ich die Milch als warm, schalte ich aus. Die käsige Masse klumpt sich zusammen, die wäßrige Molke bleibt übrig. Wenn sich die Käsemasse gesetzt hat, gieße ich alles in das mit dem Haarsieb ausgelegte Tuch und fange so den Käse auf. Die Molke fließt in eine Schüssel ab.
Jetzt drehe ich das Tuch zusammen und presse alle Flüssigkeitsrückstände heraus, bis der Klumpen ganz trocken ist. Je fester Sie ihn ausdrücken, um so besser können Sie den Käse hinterher schneiden. Ich binde eine Schnur um'den Tuchzipfel und hänge den Käsekloß zum Trocknen auf.
Je nach Witterung braucht er 2–3 Tage. Dann lege ich ihn in ein Lake, die ich aus dem mit Salz und Kümmel aufgekochten Wasser bereitet und abgekühlt habe. Die Lake muß den Käse bedecken. Ich lasse ihn zwei Tage darin schwimmen, dann ist er fertig.
Ein herrlicher Abschluß eines guten Essens. Aber mit ein bißchen Thymian bestreut, ein paar schwarzen Oliven und gehackten Zwiebeln, einer Scheibe unseres Vollkornbrotes, mit Butter bestrichen – ein Glas Wein dazu – haben Sie ein himmlisches Abendessen und wähnen sich irgendwo auf dem Balkan in Urlaub.

Heiße Fruchtsauce

2 EL Honig, 1 EL Wasser (oder weniger, hängt von der Feuchtigkeit der Früchte ab), 200 g Früchte (Erdbeeren, Himbeeren, Pfirsiche, Mangos, Kiwis, Cherimoya, Bananen, Ananas, einzeln oder gemischt), 1 Glas Rum, Cognac, Kirschwasser oder Barack.
Den Honig mit dem Wasser erhitzen. Die in hübsche Stücke oder Scheiben geschnittenen Früchte zugeben und bei kleinster Hitze 5–10 Minuten dünsten, wenn man mag, noch pürieren. Zum Schluß mit dem Schnäpschen ablöschen!
Heiß zu Eis servieren.

Bananen-Schokoladen-Sauce

3–4 Bananen, 2 Riegel Schokolade, Vanillezucker, 1 Stich Butter, Honig, Zitronensaft
Die Bananen pürieren und mit der zerbröckelten Schokolade und dem Vanillezucker in der Butter heiß werden lassen. Nach Geschmack Honig unterrühren. Mit Zitronensaft verfeinern.
Die Sauce schmeckt heiß ganz wunderbar zu allen Eierkuchen.

Rosinensauce

1/4 l Rotwein, Saft von 2–3 Orangen, 2 Scheiben Zitrone, 3 Nelken, Zimt nach Geschmack, 100 g Rosinen, 1 EL Sojamehl, 2 EL Honig, 1 EL Rum.
Wein, Orangensaft, Zitronenscheiben, Nelken, Zimt und Rosinen mischen. Das Sojamehl unterrühren, alles einmal aufkochen lassen. Nelken und Zitronenscheiben herausnehmen. Sauce mit Honig und Rum abschmecken.
Paßt gut zu Eierkuchen, Hirse-, Mais- oder Reisspeisen.

Orangensauce

4 Orangen, etwas abgeriebene Orangenschale, 2 Messerspitzen Agar-Agar, 1/4 l Wasser, Honig oder Fruchtzucker nach Geschmack, 1–2 EL Cointreau.
Die kleingeschnittenen Orangen mit etwas abgeriebener Orangenschale pürieren. Agar-Agar in dem Wasser anrühren. Orangenpüree zugeben, bis zum Siedepunkt erhitzen. Mit Honig oder Fruchtzucker süßen, mit Cointreau abschmecken.

Weinschaumsauce

2 Eier, 50 g Fruchtzucker, 1/2 l Weißwein, Saft und abgeriebene Schale einer Zitrone, 2 Messerspitzen Agar-Agar.
Alle Zutaten mischen, im Wasserbad erhitzen und schaumig schlagen, bis die Sauce dick wird. Sie darf nicht kochen!
Heiß zu Obstsalat, ein Traum!

Vanillesauce mit Agar-Agar

1 Päckchen Agar-Agar (8 g), 1 l Milch, 1 Prise Salz, pulverisierte Naturvanille, 1 EL Honig.
Agar-Agar in der Milch auflösen. Milch bis zum Siedepunkt erhitzen. Salz, Vanille und Honig zugeben.

---

1 Päckchen Agar-Agar (8 g) auf 1 l Flüssigkeit gibt eine Sauce, 1 Päckchen auf 1/2 l Flüssigkeit ergibt beim Abkühlen ein steifes Gelee.

Menüvorschläge

Arabischer Salat mit Ziegenkäse.
Bunte marokkanische Suppe »Haraira«.
Griechische Feigen in Weißwein mit Schlagsahne.

Französische Käsespeise »Délices au Gruyère«.
Italienische Minestrone.
Schweizer Sahnepudding mit Makronen-Rahmsauce.

Mexikanischer Avocadosalat.
Russische Kohlsuppe »Schtschi«.
Dänische Aebleskiver.

Türkischer Auberginen-Appetizer.
Indische Kartoffelkuchen mit Mango-Chutney.
Australische Cherimoya-Bananencreme.

Texanischer Tomatensalat.
Indische Currysuppe mit Mandeln.
Chinesischer Brokkoli.
Französische Crèpes mit Parmesan gefüllt.

Israelischer Hoummous mit Pitta.
Arabische Kascha mit Artischockenherzen.
Israelische süße Latkes.

Deutscher Möhrensalat.
Orientalische Zwiebeln mit Sultaninen.
Italienischer Kartoffelpüreekegel.
Bananeneis mit Ingwerpflaumen.

Bleichsellerie mit Roquefort gefüllt.
Italienische Pizza.
Mango-Sorbet austral. Art.

Rote-Rüben-Salat.
Nudel-Lauch-Auflauf.
Bratäpfel mit Schokoladensauce.

Gemüsecocktail.
Gebackene rote Rüben à la Ivan Desny.
Russische Buchweizenbliny mit saurer Sahne.

Mit Spinat gefüllte Tomaten.
Kartoffel-Champignon-Auflauf.
In der Schale gebackene Bananen.

Roher Selleriesalat.
Gefüllte Artischockenböden mit Sauce Tartuffe.
Italienische Nudeln mit Gorgonzolasauce.
Jugoslawische Baklava.

Marinierte Champignons.
Brennessel-Sauerampfer-Suppe.
Reisklöße mit Knoblauch-Walnuß-Sauce.
Dänische Buttermilchsuppe.

Gefüllter grüner Salat.
Gemüsetorte mit Kokosmilchsauce.
Ungarische Palatschinken mit Weinschaumsauce.

Avocados mit Curry.
Französische Gemüsesuppe »Bonne femme«.
Griechische Eierkuchen.

Waldorfsalat.
Ratatouille.
Russische Quark-Passcha.

Artischocken mit Pfefferminze nach Vater Abraham.
Kreolische Kartoffeln.
Auberginen gefüllt mit Champignons.
Schafskäse mit Oliven und Majoran.

Kürbissalat.
Russische Piroggen mit Spinat gefüllt.
Apfelrohkost.

Ingwercocktail.
Orientalisches Reisgericht.
Nußpudding mit
Vanillesauce.

Roher Fenchel mit
Käsecreme.
Italienische Spinatgnocchi.
In der Schale gebackene, mit
Quark gefüllte Kartoffeln.
Birnen mit Roquefort
gefüllt.

Indischer Salat.
Chinesische Nudeln.
Chinesischer Lycheepudding.

Brüsseler Weintraubensalat.
Paprikaschoten gefüllt mit
pikantem Quark.
Kokoscreme.

Chicoréesalat mit Bananen.
Quiche Marseille.
Exotischer Obstsalat.

Roher Gemüsesalat.
Maisschnitten mit Erdnuß-
Sauce.
Marillenknödel.

Gefüllte Weinblätter
griechische Art.
Lauch in Gelee byzantinisch.
Eierkuchenpyramide mit
Orangensauce.

Zurück zu Urgroßmutters Küchen- und Heilkräutern!

Im Gewürzgärtlein unserer Vorfahren wuchsen Lavendel, Rosmarin, Raute und Salbei. Diese Küchenkräuter verfeinerten nicht nur die Speisen. Unsere Urahne betrieb mit ihnen auch eine regelrechte Aromatherapie. Sie wußte, daß Lavendel, zwischen die Rosen gepflanzt und ums Haus herum, das Ungeziefer abwehrt; daß der Rosmarin, auch in kleinen Gaben, den Kreislauf anregt, der Weißdorn den Blutdruck reguliert; Fenchel und Kümmel die Magenschleimhaut pflegen und die Verdauung fördern; der Saft des schwarzen Rettichs, die Zwiebel und der Knoblauch die Galle fließen machen; Brennessel, Löwenzahn, Birke und Wacholder das Blut reinigen.

Der Nürnberger Arzt und Mathematiker Gualtherius Hermann Ryff singt 1545 in seinem Diätbuch auf zierliche Art das Loblied von Muskaten, Zimmet und Nägelin. Hier sein Rezept gegen Appetitlosigkeit: »Nimm scharpffes ausgebissenes Zimmets fünf loth, weissen Ingber, Muskaten pluet (Muskatblüte), iedes drithalb quinten Cardamömlin, Muskatennüss iedes ein Scrupel Nägelin (Nelken) ein halb loth. Disse stück alle zu reynem pulver gestossen nimm dann weitter darzu so vil sie alle am gewicht halten schoenen weissen Zuckers.«

Wir ungeduldigen Kinder des 20. Jahrhunderts, deren Würzkunst sich vielfach auf Salzen, Pfeffern, ein bißchen Petersilie und Schnittlauch beschränkt: Machen wir Schluß mit dem Vorurteil, Gewürze sind schädlich. Verwenden wir sie richtig, können wir uns an ihnen gesund essen. Jüngste Forschungsergebnisse widerlegen, daß Pfeffer, Paprika und Senf den Nieren schaden. Gewürze regen die Herztätigkeit an, vergrößern das Herzschlagvolumen. Warum ißt man in heißen Ländern so scharfgewürzte Speisen? Die Gewürze fördern die Tätigkeit der Schweißdrüsen, verhindern Wärmestau im Körper. Gewürze erfrischen! Dem Kurkumagewürz – einem Bestandteil des Curry, der diesem die gelbe Farbe verleiht – schreibt man in Indien heilerische Wirkung auf die Leber zu. Gewürze können die Bildung der Magensalzsäure und der Galle anregen, sie können Depressionen vertreiben. Salbeitee hilft Frauen

über die Wechseljahre, und schon Plinius empfiehlt den Hypochondern und Hysterikern die Zitronenmelisse. Meerrettich und Kresse sind natürliche Antibiotika. Der Meerrettich enthält doppelt soviel Vitamin C wie die Zitrone! Blättern wir in Urgroßmutters Würzkalender, machen wir uns die Heilkräfte der alten Kräuter zunutze!

Welches Gewürz – wieviel – wozu? Seien Sie mutig, experimentieren Sie. Ich bin ein geradezu tollkühner, vielleicht barbarischer Würzer. Wo feine Leute vorsichtig ihre Salatschüssel mit einer Zehe Knoblauch einreiben, schneide ich eine halbe Knolle in den Salat, wenn ich mir das – des Duftes wegen – leisten kann. Wenn es ginge, würde ich mir meine Bühnenpartner danach auswählen, ob sie Knoblauch lieber oder nicht. Achten Sie mal darauf: Knoblauchesser sind immer sinnenfreudige – also angenehme! – Leute. Eine knoblauchlose, eine schreckliche Zeit!

Die Heilkraft des Knoblauchs war den Babyloniern bereits bekannt, 3000 Jahre vor Christi! Die Sklaven, die am Bau der Cheopspyramide schufteten, erhielten ihre tägliche Knoblauchration, Phönizier und Vikinger stachen nicht ohne ihren Knoblauch in See, und die vertriebenen Juden trauerten dem Knoblauch nach, den sie in Ägypten – neben »Gurken, Melonen, Lauch und Zwiebeln« – so gerne genossen hatten.

Ob Griechen, Römer, Hindus oder die Chinesen – alle testamentieren sie dem Knoblauch, daß er den Verdauungstrakt in Ordnung bringt, Würmer tötet, bei Hautkrankheiten und Wunden Wunder wirkt, allen Infektionen zu Leibe rückt, besonders denen der Luftwege – und das Altern hinauszögert. Alte Volksrezepte empfehlen: Bei beginnender Erkältung eine Knoblauchzehe im Mund behalten, möglichst den ganzen Tag über. Von Rheuma befallene Stellen mit der Knoblauchzehe einreiben. Bei Keuchhusten den Kindern Knoblauchumschläge machen. Es führt zu weit, die zahllosen Berichte – auch von Medizinern – aufzuzählen; sie schreiben von Heilerfolgen bei Tuberkulose, Typhus, Cholera und erhöhtem Blutdruck, den eine tägliche Dosis Knoblauch zu senken vermag. Ein zu niedriger Blutdruck wiederum

wird angeregt, was ich am eigenen Leibe ausprobiert habe. Ebenso kann ich die abführende und überhaupt anregende Wirkung dieses köstlichen Liliengewächses – denn zur Familie der Lilien zählt die Wunderknolle – bestätigen. Geriebener Knoblauch soll innerhalb von fünf Minuten die hartnäckigsten Bakterien töten.
Ein französischer Chronist nennt ihn einen der Bestandteile des berühmten 4-Diebe-Essigs. Im Jahre 1413 verurteilte man während der großen Pestepidemie in Frankreich vier Diebe zum Scheiterhaufen. Sie hatten Kranke in ihren Betten erwürgt und ausgeplündert, sich aber nie angesteckt. Um ihr Leben zu retten, verrieten die Diebe ihr Geheimnis: Ein selbstgebrauter starker Weißweinessig mit Anis, Engelwurz, Geißbart, Majoran, Nelken, Rosmarin, Salbei und Knoblauch – in die Haut eingerieben – hatte sie immun gemacht. Noch heute ist der »4-Diebe-Essig« berühmt in der französischen Küche.
Wacholder ist ein anderes altes »Antibiotikum«. Man verbrannte ihn in den Krankenstuben bei Epidemien. Die fast unglaubliche Heilwirkung der Kräuter beweist ein Versuch, den man im toxikologischen Labor des Pariser Polizeipräsidiums unternahm: Das in einen Raum gesprühte Gemisch von Fichte, Minze, Gewürznelken, Lavendel, Rosmarin, Thymian und Zimt vernichtete innerhalb einer Stunde fast alle Schimmelpilze und Staphylokokken.
So optimistisch wie manche Kräuterkundler bin ich nicht, die sagen, daß wir nicht einmal mehr einen Schnupfen bekommen, wenn wir nur gesund leben. Aber sicher können wir Kind und Kegel vor manchen Wehwehchen bewahren, wenn wir schlau sind und – schon vorbeugend! – unsere Familie mit den richtigen Kräutlein therapieren.

Gewürze und Küchenkräuter von A–Z.

Agar-Agar

Aus der Meeresalge Agar-Agar wird ein Pulver hergestellt, das bis zu 50 Teilen seines Gewichtes an Wasser aufnehmen kann. In Flüssigkeit aufgelöst und bis zum Siedepunkt erhitzt, wird es in erkaltetem Zustand fest. Ideal für Rohkostpuddinge, Torten, Gelees, Marmeladen, Gemüsesülzen etc. Ca. 8 g Agar-Agar in 1/2 l Flüssigkeit geben ein steifes Gelee. Erhältlich nur im Reformhaus, Gebrauchsanweisung liegt bei. Enthält alle Spurenelemente, besonders Jod. Wirkt sich pflegend auf die Verdauung, die Drüsen, das Nerven-System aus, Heilwirkung bei Knochen- und Bandscheibenschäden.

Anis

schmeckt süßlich, wird vor allem zum Backen verwendet, besonders bei der Weihnachtsbäckerei, auch dem Pflaumenmus zugesetzt, neben Koriander. Den ganzen Samen kaufen, im Mörser zerstoßen. Im Mittelalter schrieb man dem Anis eine potenzfördernde Wirkung zu: »Enyss in Speis gegessen bringet Begirde zu ehelichen Werken«. Dafür möchte ich mich aber nicht verbürgen. Auf alle Fälle enthält Anis magenberuhigende, krampfstillende Öle. Die Römer aßen am Schluß ihrer enormen Mahle verdauungsfördernde Aniskuchen.

Basilikum oder Basilienkraut

Geschmack süßlich-pfeffrich. Blätter frisch und getrocknet verwenden. Frisches Basilikum nicht mitkochen! Zu Tomaten, Gurken, Spinatgerichten, Bohnen, Zwiebel-, Nudel- und Reisgerichten, Saucen und Salaten. Zu Pizza, Kräuteressig. Ergänzt sich gut mit Rosmarin und Salbei. Magenstärkend, gegen Kopfschmerzen, Katarrhe. Regt den gesamten Organismus an.

Beifuß oder Gänsekraut

Wächst wild an Schutthalden und Wegrändern oder angebaut im Garten. Die blütenreichen Rispen mit den noch geschlossenen Blütenknospen verwenden, frisch und getrocknet. Die Blätter sind ungeeignet, da zu bitter. Zu: Weißkohl, Wirsingkohl, Steckrüben, Mangold, Spinat, Pilzen, Zwiebelsuppe, Kräutersoßen. Regt auf Grund seiner Bitterstoffe Nerven- und Muskeltätigkeit an, verdauungsfördernd.

Bibernelle

Wild auf trockenen Wiesen und an Waldrändern, Anbau im Garten. Verwendung: mit Zitronenmelisse zu Blattsalat. Läßt sich zusammen mit Estragon, Dill und Petersilie einsalzen und für Suppen und Saucen verwenden, zu Kohlrabi. Nicht mitkochen! Herzstärkend.

Bohnenkraut

Verwendung: Einige Stengel bei allen Bohnen-, Erbsen- und Linsengerichten mitkochen. In Essiggemüse zu eingelegten Gurken, Kartoffelsuppe, Kartoffelsalat, Bohnensalat, Würzkraft sehr stark. Frische Blätter nicht hacken, werden bitter. Getrocknete Blätter rebbeln. Appetitanregend.

Borretsch

Die jungen frischen Blätter (Gurkengeschmack) zu Kopf- und Gurkensalat verwenden. Gute Mischung für alle Salate: Borretsch, Petersilie, wenig Liebstöckel, Bohnenkraut und Zitronenmelisse. (Auch in Füllungen). Gehackt auf Butterbrot, zu Quark, Kartoffeln und Pilzen. Läßt sich nicht trocknen. Nicht mitkochen! Das englische Wort »borage« soll von einem keltischen Wort herrühren, das »mutiger Mann« bedeutet. In grauer Vorzeit tat man den Kämpfern das Kräutlein in die Trinkbecher, und es soll »great joy and fearlessness« erzeugt haben. Allerdings waren die Trinkbecher sowieso voll Wein. Moderne wissenschaftliche Untersuchungen gestehen dem Borretsch zu, daß er die Adrenalinproduktion anregt. Er enthält viel Kalium und Calcium. Wirkt blutreinigend und nervenstärkend. Angezeigt bei Herzflattern und Hysterie. Insgesamt gemütsaufheiternde Wirkung.

Curry

Indische Gewürzmischung aus: Gewürznelken, Ingwer, Kardamom, Kurkuma, Koriander, Kümmel, Muskatblüte, Muskatnuß, Paprika, Pfeffer, Piment, Zimt. Verwendung zu: Reisgerichten, Gemüsen, Saucen, Suppen. Stärkt die Leber!

Dill

Verwendung: Zu Gurkengerichten, Blattsalat, Tomaten, Quarkspeisen, jungen Kartoffeln, Gemüsen, Weißkohl, Möhren, Erbsen, Nudeln. Darf nicht mitkochen! Die Blüten- und Fruchtdolden zu Gewürzgurken, Essiggurken, eingelegtem Kürbis. Appetit- und verdauungsfördernd.

Estragon

Verwendung: Die frischen Triebspitzen zu Salaten feingehackt mit Petersilie und Dill, zu Saucen, Artischocken, Schwarzwurzeln, zu Estragonessig und -senf, zu Essiggemüse wie Kürbis, Gurken, grünen Bohnen. Für den Winter die ganzen Stengel trocknen.

Fenchel

Verwendung: Die reifen Früchte (Samen). Zusatz beim Brot. Mildes Mittel bei Verdauungsstörungen, als Tee.

Glutamin

Ein aus dem Weizenkorn hergestellter Würzstoff. Unterstreicht den Eigengeschmack der Gerichte, hat eine belebende Wirkung auf die Nervenzellen. Nervenkräftigend und vitalisierend. Bei Nervenschwäche Glutaminkur: Täglich auf nüchternen Magen in Mineralwasser oder in Rohkost 2–5 g oder auch mehr – 8 Wochen lang. Verstärkte Wirkung bei Kombination mit rohem Weizen (Kollath-Frühstück) und Agar-Agar. 1 Prise zu allen Gemüsen, Suppen, Salaten, Teigwaren, Kartoffeln- und Eierspeisen.

Ingwer

Man verwendet die frische und die getrocknete Wurzel. Auch pulverisiert erhältlich. Als Backgewürz, zum Einmachen von Kürbis oder süßsauren Birnen, zu Süßspeisen. Appetitanregend, magenstärkend, verdauungsfördernd.

Kerbel

Erinnert im Geschmack an Fenchel. Zu Tomaten- und Kopfsalat, Kerbelsuppe, Kartoffelsuppe, Kräuterbutter. Zusammen mit Dill, Petersilie und Schnittlauch. Nicht mitkochen! Viel Vitamin C!

Kümmel

Verwendung: In Roggenbrot, zu Kümmelstangen, Quark, Schafskäse, bei allen Kohlgerichten. Verdauungsfördernd, krampfstillend. Plinius empfahl Kümmel gegen bleiche Gesichtsfarbe und Hysterie. Cäsars Truppen bekamen Kümmelbrot zu essen. In Indien wurde uns ein Schälchen Kümmel mit dem Essen serviert, man knabbert die

Körner zum Verdauen. Auch in der Bibel wird der Kümmel erwähnt »Von Minze, Dill und Kümmel gebt ihr Zehnten» (Matthäus 23.23).

Knoblauch

An einem luftigen Ort aufgehängt, halten sich die Knollen den ganzen Winter. Verwendung zu Salaten, Gemüsen, Saucen, roh auf Brot mit Salz und Pfeffer. Blutreinigend, magenstärkend, gallebildend, bakterientötend, nervenanregend. Die Pharaonen ließen täglich Knoblauch an die Pyramidenbauer verteilen als Schutz gegen Epidemien. Alter Volksbrauch auch bei uns: Gebündelten Knoblauch im Hause aufhängen gegen böse Geister.

Koriander

Verwendung: In Backwaren – Roggenbrot, Pfefferkuchen – zu Pflaumenmus und Gerichten aus roten Rüben. Eisenhaltig!

Kresse

Hat einen scharfen, rettichartigen Geschmack, läßt sich überall ansäen (in kleinen Schalen in der Küche). Zu Quark, Tomaten, Salaten, auf Butterbrot, zu Kräutersaucen, Suppen, Kartoffeln. Nicht mitkochen! Reich an Eisen, Jod, Schwefel und den Vitaminen A, C, D, E. Stärkt den Magen, fördert die Verdauung, regt den Gallenfluß an und die Schilddrüse. Bakterientötende Wirkung ähnlich dem Penicillin.

Liebstöckel

Blätter und Wurzelstock können mitgekocht werden. Verwendung zu Kartoffel-, Tomaten- und Selleriesuppen, allen Gemüsen und Salaten, Saucen, Hülsenfrüchten. Fördert die Durchblutung des Verdauungsapparates und soll dadurch schlechte Hautausdünstung beheben. Liebstöckelabsud äußerlich gegen Hautunreinheiten. Liebstökkeltee reinigt die Nieren und lindert Herzleiden. Mit Anis und Fenchel aufgebrüht hilft er bei Gelbsucht. (Pfarrer Kneipp-Rezept). Als Badezusatz zur Stärkung der Unterleibsorgane.

Meerrettich

Die Wurzel muß beim Reiben sofort mit Milch oder Zitronensaft beträufelt werden, sonst verfärbt sich der Meerrettich. Kann im Keller und in feuchtem Sand gelagert oder auch eingefroren werden. Nicht lange erhitzen! Verwendung: Zu Saucen, Quarkspeisen, als Brotaufstrich, gemischt mit geriebenen Äpfeln oder Schlagsahne. In kleine Würfel geschnitten als Zutat in Essigkonserven. Meerrettich enthält viel Vitamin C, Eisen, Phosphor, Schwefel, wirkt blut- und knochenbildend, fördert den Gallenfluß und die Verdauung, wirkt harntreibend, regt Atmung und Blutkreislauf an. Appetitanregend. Starke bakterientötende Wirkung!

Majoran

Nicht mitkochen! Sehr gute Würzkraft, auch getrocknet. Verwendung: Die frischen Blätter auf Butterbrot und in Salaten, zu Kartoffelsuppe, Hülsenfrüchten, Bohnengerichten, Steckrüben, Tomaten, Käsegerichten, in Pasteten, zur Pizza. Majoran senkt den Blutdruck. Einige zerquetschte Blätter ins Kopfkissen gelegt, fördern den Schlaf. Majorantee bringt unregelmäßige Menstruation in Ordnung.

Nelken

Verwendung: Zu heißen Fruchtsuppen, zu heißen Getränken aus Rotwein (zusammen mit Zitronenschale und Zimt), zu Birnen und Kürbis. Bei der Herstellung süßsaurer Essigkonserven von Birnen, Zwetschgen, Kürbis und Gurken ein Mullsäckchen mit Nelken, Zimt und Ingwerstücken füllen und mitkochen. Vor dem Einfüllen des Eingemachten das Säckchen entfernen. Zu Gemüse wie Rotkohl und roten Rüben, zu Weihnachtsgebäck (Nelken feingemahlen). Wirkt antiseptisch, beruhigend und stärkend zugleich. Bei Zahnschmerzen auf eine Nelke beißen!

Paprika

Das Paprikagewürz wird aus den getrockneten roten Schoten hergestellt. Der Schärfegrad hängt davon ab, wieviel vom Fruchtfleisch, von den Scheidewänden und vom scharfen Samen verwendet wird. Am mildesten ist edelsüßer Paprika, er enthält Fruchtfleisch und ganz wenig Samen; Rosenpaprika enthält alle Teile und ist mittelscharf; der billigste Paprika hat einen hohen Anteil an Samen und Scheidewand, wenig Fruchtfleisch und ist sehr scharf. Eine besonders kleine Paprikaschote aus Guinea und Ostasien ist als Chillieschote bekannt. Sehr scharf. Die Paprikaschote enthält 4- bis 6mal soviel Vitamin C wie die Zitrone, außerdem das Vitamin P, das Einfluß auf die Dichtigkeit der Blutgefäße hat und der Arterienverkalkung vorbeugen soll. Vergrößert das Herzschlagvolumen! Bewirkt Steigerung der Herzleistung.

Petersilie

Es gibt Petersilie mit glatten oder krausen Blättern. Die glatten sind würziger, weil sie aber dekorativer ist, erhält man häufiger die krause

Petersilie. Die Petersilienwurzel ist ein Bestandteil des »Suppengemüses«. Verwendung: Feingehackt zu fast allen Gemüsen und Salaten, Kartoffeln und Nudeln. Verträgt sich gut mit Dill, Kerbel, Schnittlauch. Appetitanregend, enthält sehr viel Vitamin C, wirkt harntreibend. Reich an Eisen!

Pfeffer

Sein Aroma verflüchtigt sich schnell, daher besser bei Gebrauch mahlen. Ganze Körner in Saucen, Brühen, Essigkonserven. Gemahlenen Pfeffer zu Salaten, Gemüsen, Nudelgerichten, Pizza, Käsegerichten. Pfeffer belebt und regt an, steigert die Konzentrationsfähigkeit.

Rosmarin

Zu Saucen und Salaten, zu Pilz- und Kartoffelgerichten, Gemüse, Tomatengerichten. Kann mitgekocht werden. Regt den Kreislauf an! Steigert den Blutdruck. (Rosmarinöl als Badezusatz, zum Einreiben). Fördert die Gallebildung. Als Tee bei nervösen Kopfschmerzen. Plinius empfiehlt den Rosmarintee bei nachlassender Sehkraft.

Salbei

Sparsam verwenden zu allen Gemüsegerichten, fein gehackt zu Salaten. Salbei kuriert sozusagen alles: Hilft Niere, Leber, Hals und Magen, regt die Gallebildung an, hebt den Blutdruck, tötet Bakterien, reguliert die Drüsentätigkeit. Salbeitee bei Halsschmerzen. Salbeiblatt kauen bei Mundgeruch. Hilft bei Wallungen der Wechseljahre.

Senfkörner

Verwendung: Zum Einlegen von Kürbis, Gurken. Die jungen Blätter der Pflanze als Salat. Senfkörner sollen eine gute Wirkung auf die Herzkranzadern haben, da sie das Blut leichtflüssiger machen und der Verkalkung entgegenwirken. Verdauungsfördernd. Dosis: Täglich einen Teelöffel Senfkörner schlukken, möglichst auf nüchternen Magen. Schwefelhaltig. Gut gegen Rheuma!

Sellerie

Drei Arten: Knollen-, Bleich- und Schnittsellerie. Bleichsellerie roh als Salat, die Knolle ebenfalls roh oder gekocht als Salat oder als Gemüse. Die Sellerieblätter feingehackt an Suppen, Saucen, Gemüse. Können mitgekocht werden. Sellerie verträgt sich gut mit Schnittlauch und Petersilie. Wirkt harntreibend und blutreinigend. Vorsicht bei Nierenschwäche. Man schreibt ihm aphrodisiakische Wirkung zu.

Schnittlauch

Zu allen Salaten und Kartoffelgerichten, Gemüsegerichten, zu Quark und auf Butterbroten. Nicht mitkochen. Winterfest.

Thymian

Zu Suppen, Saucen und Gemüsen. Blutdrucksteigernd, gallebildend, antiseptische Wirkung auf Lunge, Darm, Harnwege. Blutreinigend.

Vanille

Verwendung: Zum Würzen von süßen Milch- und Sahnespeisen, Eis, Früchten, Gebäck. Man kocht ein Stück Vanille mit, entfernt es vor dem Anrichten der Speise. Für Kuchenteige schlitzt man ein Stück der Schote auf und schabt einen Teil der Samenkörner heraus. Vanillezucker ist oft synthetisch hergestellt. Den echten gibt es im Reformhaus.

Wacholder

Verwendung: Zu Sauerkraut, in Gewürzmischung zum Einmachen. Blutreinigend, magen- und herzstärkend. Regt die Nierentätigkeit an, entwässert, verhindert Bildung von Gallensteinen und Harnsteinen. Wacholderbeere kauen bei

schlechtem Mundgeruch. Zur Entwässerung: 10–20 Beeren pro Tag oder über 40 Tage verteilt: Am 1. Tag eine Beere, am 2. Tag 2, am 3. Tag 3 usw. bis 20 Beeren und wieder zurück: Am 21. Tag 19 Beeren, am 22. Tag 18 usw. Früher hat man Krankenstuben mit Wacholder ausgeräuchert = desinfiziert

Zimt

Verwendung: Die Zimtstange mitkochen in Kompott, Obstsuppen, süßen Milchsuppen. Gehört in den Gewürzbeutel beim Einmachen von Kürbis, Gurken, Birnen. Gemahlen zu Kuchen, süßen Mehlspeisen, Glühwein.

Zitronenmelisse

Verwendung: Zu allen grünen Salaten, statt Zitrone. Zu Rohkost von Sellerie, roten Rüben, Möhren, Pilzen. Zu Kräuteressig. Wirkt auf das Gehirn und das Rückenmark; hilft bei Kopf- und Zahnschmerzen, Schlaflosigkeit, Depressionen, Gedächtnisschwäche – macht gute Laune. Plinius empfiehlt es Hypochondern und Hysterikern.

Zitrone

Möglichst ungespritzte Früchte verwenden. Zu allen Salaten. Stark bakterientötende Wirkung! Ausgepreßter Saft in heißem Wasser bei Erkältungen.

Zwiebel

Zu Salaten, Suppen, Saucen, Gemüsen, Zwiebelkuchen, auf Butterbrot, Zum Rohgenuß bestimmte Zwiebeln erst kurz vor dem Verzehr schneiden. Wirkt appetitanregend, enthält schwefelhaltiges Öl und Phosphor. Regt den Gallenfluß an, verhindert Bildung von Gallen- und Harnsteinen. Bakterientötend. Starke Fähigkeit, Gifte zu binden, daher keine Zwiebel geschnitten stehenlassen und nur ganz gesunde Zwiebeln verwenden. Abends als Brei genossen wirkt die Zwiebel schlaffördernd. Mit Honig und Wasser aufgekocht bei Husten und Erkältungen. Heilerisch bei Asthma und allen Katarrhen, schleimlösend und auswurffördernd. In manchen Ländern hängt man gebündelte Zwiebeln vor die Tür, um die Familie vor ansteckenden Krankheiten zu schützen.

Wildkräuter

Ganz umsonst beschert uns die Natur die wunderbarsten Wildkräuter. Leider dürften sie nur für die wenigen in Frage kommen, die das Glück haben, auf dem Lande zu leben. Einige erhält man auf einem guten Gemüsemarkt. Ich mache sie mit Zitrone, Spur Kräutersalz und saurer oder süßer Sahne an. Hier die wichtigsten:

Brunnenkresse

Wächst an und in Bächen. Als Salat, allein oder gemischt mit Brennesseln und Löwenzahn. Enthält reichlich Jod, Schwefel und Stickstoff. Sehr blutreinigend. Saft aus Brunnenkresse als Gesichtstonikum (macht klare Haut).

Brennessel

Die jungen Blätter pflücken (Handschuhe anziehen!), waschen. Feingeschnitten brennen sie nicht mehr. Als Salat. Als Gemüse behandeln wie Spinat: Kurz aufkochen – nur mit dem Wasser, das ihnen anhängt. Die Brennessel ist reich an Mineralstoffen, Vitamin A und C und Ameisensäure. Bei der Frühjahrskur unentbehrlich. Blutreinigend, bei Rheuma, als Tee für Brust und Lunge. Die ganze Pflanze, in Essigwasser gekocht und in Alkohol gegeben, liefert das berühmte Kneippsche Haartonikum. Bei den Zigeunern gehört ein Dutzend Portionen blutreinigender Brennesseltee zum Frühlingsanfang. In Skandinavien hat man früher Fäden aus Brennesseln gewebt, in Schottland sogar Tischdecken und Bettlaken daraus gefertigt. Die Brennessel lieferte sozusagen die Anti-Rheuma-Decke unserer Ahnen.

Beinwell

Wächst auf feuchtem Wiesenboden. Blätter als Salat oder kurz gedünstet wie Spinat. Die Wurzel kann wie Schwarzwurzel bereitet werden. Beinwell soll besonders viel Vitamin B_{12} enthalten. Früher wurde es als das Mittel für die Heilung gebrochener Knochen verwendet. Das Wort Beinwell kommt vom mittelhochdeutschen »wallen = verheilen«. Der botanische Name des Beinwell, Symphytum, stammt aus dem Griechischen und bedeutet »vereinigen«.

Gänseblümchen

Die jungen Blätter mit anderen Wildkräutern als Salat. Regt den Stoffwechsel an (Leber, Niere, Blase!). In alten Zeiten war das Gänseblümchen auf dem Schlachtfeld berühmt wegen seiner Heilkraft bei Wunden. Gegen alle Muskelschmerzen – wie steifer Hals. Als Tee: Zuerst eine Tasse voll trinken, dann jede folgende Stunde einen Teelöffel voll. Kompressen von Blättern auf die schmerzenden Stellen legen. Ein altes Kräuterbuch sagt: »Ein königliches Mittel für alle Arbeiter, besonders Gärtner!«

Huflattich

Die jungen Blätter als Salat, gedünstet wie Spinat. Als Tee bei allen Brustgeschichten, Husten, Bronchitis. Die aufgelegten Blätter heilen Wunden (offene Beine).

Löwenzahn

Die jungen Blätter als Salat, eventuell gemischt mit Brennessel und Kresse. Hoher Gehalt an Vitamin A und B. Ferner Kalium, Calcium, Mangan, Natrium, Schwefel, Kieselsäure und Cholin. Cholin wirkt blutdrucksenkend und der Fettablagerung im Körper entgegen. Der Löwenzahn reinigt das Blut, regt die Gallebildung an und die Ausscheidung des Harns. In Frankreich heißt er »Pissenlit« (Mach-ins-Bett).

Spitzwegerich

Wächst auf Wiesen und an Wegen. Die jungen Blätter als Salat. Als Tee ein wundervolles Mittel bei Bronchitis, Husten, Heiserkeit. (Eventuell mit Huflattich gemischt).

Sauerampfer

Wächst auf feuchten Wiesen, an Bachrändern und Feldwegen. Gemischt mit anderen Wildkräutern als Salat, als Suppe oder Gemüse, wie Spinat. Enthält viel Eisen und Vitamin C, aber auch Oxalsäure. Vorsicht bei Nierenschwäche! Der Tee aus Blättern und Blüten lindert Hals- und Mundgeschwüre.

Schlüsselblume

Die Blätter mit anderen Wildkräutern gemischt als Salat. Hervorragend gegen Rheuma, auch als Tee: Dreimal am Tag eine Tasse trinken.

Schafgarbe

Die jungen Blätter zum Salat. Die Blüten trocknen für den Frühstückstee. Schafgarbentee als schweißtreibendes Mittel bei Rippenfellentzündung, auch bei Hämorrhoiden (Tee trinken und Waschungen.)

Rezeptverzeichnis

Getreidemühlen können Sie über folgende Firmen beziehen:

Elsässer-Getreidemühle über
Bio-Dienst
Schillerstraße 45
7290 Freudenstadt

Schnitzer-Getreidemühle über
Schnitzer-Mühlen Gallé KG
Abt. MD Bahnhofstraße 28
7742 St. Georgen

LUBA-Mühlen bei
Ludwig Bartsch
Promenade 111a
6380 Bad Homburg v.d.H.

Getreide-Mahlwerk-Einsatz
passend zum Jupiter-Elektro-Fleischwolf 861
oder zum Jupiter-Fleischhacker KW5 (Handmühle) bei
Wilfried Messerschmidt
Gerätebau
Postfach
7730 VS-Villingen

Bio + Gartenmarkt Keller
Konradstraße 17
7800 Freiburg i. Br.

Osttiroler Genossenschaftsmühle
der Landwirtschaftlichen Genossenschaft
Tiroler Str. 50
A–9900 Lienz